CASE STUDY

法学案例研习教材

本书得到中央高校基本科研业务费专项资金资助

行政诉讼案例研习

何　兵 主编

法律出版社
LAW PRESS · CHINA

作者简介

（依案例先后为序）

何　兵　男,1964 年出生,安徽巢湖人。中国政法大学法学院教授、公共决策研究中心主任,中国案例法学研究会副会长。1993 年毕业于北京大学法律系,获民事诉讼法专业硕士学位;2001 年毕业于北京大学法学院,获宪法行政法专业博士学位。2005 年 2 月至 5 月在瑞典隆德大学访学,2006 年 2 月赴新西兰维多利亚大学访学,2007 年 9 月赴韩国庆北大学讲学,2015 年 9 月至 2016 年 2 月在美国哥伦比亚大学访学,2017 年 7 月至 9 月在日本东京大学访学。主要学术成果有著作《现代社会的纠纷解决》等七部,论文《行政权力的结构与解构—— 一个个案解析》等七十余篇,课题"人大常委会工作方式研究"等十余项。

章禾舟　男,1973 年出生,浙江温州人。温州市中级人民法院法官。1994 年毕业于华东政法大学,获法学学士学位;其后毕业于北京大学法学院,获诉讼法学硕士学位;现于浙江大学法学院攻读博士学位。长期在温州市中级人民法院从事行政审判工作,期间发表学术论文数篇。

沈　岿　男,1970 年出生于上海,祖籍浙江宁波。北京大学法学院教授、学术委员会副主任、人权与人道法研究中心主任、宪法与行政法研究中心研究员、博士生导师,中国行为法学会软法研究会会长,华东政法大学兼职教授。先后于 1992 年、1995 年、1998 年在北京大学法律系获法学学士学位、硕士学位和博士学位。毕业后留校任教,曾担任北京大学法学院副院长。主要学术成果有著作《平衡论:一种行政法认知模式》等十余部,论文《现代行政法的精义——平衡》等五十余篇,科研课题"风险管制与行政法新发展研究"等十余项。

赵　鹏　男,1981年出生,四川广元人。中国政法大学法治政府研究院副院长、副教授,中国行政法学研究会理事。先后于2003年、2006年、2009年在中国政法大学获法学学士学位、宪法学与行政法学专业的硕士学位和博士学位;2015年8月至2016年8月在美国哈佛大学法学院任访问学者。主要学术成果有国家社会科学基金、北京市社会科学基金、住房和城乡建设部、国家食品药品监督管理总局、国家质检总局等委托的课题十余项,在《中外法学》《清华法学》等期刊发表论文二十余篇。

段小京　女,1962年出生,北京人。最高人民法院法官。1984年毕业于中国政法大学,获法学学士学位;同年分配至最高人民法院工作,其后获法学硕士学位。曾长期在最高人民法院行政审判庭工作,审理了多起有重大影响的行政诉讼案件,参与了多部重要司法解释的起草工作。现供职于最高人民法院研究室,主要负责司法解释清理工作。

李年清　男,1987年出生,福建龙岩人。2005年至2015年在中国政法大学获法学学士学位、宪法学与行政法学专业硕士学位和博士学位。现为福州大学法学院讲师,主要研究领域为私人行政和食品安全治理。在《行政法学研究》《法制与社会发展》等期刊发表论文数篇。

燕　薪　男,1981年出生,江苏泰州人。北京来硕律师事务所主任。2002年毕业于北京科技大学土木工程系,获工学学士学位;2009年毕业于北京电影学院,获电影学硕士学位。2005年开始律师执业,2013年创办北京来硕律师事务所,任主任律师。在行政诉讼领域具有不俗的业绩和丰富的经验,代理过多起在国内有重大影响的案件,如全国专车第一案、罕见病教育歧视第一案、"抢生"二孩第一案、山东农民丁汉忠抗拆迁致两死案、鞍山仿真枪案、郑州曹春生案等。

主 编 的 话

在本书出版之前，主编希望将编辑本书的一些想法和做法，简明扼要地交代给读者。

第一，编者的目的在于为教师和学生以及法律同行，提供一本深度的行政诉讼案例分析教科书和参考资料，行政法基本知识的传播不是本书的主要目的。

第二，编者们虽然力求使自己的分析“正确”，但鉴于法律疑难案件并无确切答案，因此，本书对案例的分析过程和结论仅供参考，不是“标准答案”。编者最希望读者从本书中获取的是分析和论证法律疑难问题的方法和能力。

第三，本书的每一个案例分析仅代表分析该案例的编者本人的观点。

第四，本书行文风格与一般教材略有不同。编者认为，轻松的文风不仅可以准确地表达自己的思想，也可以避免读者昏昏欲睡。

第五，本书不同编者在一些问题上观点不一，主编没有刻意地“统一”各人观点。因为主编认为，法律的精神在于“辨异”，而不在于“统一”。主编希望这些不同的声音能够有助于读者辨别能力的增长。

第六，主编持开放性心态对待本书。本书将会适时进行修订。欢迎各界人士提供批评意见，并将有价值的案例提供给编者，以便进一步完善本书。主编在此先致谢意（邮箱：hebing@188.com）。

何　兵

2017 年 10 月

目　录

案例1　飞龙公司诉国家药监局行政确认、行政强制案

何　兵

案　情

一、抢注“伟哥”

美国辉瑞公司研制出一种神奇的药，可以让男人坚强起来。这药的英文名字叫 Viagra。1998 年刚上市，就成了人类历史上最畅销的药品之一，当年为辉瑞公司带来 10 亿美元收入。

Viagra 被译成“伟哥”，是我国媒体的杰作。辉瑞公司大意了，没将这一生动形象、广为人知的中文译名注册。他们注册了一个生硬的汉字名称——“威而刚”。大家都知道神奇的“伟哥”，没几个人知道它的真名——“威而刚”。就在辉瑞公司虎视眈眈、兵临中国之时，沈阳飞龙公司剑出偏锋，抢先向国家工商局申请注册“伟哥”，申请被受理。据辽宁省无形资产评估所评估，“伟哥”商标的价值初评为 7 亿 ~10 亿元人民币。辉瑞公司想在香港补注“伟哥”商标时，发现“荆州已失”。飞龙公司不仅抢注了“伟哥”，而且他们生产的壮阳药“伟哥开泰胶囊”，已遍布全国。

“抢注”在商界司空见惯。“青岛”啤酒在美国被抢注，“竹叶青”在韩国被抢注，“同仁堂”被日本企业抢注……

二、药监局“紧急通知”

政治是经济的继续。

在市场上失败的辉瑞公司向中国国家药品监督管理局（以下简称药监局）求救。1999 年 3 月 22 日，国家药监局发出国药管市〔1999〕71 号《关于查处假药“伟哥”的紧急通知》（以下简称“72 号文”）。通知发送给各省级卫生行政部门。通知的主旨如下：

（1）“伟哥”是美国辉瑞制药公司生产的药品，在我国尚处于临床研究阶段，

国家未批准国内任何厂家生产此药。国内除有关医院正用于临床实验的药品外,市场销售的“伟哥”均为假药。

(2)严禁任何企业以任何名义进行销售或变相销售。国内销售的伟哥药品一律查封,监督销毁。

(3)对公开销售或变相“销售”伟哥药品的企业,一律按《中华人民共和国药品管理法》(以下简称《药品管理法》)有关规定以制售假药行为进行处罚……

药监局在发布通知的同时,召开了新闻发布会,各大媒体狂炒滥炸,一时间风声鹤唳,一片肃杀之气。

处于重压之下的飞龙公司,站出来说话了。

他说,“伟哥”是我公司正在国家工商局申请注册的商标。申请已被受理,目前正在待审。辉瑞公司的产品在中国的注册名称是“威而刚”,不是“伟哥”。国内没有第二家企业注册这个商标。如果说我们的“伟哥”是假冒,那么,谁是真“伟哥”?

三、药监局改口

药监局发现自己大意了。惊乱之后,药监局改口了。1999 年 4 月 13 日,药监局发出新通知。这一次,他们要求各地查处“劣药伟哥”,而不是“假药伟哥”。

药监局国药管市〔1999〕93 号《关于查处劣药“伟哥开泰胶囊”的通知》(以下简称“93 号文”)称:“伟哥开泰胶囊”为沈阳飞龙公司制造。1998 年 12 月,经辽宁省卫生厅同意,沈阳飞龙公司将原中药保健药品“延生护宝胶囊”,更名为“开泰胶囊”。但该公司在药品包装材料中,实际宣传药品名为“伟哥开泰胶囊”,与审批药名“开泰胶囊”不符。“伟哥开泰胶囊”使用说明中所称的主要化学成分“去氢紫堇碱”,在审定的处方和质量标准中未曾涉及,并且其药品包装不符合《药品管理法》的有关规定。药品包装内也未附有法定的药品说明书。药品内装材料违规地与其他药物疗效对比。更严重的是,该公司擅自更改药品的功能主治,印制违法的药品说明书,误导消费者,产生极为恶劣的影响。通知要求:

(1)依照《药品管理法》第 34 条(本法于 2015 年修订,相关条文见现行法第 49 条)规定,飞龙公司在全国销售的“伟哥开泰胶囊”按劣药进行查处。责令飞龙公司在通知发布之日起一个月内收回全部已售出的“伟哥开泰胶囊”。

(2)严禁任何企业以任何名义进行销售或变相销售“伟哥开泰胶囊”。至本通知发出之日起,凡继续销售或变相销售“伟哥开泰胶囊”的企业,一律按照《药品管理法》有关规定以销售劣药行为进行处罚。

(3)责成辽宁省卫生厅药政处对"伟哥开泰胶囊"的生产企业"沈阳飞龙制药有限公司"依法进行查处。

四、起诉

飞龙公司发怒了。

1999年4月26日，飞龙公司在北京第一中级人民法院提起诉讼，请求撤销药监局"72号文"和"93号文"，赔偿损失1.26795亿元，消除影响，恢复名誉。

他们的理由是："延生护宝胶囊"更名为"开泰胶囊"经辽宁省卫生厅同意。原告使用的"伟哥开泰胶囊"名称中的"开泰胶囊"，是药品名称；"伟哥"则是原告申请注册且已被受理、正在待批的注册商标。同时，原告标有"伟哥开泰"字样的药品包装盒，已被国家知识产权局授予外观设计专利。辉瑞公司生产的药品英文名为"VIAGRA"，在国内尚无合法的中文名称，根本不存在美国药品VIAGRA的中文名称是"伟哥"的问题。被告认定"伟哥开泰胶囊"为劣药，但没有按照《中华人民共和国药品管理法实施办法》第47条(已失效，2002年为《中华人民共和国药品管理法实施条例》替代)关于"对假药、劣药的处罚通知应当载明药品检验所的质量检验结果"的规定行事，根本没有请检验所检验。关于原告包装不当，辽宁省卫生厅已进行了处罚。《药品管理法》第34条规定："有下列情形之一的药品为劣药：一、药品成分的含量与国家药品标准或者省、自治区、直辖市药品标准规定不符合的；二、超过有效期的；三、其他不符合药品标准规定的。"原告的药品不属于以上三类。

另外，被告没有直接向原告送达"72号文"和"93号文"处罚决定，没有告知诉权，没有听证，程序违法。原告的商标广告行为即使违法，也只应由工商部门查处。被告越权行政。

飞龙公司聘请国家行政学院袁曙宏教授为代理人——他后来成为国务院法制办副主任，是著名的行政法专家。国家药监局则聘请肖峋做代理人，他也是法律专家，曾任全国人大民法室副主任，参与过诸多重要法律的制定。两方棋逢对手。[1]

---

[1] 本案背景材料参见袁曙宏：《社会变革中的行政法制》，法律出版社2001年版，第510~558页。

法律疑点

- “内部通知”已对外公布，是否仍属于“内部行政行为”？
- “72 号文”是否属于行政指导？
- “93 号文”的法律性质是什么？
- “93 号文”发出后，原告能否针对“72 号文”起诉？
- 行政机关能否以新闻发布会形式送达行政决定？

法理研习

一、“内部通知”已对外公布，是否仍属于“内部行政行为”

北京市高级人民法院裁定驳回了飞龙公司对“72 号文”的起诉，理由是“72号通知从发送对象到通知内容，均属对药品监督管理系统内的有关药品监督管理的指导性文件，对外不具有直接强制力。飞龙公司的起诉不符合《中华人民共和国行政诉讼法》（以下简称《行政诉讼法》）第 41 条第 4 项规定的起诉条件（《行政诉讼法》2014 年修订后，相应条款应为第 49 条），不属于法院的受案范围”。

从通知发送对象来看，药监局的“72 号文”主送各级卫生行政部门，属于政府机关内部的指令。一般情况下，内部指令在政府系统悄悄地运行，对外不产生影响。只有当受到指令的行政机关执行命令，采取具体行动时，相对人才可能“受害”。对于内部行政行为，法院不予受理，法理依据是“无利益，无诉权”。

讨论：

（1）药监局将其通知在媒体上公布，对生产“伟哥”产品的飞龙公司已产生了实际影响，因此，法院以内部通知为由，裁定不受理，法理上难以成立，行政法学上称为“内部行为外部化”。“内部通知”一旦对外公布即产生外部化的后果，公众不会对政府的通知无动于衷，市场萎缩，商品禁卖……通知产生的事实上的影响力难以估量。“公布”就是行动。

（2）什么是内部的？我国法院的判决一般认为，行政机关上下级之间行文，属于内部的；一级政府对其所属部门行文，属于内部的。至于上级政府部门对不同的、没有隶属关系的“下级部门”行文，是否属于内部的，则存在疑问。2016年，笔者代理的扬州大善医疗器械有限公司诉国家食药局案中，出现这一问题。

国家食药局向扬州邗江区公安局行文称，大善公司销售的一款电子器材，属于医疗器械，而该公司系按电子产品并取得相应许可进行销售的。笔者认为，国家食药局与邗江公安局之间没有隶属关系，此不属于内部行政行为。北京市第一中级人民法院最终裁定，此属于内部行政行为，不予受理。此裁定系将全国四级政府统一视作一个整体。这一整体内部的所有行为，都将被视作内部行政行为。这一裁定的法理基础不无疑问。但本案当事人因法院在裁定中说明，食药局的文件是内部的，而且性质上属于鉴定结论，属于证据的一种，没有约束力，当事人的刑事风险已经排除，所以没有上诉。

二、"72 号文"是否属于行政指导

行政指导是行政主体为实现行政目标所作出的不具有法律约束力的行为。行政指导意在引导相对人自愿采取一定的行为或不行为。行政指导虽不具有法律上的约束力，但往往具有事实上的影响力。由于行政指导不具有法律上的约束力，可以径行置之不理，所以，对行政指导一般不需要也不允许起诉。但如果行政机关利用自身的优势地位，以指导为名，行处罚之实，司法的救济就成为必要了。行政指导体现行政温情的一面，但温情的面纱之下，有时会忽明忽暗地透出杀气来。

"72 号文"的内容是综合的。对一份综合性公文的法律性质，不宜单一判断，应注意识别其不同内容，逐一判断。通知第一部分认定，中国市场上的"伟哥"皆为假药，变相认定"伟哥开泰胶囊"属于假药。此文件如果仅在行政机关内部传达，性质上属于上级行政机关对下级行政机关如何办理具体事务的指导。如果文件仅向当事人公开，性质上属于行政确认。如果文件向社会公布，则可能构成行政警告，属于《中华人民共和国行政处罚法》（以下简称《行政处罚法》）第 8 条规定的行政处罚的一种。

行政警告是国家对行政违法行为人的谴责和告诫，属于申诫罚，是国家对行为人违法行为所作的正式否定评价。行政警告是国家行政机关的正式意思表示，会对相对一方产生不利影响。对被处罚人来说，警告的制裁作用主要是对当事人形成心理压力、不利的社会舆论环境，使被处罚人认识其行为的违法性和对社会的危害，纠正违法行为并不再继续违法。行政警告一直未被行政法学界重视，以为其是一种较轻的行政处罚。其实在当下社会，行政公开警告往往比罚款甚至拘留对当事人造成的损害更大，值得重视和研究。2014 年，国家工商总局发布《关于对阿里巴巴集团进行行政指导工作情况的白皮书》，指出阿里的网络交易平台存在主体准入把关不严、对商品信息审查不力、销售行为管理混乱、信用评价存在缺陷、内部工作人员管控不严五大突出问题。文件发布后，阿里股票

市值一夜之间蒸发300多亿美元。这份文件属于典型的名为行政指导，实为行政处罚的行政行为。行政机关之所以将其冠名为“行政指导”，是回避行政诉讼的风险，因为按我国《行政诉讼法》，不具有强制力的行政指导行为，不能纳入诉讼。对于行政机关这种向“行政指导”逃避的行为，应予警惕。2000年最高人民法院《关于执行〈中华人民共和国行政诉讼法〉若干问题的解释》（以下简称《行政诉讼法解释》）第1条第4项规定，对不具有强制力的行政指导，不属于法院的行政诉讼受案范围。此处的强制力并非仅指法律上的强制力，也应当包括事实上的强制力。政府因其特有的优势地位，很容易造成一种相对人“不得不服从”的事实上的强制。如果将强制力仅仅解释为“法律上的强制力”，将使大量的非法行政指导和其他事实强制行为逸于法律之外，出现政府向行政指导逃避的趋向。因此，对于具有事实上强制力的行政指导行为，应加以识别，依法准许起诉。

“72号文”第二部分内容是“严禁任何企业以任何名义进行销售或变相销售‘伟哥开泰胶囊’。至本通知发出之日起，凡继续销售或变相销售‘伟哥开泰胶囊’的企业，一律按照《药品管理法》有关规定以销售劣药行为进行处罚”，这一部分内容在性质上属于行政命令。行政命令是行政主体依法要求相对人为一定的作为或不作为的意思表示，如命令纳税、拆除违章建筑、禁止携带刀具、危险品上车等。

本案行政命令虽然指向的是不特定主体，但客体皆指向原告的药品，直接涉及原告的利益，应允许原告提起诉讼。

对于一份综合性法律文件，如果其间有可以诉讼的内容，法院应当受理案件，否则当事人对于可诉部分的诉权即会落空。

知识之窗

强　制

当一个人被迫采取行动以服务于另一个人的意志，亦即实现他人的目的而不是自己的目的时，便构成强制。当然，这并不意味着被强制者根本不做任何选择；如果被强制者真的未做任何选择，那么我们就不应当称他的所作所为是“行动”。强制意味着我仍进行选择，只是我的心智已被迫沦为他人操纵的，以致强制者想让我选择的行动，对于我来讲，乃是这些选择中痛苦最少的选择。尽管我是被强制的，但还是由我在决定在这种情境下何种选择弊端最小。强制是一种恶，它阻止了一个人充分运用他的思考能力，从而也阻止了他为社会作出他所可能作出的最大贡献。强制有程度的不同:强制程度最高的例子有奴隶主对奴隶的支配或暴君对其臣民的支配,在这种情形中,无限的惩罚权力逼迫人们完全服从他们的君王或主人的意志;强制程度较低的例子有威胁施加某种灾难,在这种情形中,被威胁者宁愿选择服从威胁者的意志也不愿意承受这种灾难。虽说强制通常包括某种对一个正常的人或其亲人施以肉体的威胁,或对某种价值昂贵或其极珍视的物品进行损毁的威胁,但它却不必包括强力或暴力的直接使用。政府运用强制性权力对我们生活的干涉,如果是不可预见的和不可避免的,就会导致最大的妨碍和侵害。纵使这种强制甚至在一个自由的社会中也属不可或缺者,一如我们被要求参加陪审团或担任临时警察,我们也会通过不允许任何人拥有专断的强制性权力的方式来减少这类强制的损害。[1]

我国《行政处罚法》第8条将"警告"列入行政处罚的一种。法理上,可以将此类"公共警告"解释为行政处罚法上的"警告",从而纳入诉讼范围。但并非所有的"警告"皆可以诉讼,警告是否可以诉讼,应依其实际产生的影响力,进行个案判断。对不产生实际影响的"公共警告",依法应不准许诉讼。

日本行政法学理认为,为了抑制违法的行政指导,必须考虑对于因行政指导而蒙受不利者广泛的寻求救济的途径。对于违法的告诫、警告等,除营业上利益遭受损害外,名誉也受到损害者,为了正式宣告行政指导的违法性,排除不利的事实上的效果,应当承认相对人有提起行政诉讼的权利。从与违法的规制性行政指导相对抗的角度来看,扩大行政指导等救济途径,充实救济程序,比要求行政指导有法律根据更有意义。由于行政指导蒙受意外损害时,还必须允许进行国家赔偿;由于是否服从指导,毕竟相对人有自由选择,因而,迫害不能一概归责于行政指导。[2] 由于行政指导有极强的政治性、社会性,因而,需要通过政治性的监督、批评。

三、"93号文"属于行政强制、行政处罚还是行政确认

由于政府的行政处罚行为受到行政处罚法的约束,故此,当行政行为产生争议时,政府总是希望将他们的行为解释为法律尚无明文约束的行为。本案中,药监局称"93号文"是在发现市场上正在销售"伟哥开泰胶囊"的情况下作出的行政控制措施,不是行政处罚,当年《中华人民共和国行政强制法》(以下简称《行政强制法》)尚未颁行,不存在违反法定程序。《行政强制法》颁行后,应受《行政

[1] [英]哈耶克:《自由秩序原理》(上),邓正来译,三联书店1997年版,第163~182页。

[2] 杨建顺:《日本行政法通论》,中国法制出版社1998年版,第559~560页。

强制法》约束。

行政控制属于行政强制措施的一种。一审法院认为,鉴于该药品已大量投放市场,客观上误导消费者,扰乱药品市场秩序,药监局为及时对该状况予以控制,根据《药品管理法》有关药品决定必须立即执行的规定,对该药品采取收回、禁止销售的紧急控制手段及责成有关部门对生产企业进行查处并未超出法律规定的范围。被告按劣药认定"伟哥开泰胶囊"属于其在药品控制阶段对被控药品作出的定性,并非最终结案定性。

这一段判词涉及两个法理问题。一是药监局行为是否属于行政即时强制?二是药监局的行为是否属于中间行为,即未成熟的行政行为?

行政即时强制,是行政机关为了实施行政管理,依法对当事人的人身、财产及行为实施一定的强制方法,以实现行政目的的行为。即时强制不以当事人违反行政义务为前提,而是客观的为达到行政目的所采行的强制性行为。"93 号文"责令飞龙公司收回市场的"伟哥开泰胶囊",禁止其他企业销售"伟哥开泰胶囊",属于"行为"强制,即强制飞龙公司为一定的行为,同时,禁止其他企业为一定的行为。即时强制的必要性源自事务的紧迫性。即时强制不以行政处分为前提。

《德国联邦行政强制执行法》第 6 条第 2 项规定:"行政机关为阻止犯罪或违反秩序之违法行为,或为避免急迫危险之必要性在其法定权限内为即时强制时,得无先行作成行政处分而为行政措施。"我国台湾地区"行政执行法"第 36 条第 1 项规定:"危害之发生或避免急迫危险,而有即时处置之必要时,得为即时强制。"〔1〕

消防局为扑灭火灾,即时强制拆除建筑物;卫生防疫部门对传染病人强制隔离皆为即时强制。行政强制的迫切性决定了行政强制难以履行完美的程序,故此程序合法原则在即时强制中难有较大的空间。但为防止滥用强制,即时强制仍受法定原则、适当原则、救济原则等行政法原则约束。日本有学者认为,从人权保障角度,应考虑是否要求法官令状。〔2〕

对即时强制,能否起诉?

《德国联邦行政强制执行法》第 18 条第 2 项规定:"无预先作成行政处分所使用之强制方法,亦得如一般行政处分,对其提起法律救济。"德国对此种即时强制,视其为拟制的行政处分,可以依一般诉讼途径提起救济。此外,公民若因公务员不法即时强制执行行为,而导致生命、身体或财产受到损害时,亦可依国

〔1〕 蔡震荣:《行政执行法》,载翁岳生编:《行政法》(下),中国法制出版社 2002 年版,第 1218 页。
〔2〕 [日]盐野宏:《行政法》,杨建顺译,法律出版社 1999 年版,第 182 页。

家赔偿法申请国家赔偿。

我国台湾学者认为,即时强制是集合告诫、确定与执行于一身的强制执行行为。以前,学界通认其为"拟制之行政处分",如今一般通说认其为行政事实行为。学理认为,即时强制因其干涉性甚强,对人民之身体与财产的干预,若有违法或不当,应允许其有行政争讼之权。[1] 我国《行政强制法》第 2 条将行政即时强制称为"行政强制措施",是指行政机关在行政管理过程中,为制止违法行为、防止证据损毁、避免危害发生、控制危险扩大等情形,依法对公民的人身自由实施暂时性限制,或者对公民、法人或者其他组织的财物实施暂时性控制的行为。该法第 8 条赋予相对人对行政强制措施提起诉讼的权利。需要注意的是,有些行政强制措施属于中间措施,属于未完成的行政行为,是否准予诉讼,理论和实务皆有不同意见。行政行为尚未完成,法理上属于未成熟的行为。依据行政法上的"成熟原则",此类行为一般不予起诉。但近年来,各国对执行"成熟原则"有所松动,原因是不成熟的行为可能对当事人造成"成熟的损害"。为保障当事人接近司法,对于造成实际重大影响的中间行为也可以起诉。

在袁裕来诉宁波市江东区文化广播新闻出版局查扣其邮购的港台书籍案中,袁裕来请求撤销被告查扣图书时出具的《先行登记保存证据通知书》,被告辩称此属中间行为,法院不应受理。法院裁定认可被告的理由,驳回起诉。而有些法院则准予诉讼。判断的依据是 2000 年《行政诉讼法解释》第 1 条第 2 款第 6 项:对公民、法人或者其他组织权利义务不产生实际影响的行为,不予受理。至于是否"产生实际影响",法院有裁量空间。

本案"93 号文",性质上属于行政即时强制,并包括有行政确认之内容——认定"伟哥开泰胶囊"为劣药。药监局在通知中除责令相关人收回药品和禁止销售外,并无其他处罚的内容。由于药监局的通知对飞龙公司产生毁灭性影响,应当准允其起诉。

知识之窗

成熟原则

"成熟原则"即"司法审查时机成熟"原则,其含义是:被指控的行政行为只有对相对人发生了实际不利影响并适于法院审查时,才能接受司法审查。在 20 世纪 60 年代以前,成熟原则不仅注重行政行为的内容,还注重行政行为的形式:

---

[1] 蔡震荣:《行政执行法》,载翁岳生编:《行政法》(下),中国法制出版社 2002 年版,第 1227 页。

所指控的行政行为必须是"正式的"。如正式决定(非正式决定不成熟)、正式裁决(非正式裁决不成熟),等等。如行为处在非正式阶段,均视为司法审查时机不成熟。20世纪60年代以后,成熟原则的要求逐渐放宽了。法院认为,审查时机成熟的关键因素是对当事人造成了不利影响。如果规章要求立即改变人们的行为规则,不服从规章则予以惩罚,那么,受此规定管辖的人一提起诉讼,审查的时机就成熟了。现在,成熟原则完全不以"正式行为"和"非正式行为"划界。即使行政行为尚未变成正式行为,只要它已经给当事人造成了某种不利影响,法院即可受理对这种行为的审查诉讼。

确定成熟原则的理由是:(1)保证联邦法院司法权不超越宪法规定的范围。《宪法》第3条规定联邦法院司法权限于解决案件和争议,成熟原则正是排除法院受理不适于法院解决的有关纯抽象纯理论问题的审查请求。(2)避免法院过早干预行政程序,防止法院卷入有关政策的理论争议之中。(3)有利于更切实地保障公民权益。对于将因行政行为受到实际的、紧急的、不可弥补的损害的当事人,给予及时的司法救济。[1]

四、"93号文"发出后,原告能否针对"72号文"起诉

"72号文"认定"伟哥开泰胶囊"为假药,"93号文"认为其为劣药,是否可以认为,"93号文"已从事实上将"72号文"覆盖?或者"93号文"替代了"72号文"?

如果对于同一事实,行政机关作出两个无法并存的认定,可以看作后者是对前者的替代。如果先后两个认定并无内在的不可共存性,则不能推定后者替代了前者。但需要明确的是,即使前后两个认定存在不可共存性,法理上也不许行政机关以"默示"的方式,撤销一个明确的具体行政行为,应以明示的方式撤销。这是行政行为公信力所决定的。行政行为作出后,非依法撤销即应推定其有效。"93号文"虽从事实上将"72号文"替代,但当事人坚持起诉"72号文"的,法院仍应受理。2000年《行政诉讼法解释》第50条规定:"被告改变原具体行政行为,原告不撤诉,人民法院经审查认为原具体行政行为违法的,应当作出确认其违法的判决;认为原具体行政行为合法的,应当判决驳回原告的诉讼请求。原告起诉被告不作为,在诉讼中被告作出具体行政行为,原告不撤诉的,参照上述规定处理。"

---

〔1〕 姜明安编:《外国行政法教程》,法律出版社1993年版,第301~302页。

五、行政机关能否以新闻发布会形式送达行政决定

行政机关将其行政行为告知相对人后，行政行为完成。没有告知相对人的，相对人处于“不知”状态，相对人无法与行政机关争执。法理上，行政行为自送达后成立。

送达是否必须送达至本人？公告行为能否认定是送达形式的一种？笔者认为，如果所有的行政公告一律产生送达的效力，行政机关就可能任意地选择公告的形式来送达，这将导致对行政放任，逼迫公民必须经常看报纸。由于我国尚无行政程序法，对于公告行为之法律后果无法判断。由于新闻不确定、不稳定、不严谨，难以恢复和记忆，因此，不能将新闻发布会看作公告送达，公告送达有其自身的要求和条件。如果新闻发布会获得等同于送达的效力，看公告就变成看新闻了。

行政行为必须正式通知相对人。通知是行政程序结束的标志，也是行政行为在法律上存在的起点。尚未通知的行政行为属于未完成的行政行为。通知不仅是行政行为的合法要件，而且是行政行为的成立要件。

德国学者认为，仅以口头方式通知书面作出的行政行为，使该行政行为因形式欠缺而违法，但通知本身已经实现，行政行为因此在法律上成立。与此相反，如果采取公告形式通知，则仅与通知本身有关，其后果是行政行为在法律上不能成立，即使个人可能已经知晓。通知应当由主管机关正式发出，应当针对每个关系人本人进行。[1]

知识之窗

公 共 警 告

公共警告是事实行为的一种特殊形式，行政机关或者其他政府机构对居民公开发布声明，提示居民注意特定的工商业或者农业产品，或者其他现象，如所谓的青少年性行为。公共警告在学理上引起广泛争论。

从种类和效果来看，行政警告多种多样，表现在客体、紧迫性、公开程度、新闻或者其他媒介的传播面和介绍程度、有关产品的危险程度、公民的可审查性、公众的共鸣和接受程度、居民在有关方面的理性以及竞争公告的使用等方面。

从法律角度来看，行政警告某种意义上类似命令或禁令，如生产或者销售特

〔1〕［德］哈特穆特·毛雷尔：《行政法学总论》，高家伟译，法律出版社2000年版，第223～224页。

定生活用品的命令。事实上行政警告的确有类似的作用。如果公众“接到”警告并且相信了警告,产品就没有销路了,其结果与销售禁止令并无区别。公共警告的传播范围在事实上和空间上都是无限的,而且其效果直接,方向任由行政机关掌握。随之提出的问题是:将公共警告基本上归于法理上向来轻视的事实行为的范畴,还是作为一种独立的行政法管理方式对待。无论是在基本权利的审查过程中,还是作为行政法的一般原则,比例原则都具有重要的作用,它既适用于是否发布公共警告,而且也适用于如何发布公共警告。行政机关必须以对生产商的损害尽可能小,特别是应当尽可能避免对其经营造成广泛的影响,为此考虑不同的选择。[1]

思考

我们讨论了对政府发出的公共警告实行法律管制的必要性。我们还要思考,对于政府的“表扬”需要纳入法制轨道吗?政府可以随意授予企业“产品质量信得过”或“无假货商店”的牌匾吗?

〔1〕 [德]哈特穆特·毛雷尔:《行政法学总论》,高家伟译,法律出版社2000年版,第393~396页。

案例2　张某诉民政局请求确认继母婚姻无效案

何　兵

案　情

一、老教授娶老保姆

哈市张教授晚年丧偶,生活不便,请来保姆张文芳。一来二去,两人滋生黄昏之恋——老教授要娶老保姆。张文芳委托弟弟从绥棱县新曙光乡开出户口证明和婚姻状况证明。此外,还从有关部门开出一张证明函,证明张文芳是县五金交电化工商场(以下简称五交化商场)的职工,工龄31年。1996年2月9日,两人拿着证明,在哈市动力区民政局办理了结婚登记。婚后生活虽然平淡,倒也相安无事。

1998年3月8日,一起生活两年后,张教授去世。张家子女要求张文芳拿出遗嘱,张文芳推托说不在身边。张家子女料定,张文芳欲独霸遗产,遂于当月下旬,将张文芳告上法院。法庭上,张文芳出示了多份遗嘱。法院查明:住房是张教授与张文芳一起买断的(张文芳31年的工龄,在买房时派上了用场),法院将住房和大部分财产判给了张文芳。教授的儿女们愤然上诉。

二、结婚证明都是假的

该是律师出手的时候了。

1999年夏,律师前往绥棱县,调查张文芳的底细。公安局户政科证明:"经查我县常住人口底卡无张文芳此人。"有关单位证明:张文芳没在绥棱县五交化商场工作过,也没在此商场退休。1999年9月3日,在张教授去世一年后,张文芳才把户口从嫩江县迁到绥棱县。张文芳对此的解释是:回嫩江开证明材料太远,绥棱近。

1999年11月10日,张家子女向动力区民政局申请,要求确认父亲与张文芳婚姻无效,收回结婚证。民政局查明,张文芳是嫩江县新胜乡二龙村的村民,曾结过两次婚,有两儿两女。1999年11月22日,动力区民政局回复说:双方自愿结婚,亲自到场签字画押。婚姻实质要件具备,应该予以登记,婚姻是合法的。张文芳从异地出具户口证明及婚姻状况证明,应予严厉批评,但不视为“婚姻无效”,也不属于“骗婚”。

张家子女原本自忖事实俱在,必胜无疑,岂料官府竟然不允。于是他们将与张文芳打官司的动力,转移到了动力区民政局身上。

三、屡败屡战,不屈不挠

2000 年 3 月 5 日,张家的子女们在动力区人民法院,状告动力区民政局,请求撤销动力区民政局 1999 年 11 月 22 日作出的回复决定书;依据事实和法律,作出张教授和张文芳婚姻关系无效的决定。

2000 年 7 月 14 日,区人民法院以原告已过诉讼时效,裁定驳回起诉,后中级人民法院又裁定驳回了张家子女的上诉。张家子女申诉至黑龙江省高级人民法院。2002 年 3 月 7 日,高院裁定:二审法院认定事实不清、适用法律不当,遗漏当事人的诉讼请求,撤销原一、二审裁定,指令哈市动力区人民法院再审。

2002 年 6 月 17 日,动力区人民法院判决:婚姻双方意思表达真实,虽然张文芳提供的证明材料是从异地出具,但证明婚姻状况的内容是真实的。动力区民政局颁证行为合法有效,原告诉请不予支持。张家子女上诉被中级人民法院驳回。

张家子女申诉不已……

四、另一个故事,另一种裁断

下面的故事,发生在父亲生前。

儿子是北京人,长期在国外工作。2001 年年底回国后,他就一直“兢兢业业”地忙着一件事——撤销父亲的再婚登记。父亲年已 84 岁,1996 年妻子去世后,一人住在北京。儿子说,父亲在 1998 年就查出患有老年性痴呆。2000 年 9 月,北京朝阳区的民政部门竟同意他和 80 岁的郑大妈再婚。民政部门未经婚检就发证,严重违反北京市关于男女双方结婚必须婚检的规定,依法应当撤销。民政部门解释说,他们曾让大爷婚检,但老人说,我这么大年纪了,不好意思。考虑两人都是 80 岁左右的老人,婚检意义不大,民政部门最终没有坚持。儿子不依不饶,不仅要求撤销结婚证,而且要求民政部门赔偿他损失 11 万元。

这个儿子的诉讼史,没有上面案例中曲折。一审法院直接断定,即使颁证机关程序违法,儿子也无权起诉要求撤销父亲的婚姻——法院不允许儿子打这种官司!这个儿子没上诉,一个人又去了异乡。

五、浙江发生婆婆诉请撤销儿媳结婚证案

2002年,张明娣和胡加招到乐清办理结婚证。女儿胡奕春出生后,胡加招因病亡故。张明娣和胡奕春以胡加招之母郑松菊和胡加招(与前妻所生)之子胡奕飞为被告,向上海市第二中级人民法院提起民事诉讼,请求确认并分割夫妻共同财产、继承胡加招遗产和确认公司股权份额。郑松菊和胡奕飞则针对胡加招和张明娣结婚登记行为,向乐清市人民法院提起行政诉讼,要求撤销乐清市民政局颁发给胡加招、张明娣的结婚证。行政诉讼原告的代理人是原浙江大学的胡建淼教授,儿媳则聘请中国政法大学张树义教授为代理人。

原告诉称:乐清市民政局在两人未亲自到场的情况下颁发结婚证,缺乏双方自愿结婚的事实依据,严重违反法定程序,请求撤销该结婚证。儿媳方辩称:婆婆无权起诉撤销儿子与儿媳的结婚证。胡加招和张明娣符合婚姻关系成立的实质要件,且已亲自到场办理结婚登记手续,被告给予登记并无不当,请求驳回原告的诉讼请求。婚姻登记机关在登记工作中即便存在瑕疵,也不能影响胡加招和张明娣婚姻效力,请求驳回原告的起诉。

乐清市人民法院认为,婆婆有权起诉,并判决撤销了结婚证,张明娣、胡奕春提出上诉。温州市中级人民法院二审认为,婆婆有权起诉,但乐清市民政局向胡加招、张明娣颁发结婚证的行为虽然存在程序瑕疵,但该瑕疵并不足以导致结婚登记行为被撤销的法律后果。据此改判维持乐清市民政局颁发的结婚证。

法律疑点

- 近亲属有无撤销本人非法婚姻的行政诉权?
- 本人请求撤销婚姻,应当提起民事诉讼还是行政诉讼?
- 婚姻登记有瑕疵,可否据此撤销婚姻登记?
- 审理继承纠纷的民事法庭,能否直接认定婚姻关系无效?

法理研习

一、近亲属有无撤销本人非法婚姻的行政诉权

这个问题在法律界掀起不大不小的风波,风波起于“利害关系”的判断。

最高人民法院的一位法官认为,利害关系是指原告的合法权益因被诉具体

行政行为而受到了直接的（现实的或者可能的）侵害（不利影响）。尽管婚姻登记只在婚姻当事人之间创设法律关系，但对近亲属的继承权，仍发生实际影响。如果撤销了婚姻登记行为，近亲属就可能或者必然获得更多的继承机会或者份额；反之，则会丧失继承机会或者份额。近亲属能否撤销婚姻登记，取决于其主张是否合法，其不可能随心所欲地干预他人婚姻自由，因而不用担心会损害当事人的婚姻自主权。非法的婚姻本来就不受保护，近亲属应当有行政诉权。

北京市高级人民法院的一位法官就此案发表了评论，他认为，原告不具备“法律上的利害关系”，不享有诉权。父亲结婚，对儿女们的财产权益虽然可能有影响，但这种影响是不确定的，不能认定儿女们与父亲的结婚行为有法律上的利害关系。“法律上的利害关系”应是直接的、已经或者必将发生的关系，而不是一种间接的、根本就不可能出现的关系。损害必须是确实存在的，而不是主观臆断的。“法律上的利害关系”既要保护合法权利，也要保护合法利益。此类案件的关键在于判断原告与民政局的结婚登记行为是否有“法律上的利害关系”？这里存在两种不同的权益：一种是因某区民政局结婚登记行为而产生的行政法律关系，既体现出婚姻自主权的私权属性，也体现出公权性质；另一种是原告的继承法律关系，涉及继承权，是私权。婚姻自主权和继承权都受到我国法律保障。原告的继承权是一种期待权，是将来可能出现的权益。原告的继承权与某区民政局的结婚登记行为之间是一种间接的、以后可能发生的关系。结婚登记行为确实可能对原告以后继承遗产的份额产生影响，但是对遗产的总额并不产生影响。即使结婚登记行为对将来继承份额产生影响，这也是当事人双方自由意志的体现。况且作为结婚当事人双方都有权对自己个人的合法财产行使处分权。因此，国家面对结婚当事人的婚姻自主权第一位权利和结婚当事人的子女的继承权第二位权利，首先应该保护作为第一位权利的婚姻自主权，而不是作为第二位权利的继承权。从根本上而言，民政局的结婚登记行为只对保护作为第一位权利的婚姻自主权产生影响，而对作为第二位权利的继承权并没有产生实际影响。因此，原告与某区民政局的结婚登记行为没有“法律上的利害关系”。

笔者认为，近亲属没有这个诉权。笔者在拙作《婚宴上坐着居心叵测的人》一文中曾作过相关论述。

法律文摘

婚宴上坐着居心叵测的人（节选）

我们日常受人凌辱、无力自救之时，总希望草莽之中忽然跳出一位英雄，快意恩仇,拔刀相助。诉讼与此不同。为了禁止不相干的人无端兴讼,法律要求提起诉讼的人,必须与纠纷有直接利害关系,法理上称为“无利益,无诉权”,但这不代表“有利益,就有诉权”——这句话不能反着说。人与人之间的利益有如一团乱麻,纠缠不清。如果有利益,就有诉权,天下难得太平。举个例子:

假如一个少妇被诬“红杏出墙”,除了本人名誉受损,还有谁受害了呢?首先是她的丈夫。这位可怜的丈夫成了“戴绿帽子的男人”。人们在暗地里可怜他、讥笑他,他成了人们茶余饭后的笑料。还有谁受害呢?孩子,他成了同学们鄙视的对象,抬不起头。受辱的还有这位少妇的母亲,她养育了一个放荡的女儿。受辱的还有兄弟、姐妹……他/她们事实上都受害了,但他/她们有诉权吗?法律可以给他/她们诉权吗?不能,法律不能。法律只允许受害的妻子在法庭上孤军奋战。她的亲人们可以从精神上鼓励她,从资金上援助她,但不能代替她,也不能在法庭上与她并肩作战。这是为什么?

这是因为一个原因事实会引发多个后果,一个后果可能起因于多个事实,法官如欲将所有的利益关系“一网打尽”,全盘斟酌,势将困于“利益关系之网”,以至“剪不断,理还乱”。为此,法官应对事实上存在的、密如蛛网的利益关系进行裁剪,掐去枝蔓,留存主干。那些被剪去的利益关系,视为不存在——没有法律上的利害关系。这是司法政策的需要,也是稳定社会关系的需要。那些留存下来的被称为“诉讼标的”,则有待细加研判。对“利益关系”进行剪裁,不仅涉及“事实判断”,还涉及利益衡量。这一过程如同披沙拣金,需要目光如炬,心细如发。

现在回到本案。婆婆说,儿子与媳妇之间的非法婚姻关系,损害了她的利益。如果没有这个儿媳,她会得到更多。这个问题可以被简洁表述为:儿子结婚,是在害老娘吗?母亲所谓受损的利益应当得到法律保护吗?是的,从事实上来说,任何一个人结婚,他的法定继承人的法定继承份额都会相应减少。但从司法政策上,法律绝不能认可“婚姻是对继承人的损害”,不允许继承人以自己的继承权受损为由,要求撤销被继承人的婚姻。无论在他/她生前或死后,法律都不能。试想,如果婆婆在儿子死后有权要求撤销儿子的婚姻,那么在儿子的生前,她也有诉权,因为从结婚那一日始,她的“可期待利益”就“受损”了。再想一下,如果父母有这个权利,子女应当有同样的权利——因为父母与子女互为继承人。法律应当这样吗?法律允许儿子在父亲死后甚至生前到法院起诉,要求撤销父母的婚姻,从而剥夺母亲的继承权吗?这不是天方夜谭,这样的案例真发生过——好在法官驳回了这个儿子的起诉。

(1)婚姻为家庭之基础。公民结婚虽然可能使其继承人可期待的继承份额受到影响,但为保护公民婚姻自由,维护家庭伦理关系,法律不能承认“结婚是对其他继承人的损害”。法律不允许婚宴上坐着一个个居心叵测的人——继承人。

(2)最高人民法院《关于适用〈中华人民共和国婚姻法〉若干问题的解释(一)》第10条规定:“因受胁迫而请求撤销婚姻的,只能是受胁迫一方的婚姻关系当事人本人。”据此,只有婚姻关系当事人本人可以在民事程序中提出撤销婚姻关系之诉。其他人试图通过行政诉讼撤销别人婚姻的,法院应以“与本案没有法律上利害关系”为由,不予受理。

(3)其他继承人在继承诉讼中,如果认为死者的婚姻存在无效情形,其配偶依法无继承权时,应当在继承诉讼中直接提出婚姻关系无效之抗辩,不得提出撤销婚姻之诉。

笔者现在愿意再补充一点理由。此类纠纷名为行政争议,实质为继承权争议,如果准许法院的行政庭审理此类案件,行政法官的手就伸到了民事法官的桌面上。笔者认为,他们不能审理这些名为行政实为民事的纠纷。

二、本人请求撤销婚姻,应当提起民事诉讼还是行政诉讼

这好像也成了困扰司法的难题。部分法院因为错误地理解了法律,正在自找麻烦,并给当事人制造讼累。我们来看一个案例:

原告女友未婚先孕,两人匆忙托人办证。他们找到异地的一个乡政府,办理了结婚证。证件颁发不到两个月,男方后悔了,想了断这段草率的婚姻。这样,法律上他有了麻烦,因为女方怀孕期间,男方不得提起离婚诉讼。他想到了“曲线救国”——行政诉讼,要求撤销婚姻登记,理由是颁证的乡政府没有管辖权。原告翻脸不认人,让乡政府异常气愤,指责原告视婚姻为儿戏。然而,乡政府确实越权了,乡政府应当败诉吗?

一、二审法院以被告程序虽然非法,但婚姻是当事人真实自愿,且女方分娩不足一年,依照《中华人民共和国婚姻法》(以下简称《婚姻法》)第5、8、34条以及《行政诉讼法解释》第56条第4款,判决驳回原告的诉讼请求。

有人咨询主审法官,既然被告颁证行为违法,为何判原告败诉?原告提起的是行政诉讼,为什么以民事法律作为判决依据呢?

法官解释说,新《婚姻法》和《行政诉讼法》均为全国人大颁布的同一级别的法律。而《婚姻法》为特别法,《行政诉讼法》为普通法,在适用时如有冲突,特别法优于普通法。按《婚姻法》的规定,女方分娩不到一年,应限制男方提出离婚的诉权。宣布婚姻无效或请求撤销婚姻关系的案件属于民事诉讼法调整的范围,应当依该法来处理。原告的请求其实是想通过行政诉讼,尽快达到民事诉讼暂时无法达到的目的,虽然依照《行政诉讼法解释》第1条之规定,属于《行政诉讼法》的受案范围,但其因诉权受《婚姻法》的限制,故在行政诉讼中同样暂时限制其诉权。

原告败诉是应当的,但法官的解释于法不合。既然法官认为,原告的诉权应受《婚姻法》不准起诉条文的限制,那么,法院就应当裁定不受理此案或裁定驳回起诉,而不是判决驳回请求。

对于《婚姻法》第10、11条有关婚姻无效和可撤销的规定,当事人究竟应当通过什么程序寻求救济?有学者认为,《婚姻法》本身并未限定只能通过民事诉讼解决婚姻无效和撤销,且婚姻无效和撤销本身就具有独立性,可以与相关的财产等争议相分离(后者可以自行解决或者另诉解决),在确认婚姻无效或者撤销婚姻上采取民事诉讼还是行政诉讼,完全由当事人自愿决定。另外,既然婚姻是以登记为法定形式的严格要式行为,婚姻登记不仅确认婚姻关系是否存在,而且具有独立性,婚姻关系本身存在的无效事由和可撤销事由均可以作为请求撤销婚姻登记行政行为的基础事由,按照法定事由撤销婚姻登记行为,本质上就是否定了婚姻关系,因而与相应的民事诉讼异曲同工。正是由于两者之间具有共同功能,也即在作用上具有可替代性,两者不能同时并存,当事人只能选择其一。

对上述观点,笔者不能赞同:《婚姻法》为民事法律,民事法律赋予当事人的权利皆为民事权利,除非法律另有规定。对于民事纠纷,应当只允许通过民事诉讼来救济,而不是由着当事人的性情来选择,法律不能给当事人这种选择权。对于土地抵押合同、房屋买卖合同,法律都要求进行登记,法律条文也有无效和可撤销的内容,当事人可以通过行政诉讼来行使撤销权吗?假如当事人通过民事诉讼行使撤销权的目的没能达到,他还可以通过指责行政机关违法、撤销行政登记的行政诉讼,最终达到同样的目的吗?法律不能允许。法律不能允许当事人将同样一起纠纷打扮成不同的模样,永无止境地诉讼。法律也不允许将实质上的民事纠纷打扮成行政纠纷,"挂羊头,卖狗肉"。民事法律关系经行政机关登记,并不因此就变成行政关系。当事人之间实质是民事诉讼的争议,不允许提起行政诉讼,除非法有明文规定。简要的理由如下:

(1)登记是行政机关的一种证明行为,相关证书属于一种证据法上的书证。对于书证,通常不采用撤销的形式来否定它的效力,而是采用"不采信"的形式,否定它的证明力,如公证文书。民政部门颁发结婚证书的行为,也是一种证明行为。民政部门在此充当"证婚人"的角色。但夫妻不合,能让当事人先提起行政诉讼,状告"证婚人",然后再提起民事诉讼吗?

(2)登记行为大量发生,婚姻、房产、抵押、工商等登记,每年数以亿计。当事人提交的材料更是浩如烟海。行政机关无法进行实质审查,只能进行形式的、表面的审查,错误在所难免。如果因为当事人提供的材料错误、作假或者程序错误,就可以提起行政诉讼,政府将被拖入诉讼的海洋。

(3)登记过程中,政府通常无裁量权。因此没有通过行政诉讼实施控权的必要。对于民事法律关系经过行政登记,当事人又产生纠纷的,正确的做法是由当事人提起民事诉讼。判决确定后,由法院收回证书,或发出协助执行通知书,通知行政部门收回证书、撤销登记。

此外需要说明的是,《婚姻登记条例》中有关登记机关有权撤销婚姻登记条款,也不能作为当事人享有行政诉权的依据。这些条款赋予行政机关以行政职权,而不是赋予当事人以民事请求权。唯有在行政机关拒绝登记或登记错误拒绝更改等有限的情况下,才允许当事人提起行政诉讼。由于本书所选的案例中另有专门研究行政登记的内容,在此笔者不作深入研究。

三、婚姻登记有瑕疵,可否据此撤销婚姻登记

张家子女说,老保姆用了假结婚证明,骗取了结婚证。北京的那位先生说,我父亲没有婚检,政府不应该给他发放结婚证。他们都在指责政府程序违法,他们说的都是事实。那么,行政机关在颁发证书过程中,假如出现程序瑕疵甚至程序违法,相关的证书能否撤销?当法院以及政府以程序违法为由,撤销一项行政行为时,应否受到限制?

行政机关必须按照法定的程序办理行政事务,这是依法行政的基本要求。没有程序约束,官员们就会恣意妄为。话虽如此,但政府部门日理万机,岂能不出差池,不出程序上的瑕疵?俗话说,老虎也有打盹的时候,何况是人?这些案件中,办理结婚证的官员打盹了,甚至故意违法了,结婚证就应该被撤销吗?答案是,按照法理和人情都不应该,这不仅仅因为覆水难收,而且涉及保护公民对政府的信赖问题。

政府决定做出后,人们理所当然地相信,政府的决定是有效的。基于这种信赖,人们按照政府的证书布置自己的未来,他们合法地生育子女,共同购置家业,营造安乐窝。

法理的要义:

(1)有瑕疵的行政行为,除非“严重且明显”,并不当然无效或可撤销。为防止随意撤销政府行为,人为制造混乱,维护人们对政府善意的信赖,树立政府的可靠形象,法院在决定是否以程序违法为由,撤销授益行政行为时,要综合考虑程序违法的程度和对关系人的信赖保护。授益行政行为是指设定或证明权利或者具有法律利益的行为。授益行政行为有程序瑕疵的,如果可以补正,可由政府自行补正。如果无法补正或者补正徒劳无益,只要程序瑕疵没有明显影响实质决定,程序瑕疵忽略不计,不能以程序瑕疵主张撤销行政行为。当事人一方已经

死亡,婚姻关系自然灭亡,程序上无法补正。如果其他继承人对曾经的婚姻关系是否有效提出争议,可由审理民事继承案件中的法院直接审判。

(2)信赖保护不是无限的,如果受益人通过行贿或其他不正当手段促成行政行为,或者受益人明知或因重大过失不知行政行为违法的,对于政府作出的负担性行政行为如行政处罚出现程序瑕疵的,法院应从严控制。

(3)法律依据。对于此类案件处理妥帖的法律较为难寻,法院可以考虑运用2000年《行政诉讼法解释》第56条第4项规定:“有下列情形之一的,人民法院应当判决驳回原告的诉讼请求:……(四)其他应当判决驳回诉讼请求的情形。”此条是法官在特殊情况下进行裁量判断的依据。

四、审理继承纠纷的民事法庭,能否直接认定婚姻关系无效

笔者对此类案件的观点发表后,有人提出疑问:“你不能否认,在有些继承案件中,确实涉及婚姻无效。你不同意当事人提起行政诉讼来撤销结婚证书,那么,他们如果对婚姻效力有异议应当怎么办呢?审理继承案件的民事法庭能对婚姻关系进行判决吗?这不是一个新的标的吗?”

“诉讼标的”是法律人挂在嘴边的一个术语,是法律人的行话。按照普通教科书的定义,标的是指当事人之间发生争议的、有待法院裁判的民事法律关系。它是当事人争议的对象,也是法院审理的对象,它是法律格斗中各方必须瞄准的靶子。按照这种学术观点,一个争议的法律关系构成一个标的。不同的法律关系构成不同的标的。笔者认为,这个理论是错误的。

笔者对这个问题的警觉,起因于一个案件。原告是一家肉鸡加工厂,为被告加工肉鸡,出口东南亚,双方订立了长达十年的合同。不料,亚洲金融风暴使出口落空。被告只得单方面将合同撕毁,原告按合同条款,请求赔偿违约金4800万元。被告答辩认为合同不成立。确实,合同在订立方面存在重大缺陷,一审法院判决合同不成立,驳回诉讼请求。原告因为信心十足,而且违约金条款足以弥补他的实际损失,所以他没向法院主张损害的事实,也没有提供相关证据。法官认为,既然原告没有提起这个问题,法院不能越俎代庖,不能干涉当事人诉讼的自由。结果,原告两手空空。问题是,原告可以重新起诉,请求侵权损害赔偿吗?如果准许原告再行起诉侵权损害赔偿,这是不是违反“一事不再理原则”?如果不允许原告另行起诉,原告的损害如何解决?这样的结果,对原告是不是太不公平?

疑问起因于对诉讼标的的理解上。法官认为,原告起诉的标的是“违约”,是合同法律关系,而不是侵权法律关系。既然原告送请法官审判的“标的”是违约,那么,法官只能审“违约法律关系”,而不能审“损害赔偿法律关系”,否则法

官就越界了。即使法官看出原告起诉有问题也应当闭嘴,不能乱说,不能违反“消极中立原则”,否则法官就不中立了。

是这样吗?不是。诉讼标的不是——稳妥一点,至少在笔者看来说——不是所谓的“双方争议的法律关系”,而是双方之间争议的那一起真实的纠纷。所谓“法律关系”不过是当事人对这起纠纷在法律上的一种判断。这可能是正确的,也可能是完全错误的,还可能是模糊的。当事人的这种判断和选择,不能限制法官对案件作出正确的判断。当事人可能因为不谙法律,而犯下这样或那样的错误,对此,法官不能麻木不仁,法官应当为适当的阐明。当事人可能一时糊涂,写错了状纸,法官不能因此就闭上眼睛判案。所谓“法律关系”,不过是当事人在起诉时,为了胜诉,从法律上为自己寻找的一些理由。最终这起纠纷应当如何从法律上判断,权力和责任是法官的。西方谚语称,法官与当事人之间的关系是“你给我事实,我给你法律”。对案件作出正确的法律判断,始终是法官的职责。当事人和他们的律师所提供的这样或那样的法律依据,不过是支持他们诉讼请求的理由,而理由不能拘束法院,他们只能起到帮助法官判断的作用。对当事人提出的理由,法官应当妥为斟酌,并在判词中详加说明,但这些都不妨碍法官根据案件真情,作出他认为切合法律本意的判断——即使他的判断与当事人起诉或答辩时的理由不同。

需要说明的是,为了防止法官的判断“出乎意料”,给双方造成“诉讼突袭”——想不到法官会这么想、这么判,也为了防止法官未听取双方的质辩意见,就鲁莽地作出判断,法官应当在法庭上事先作出阐明,就他所斟酌的事项,预先向各方说明,并引导各方就此发表意见乃至补充证据材料。在此之后,法官可以作出切合法律真意的判断。

就前述合同纠纷案来说,当法官发现本案合同可能不成立时,应当引导双方就损害的事实进行主张和辩论。法官一旦认为合同确实不成立,但损害赔偿可以成立的话,法官可以直接作出损害赔偿的判决。法官这样做,损害当事人利益了吗?法官不公正了吗?公正不仅要求法官在程序上保持中立,公正同样要求法官尽可能地对纠纷作出合乎实体法的判断。在此过程中,法官应当谨慎从事。他不应当不遗余力地为一方穷尽法律上的理由,否则他就成了一方的律师。同样,法官也不应当对他心知肚明的法律错误置若罔闻,否则,他就像枯立在法庭上的一根木头。正确的做法是,当法官从双方的质辩中,从自己的细心研究中,发现本案真实的法律疑点后,应为适度的阐明,并引导双方就其进行争辩,最后作出他认为正义的判决。法官在追求程序正义的同时,永远不能放弃对实质正义的追求。如果程序总是导致非正义的结局,受害的不仅是人们对法律的信心,而且必将使人们对程序本身的正义性产生怀疑。总是导致非正义结局的程序,是公正的吗？

现在回到本案问题。审理继承案件的法院，能否直接判断作为继承基础的婚姻关系？笔者认为完全可以，理由是法官对当事人提供的“法律理由”必须要有判断权，否则法官将无法司法。就继承案件来说，配偶一方提出继承的请求，法律上的理由必然是我是他/她的配偶。对于这一理由，如果对方无异议，通常法官不予细究。一旦一方提出争议，即对“理由”的争执，法官即可对此理由之争详加审理，并作出相应的判断。假如我们不让法官这么做，结局会怎么样？结局是，当事人另行起诉，法院另行组成法庭——甚至到另一个法院诉讼，而审理继承案件的法庭在此期间，只能中止审理。双方要另辟战场，重写诉辩状、再交律师费、重组法庭、一审、二审……这不仅无端地增加了当事人的讼累，法院也自添烦恼。从减少当事人和法院讼累的角度，从防止两个法院互相扯皮、造成案件久拖不决的角度，从保证法律统一的角度，法律都必须允许审理继承案件的法院直接判断作为继承基础的婚姻法律关系的效力。法律从来没有禁止法院这么做，实践中大部分法院也一直这么做。假如不允许审理继承案件的法庭审理作为继承基础的婚姻关系，那么，他们能不能审理同样是继承基础的亲子关系？如果对于这些法律关系，审理继承案件的法庭都不能审，他们还如何审理继承纠纷？他们的责任莫非是等其他法庭将一切基础关系审清楚以后，由他们来分析财产？笔者对此类案件研究的结果是，婚姻关系之争、亲子关系之争，在继承纠纷案件中都应当被视为继承关系之争，他们都是审理继承案件法庭的当然且责无旁贷的职责。审理继承案件的法官，不仅有能力审理和判断婚姻关系，他们也有权力适用《婚姻法》，及至其他一切法律。基层法院能否适用宪法，则是另一个法律问题。

法律是提供给所有法官的，而不是提供给特定法官的。

法律文摘

掌柜的法官与掌勺的法官

英美法系国家的人们认为，诉讼是一场法律格斗，法官不过是双方请来的裁判。既然是裁判，自应恪守中立，袖手旁观，不得参与游戏。法官的职责就是吹吹哨子，宣布结果。丹宁勋爵——一位文采与神采兼备的英国法官对此有过一段经典性描述：在我们国家形成的审案制度中，是法官开庭听讯和裁定各方争论的问题，而不是代表整个社会进行调查或验证。因此，在民事诉讼中不允许法官传唤他认为可以使事实得到澄清的证人。法官只能传唤诉讼双方请来的证人。

同样,要由律师来轮流质询证人,而不是由法官来质询,以免显得法官有所偏袒。而且要由律师尽可能完整有力地阐明案情,不要粗暴地打断律师的话,以免影响他辩护的效果。法官的事情就是听取证词。……假如他超越此限,就等于自卸法官的责任,改演律师的角色。但是这种改变对法官并没有好处。大法官培根说得很对,他说:"耐性及慎重听讼是法官的基本功之一,而一名哓哓多言的法官则不是一件和谐的乐器。"

基于这样的理念,在这些国家的正式法庭中,法官俨然像一位甩手掌柜,高高在上。他只负责品尝当事人双方呈上来的菜肴——证据、理由等。谁的菜味道好极了,就给予奖赏——胜诉;如果味道不好,只好请你自尝苦果。不过,在不怎么正式的治安法庭中又是另一番情景。治安法官经常与当事人在咖啡桌边解决争议,他们的待遇也差得远,远没有宪法上的法官那么风光。

大陆法系国家则不然。他们认为,诉讼不仅涉及双方私人的利益,而且涉及国家法律之适用。法官作为国法的代言人,在诉讼中不能听之任之,无所作为。法官应以一种积极的姿态参与诉讼。例如,在德国,证人首先由法官而不是律师盘问,鉴定人由法院而不是当事人聘请。不仅如此,法官在必要时,还要对当事人进行适当的教导——行话叫作"阐明",以便当事人提出适当的主张和证据。德国民事诉讼法规定:"审判长应当使当事人就一切重要的事实作充分的说明,并且提出有利的申请,特别在对所提事实说明不够时要加以补充,还要表明证据方法。为达此目的,在必要时,审判长应与当事人共同从事实和法律两方面对事实关系和法律关系进行阐明,并且发问。"阐明不仅是法官的权利,而且还是义务。

在这种思想指引下,法官不仅承担裁判职责,而且兼演律师角色。在这里,法官也是掌柜,但并不是甩手掌柜。他不仅负责品尝菜肴,往往还参与做菜——搜集证据、寻找法律等——这个掌柜兼掌勺。

我们的法官应当怎样呢?有些人尤其是法官希望成甩手掌柜,既显得公正,又得以清闲,但他们忘了以下基本事实:其一,掌柜型的法官是以完备的律师制度和法律援助制度为前提的,法官之所以可以做甩手掌柜是因为有律师掌勺。美国有近100万名律师在为当事人出谋划策,中国却只有十几万名。其二,中国的律师缺乏必要的法律手段去维护雇主,可谓赤手空拳,虽然外表上西装革履。没有必要的法律工具,律师如何炒得好菜?大部分当事人没有律师,"外强中干"的律师们又没有法律武器,器具最多的是法官,但法官却想做甩手掌柜,这个店铺如何开得下去?

细究下去,法官应当以什么样的姿态在法庭上行事,不仅与案件是否有律师参与相关,而且与法院的地理位置、诉讼的审级还有关联,因篇幅所限,此不深言。基本的判断是：目前在中国法院，尤其是基层法院及乡镇派出法庭，法官不能仅仅做甩手掌柜，必须兼任掌勺。须知，小店铺的老板大多要兼任跑堂的。为此，在当事人明显不懂法律时，法官应予适当之教诲，而不是闭上眼睛判案。

有人说，在古希腊神话中，法律（正义）女神蒙着双眼，一手持剑，一手持天平。蒙着双眼是因为她不偏袒任何一方当事人，保持着中立；天平象征着公平；剑象征着斩除邪恶势力。问题是：蒙上双眼就是公正的吗？

还是丹宁说得好："蒙住双眼不偏不倚固然不坏，但是如果不用纱布缠住公正的慧眼，情况就会更好。对于偏见和先入之见，公正的慧眼必须闭而不视，但是公正的慧眼必须能够一眼看到真实情况的所在，挡住它视线的灰尘越少越好。"

错误的理论也能成为挡住视线的灰尘。

思考

（1）检察院起诉被告犯有抢劫罪，法院可以判其抢夺罪吗？法院可以更改检察院起诉的罪名，直接判决吗？法院能否在检察院起诉的罪名之外，另外增加罪名？

（2）婚姻登记是不是一种行政许可？此类案件可否适用《行政许可法》？房产证与结婚证的法律性质是否相同？

案例3　田宇诉五峰土家族自治县建设与环境保护局行政不作为案

何　兵

案　情

一、酒后跌入天池河

2001年12月5日中午，死者田华东与朋友在酒店聚饮，后走到五峰镇民族饭店门前人行道边，靠近一个叫天池河的护栏缺口处。他一边说话，一边不经意地后退，失足从护栏缺口处跌入天池河，经抢救无效死亡——真是“一失足成千古恨”。

死者的亲属查明，这个天池河护栏是国有公共设施，由县建设与环境保护局兴建。因为护栏日久失修，缺口处的缺损时间约七个月，县人大代表曾专门提出议案，要求政府修复护栏。五峰县五届人大也曾书面答复代表，明确护栏应当由被告——县建设与环境保护局负责管理和维护，但被告“漫不经心”。

原告认为，护栏缺口属于城市道路，被告负有管理维护的职责，被告不仅未尽维护之责，而且也没有采取防范警示措施，致使田华东跌入河中死亡。请求法院判令被告赔偿丧葬费、死亡补偿费、被扶养人生活费5万元。

二、清醒的人怎会大白天掉进河里

被告觉得很冤。他们辩解说：护栏失修虽是事实，但田华东是因为酒后失控，自己掉入天池河中死亡。人死固然可悯，但法不容情，在法律上，田华东的死与被告何干？一个清醒的人，怎么可能大白天掉进河里？

被告还提出一个很专业的法律难题，谨请法官们斟酌。他们说，本案应当适用国家赔偿程序，而不是民事赔偿程序，原告起诉程序错误。

我们不要轻易地指责，被告在无理缠讼，因为行政机关管理公共护栏确实是一项行政行为。被告公共管理行为不当导致纠纷，究竟应当适用行政诉讼程序，还是民事诉讼程序，法律和法理都有未明之处。被告律师找到了本案的软肋，他找到了一个很好的切入口。

三、法院的判决

五峰县法院一审判决认为:本案既可以提起行政赔偿诉讼,也可以提起民事赔偿诉讼,原告有权选择。被告辩称本案不适用民事赔偿诉讼程序,不能成立。一审法院还认定,田华东的死亡有两方面原因:(1)被告疏于履行职责,未及时加固沿河人行道护栏,在缺损处未设置警示标志,未采取安全防护措施,这是造成事故的主要原因,被告应承担主要责任。(2)死者酒后失去自制能力,与其死亡有一定因果关系,应自负相应责任。2003 年 5 月 11 日,法院根据《民法通则》第 126、131 条,判决被告赔偿原告损失 3 万元。被告不服上诉。

二审法院认为:河道护栏的管理、维护人,对护栏可能致人损害负有注意义务。其未尽到义务,致人损害,构成民事侵权,受害人提起民事诉讼,原审法院受理本案并未违反法律规定。对于河道护栏这类国有公共设施设置不当及管理欠缺的致害责任,原判适用《民法通则》相关规定,以建筑物及其地上物致害侵权责任予以认定处理,并无不当。被告主张本案只能按国家赔偿程序处理的上诉意见,不予采纳。二审法院于 2003 年 12 月 1 日判决驳回上诉。

法律疑点

- 公产致人损害,应适用行政赔偿还是民事赔偿?
- 护栏是否属于"建筑物或者其他设施"?本案能否适用《民法通则》第 126 条?
- 死者酒后失足落水,法理上应否认定其存在过错?

法理研习

一、公产致人损害,应适用行政赔偿还是民事赔偿?

我国的公产算得上世界上最多的了,可这一领域的行政法研究却冷清得很。近来,梁凤云博士开始了拓荒工作。就像国有企业易于滋生腐败一样,行政公产被团体控制,很容易成为谋取团体利益乃至私利的资本。北京市举行了一个物价听证会,决定故宫门票要涨价。法律上的疑问是:故宫这个祖遗的公产——行政公产,它属于谁?是北京市吗?如果国家交由北京市管理,北京市物价局有权决定收费标准吗?如果准备涨价,应当由国家物价局还是北京市物价局举行听证会?听证会仅仅由北京市民参加合法吗,要不要听听全国人民的意见?这都涉及行政公产的问题。

行政公产损害引发的赔偿问题,在重庆綦江虹桥塌陷事件中彰显无遗。1999年1月,綦江县政府在綦河上架设的一座人行桥突然整体垮塌,造成40人死亡,14人受伤,直接经济损失620余万元。县政府认为,建筑物垮塌致人损害,属于民事侵权,应依《民法通则》,由直接责任人即建筑商赔偿。这一说法当然不能让人服气——万一建筑商作古,该案岂不成了无头悬案?正确的答案是,该案先由所有人或管理人负责,然后再行追偿。多数学者认为,按照公共设施设置不当及管理欠缺致害的,属国家赔偿。但虹桥案的审判长认为:"肯定不应适用国家赔偿法。我国现行国家赔偿制度规定的赔偿范围有三类:第一类是行政赔偿,针对的是国家机关的具体行政行为,修建或管理大桥当然不是具体行政行为……至于学术界对理论问题进行探讨,这无可非议。但作为国家审判机关,则只能严格执行法律。"〔1〕后来,綦江县政府从稳定社会的角度出发,由县财政对死难者进行了赔偿。

行政公产,是行政主体为了提供公用而所有或管领的财产。它的意思是:第一,公产必须供公共之目的,如道路、桥梁、国有公园、国立大学的设施。国家的财产,如果交付给特定组织——比如国有企业——从事营利性经营,就不属于国有资产。行政公产可被分为公共使用公产和公务使用公产,前者如天安门城楼,后者如警用灭火车。行政主体的私产则包括行政主体不供公众和公务使用,而作为财政收入目的使用的财产,如供收益用的房屋、土地、森林等,行政主体享有的专利权、商标权、渔业权、矿业权等。第二,行政公产必须是行政主体所有或者管理的财产,私人所有的财产即便出于公心和善意提供给公众使用,也不算行政公产。比如民办高校、百货大楼、私人博物馆、私人诊所等。这些财产虽然在事实上被公众所用,但不受国家支配,法律上它不是公产。因这些财产致人损害,所有人和管理人要承担民事责任。〔2〕

本案引起损害的沿河护栏,属被告建设并管理,属于行政公产,此无疑义。问题在于,因为行政公产致害,是适用民事赔偿还是行政赔偿?区别不仅是程序上的,而且是实体上的。行政赔偿的归责原则、责任范围等,与民事赔偿有显著

---

〔1〕 参见汪放:《虹桥事故民事赔偿本报独家报道》,载《人民法院报》2001年3月29日。

〔2〕 梁凤云:《行政公产研究导论》,载罗豪才编:《行政法论丛》(第6卷),法律出版社2003年版,引者有所编辑。

的区别。

对于应否将公有公共设施因设置或管理瑕疵造成损害纳入国家赔偿,学界向有两说:一说认为,国家赔偿的归责原则是违法责任原则,不违法则不担责。桥梁、道路等国有公共设施,因设置不当、管理欠缺发生的赔偿问题,不属违法行使职权,不应纳入国家赔偿的范围。笔者认为,这种理论莫名其妙。国家对公产负有管理的义务,义务不履行,即是违法,何来"不违法则不担责"一说?另说认为,应在一定范围内将该类损害纳入国家赔偿,以体现公共负担的法律原则,增加设置者或管理者的责任观念。

从外国(或地区)立法例看,《日本国家赔偿法》第2条第1项规定:"因道路、河川或其他公共营造物之设置或管理存在瑕疵,致使他人受损害时,国家或公共团体对此应负赔偿责任。"《韩国国家赔偿法》第5条要求国家对道路、河川及其他公共营造物设置或管理瑕疵致害,承担无过失责任。我国台湾地区也有类似的规定。[1]

全国人大法工委在《国家赔偿法》草案说明中指出:"桥梁、道路等国有公共设施,因设置管理欠缺发生的赔偿问题不属于违法行使职权的问题,不纳入国家赔偿的范围,受害人可以依照《民法通则》的有关规定向负责管理的企业、事业单位请求赔偿。"[2]

法官应当准确地解释法律本意。立法草案说明是立法史的记载,是立法者本意的记录。立法说明的前半句"桥梁、道路等国有公共设施,因设置管理欠缺发生的赔偿问题不属于违法行使职权的问题,不纳入国家赔偿的范围",此处是明确的,没有法官解释的余地。如果原告依据"国有公共设施"致害提起诉讼,本案无适用行政赔偿的空间,虹桥案审判长所言不虚。但说明后半句又言"受害人可以依照《民法通则》的有关规定,向负责管理的企业、事业单位请求赔偿"。立法者的意见是,可以请求民事赔偿,但指明向"企业、事业单位"索赔,不包括"行政机关",而本案管理者恰恰是行政机关——真是"法网恢恢,疏而有漏"。立法及其说明显然出现了法律漏洞。行政机关管理国有公共设施,在我国比比皆是,环卫部门管理绿化树木,运河部门管理人工河流……法律出现漏洞,有赖法官补充。如果不允许法官补充解释,则由行政管理的公产就成了无人敢惹的怪物。据此分析,原告以此为由提起民事诉讼,于法并无不合,但我们在

---

〔1〕 参见赵德关:《论行政赔偿的归责原则》,载 http://s.yingle.com/w/xf/88581.html,最后访问日期:2012年7月15日。

〔2〕 参见胡康生:《关于中华人民共和国国家赔偿法(草案)的说明》,1993年10月22日第八届全国人大常委会第四次会议。

下文将会分析,民事诉讼在实体上会出现困难。

本案一审判决认为,原告既可提起民事诉讼,也可提起行政诉讼,究竟提起何种诉讼,原告有选择权。判决认为,原告可提起行政赔偿,虽合乎法理和世界潮流,但并未解释理由何在,语焉不详。二审法院的判词于此微妙处妥为周旋,称“受害人提起民事诉讼,原审受理本案并不违反法律规定”,回避了棘手的法律判断——能否提起行政赔偿。后文将会分析,本案确实可以提起行政诉讼,而且提起行政诉讼,法理上更为妥帖。

本案法院判决被告承担民事赔偿责任,但作为被告的行政机关从哪里找钱来赔?这倒不是笔者在杞人忧天,因为在法律上,行政机关不得有小金库,行政机关的办公楼宇、办公用具,法律上不得作为强制执行的标的,否则行政机关将成为“游击队”,而且,行政机关又不适用破产还债,否则我们没有了政府,行政机关的办公经费也不得用于支付赔偿,最终的答案只能是由国库开支——实际上还是国家赔偿。这从另一个侧面说明,对于公产造成的损害,还应当实行国家赔偿。

法律文摘

行政公产的特性

与私产相较,行政公产的主要特性有:

一、原则上不融通

行政公产,法律规定一般不得在民事主体之间自由流通,即不得为民事交易的标的。我国实定法上,以公产不融通为原则,以融通为例外。例如,我国《担保法》第9条规定,学校、幼儿园、医院等以公益为目的的事业单位、社会团体不得为保证人。第8条规定,国家机关不得为保证人,但经国务院批准为使用外国政府或者国际经济组织贷款进行转贷的除外。该法第34条规定,下列财产可以抵押:“……(三)抵押人依法有权处分的国有的土地使用权、房屋和其他地上定着物;(四)抵押人依法有权处分的国有的机器、交通运输工具和其他财产……”该法第37条规定,下列财产不得抵押:“(三)学校、幼儿园、医院等以公益为目的的事业单位、社会团体的教育设施、医疗卫生设施和其他社会公益设施……”

二、原则上不得为强制执行标的

原则上,公产为不通融物,在供公用目的的范围内,不得为扣押、拍卖等强制执行行为。但公产的不融通并非绝对,不能排除公产可以为强制执行标的的情形,特定的公产虽经转让、抵押、留置,只要不改变、不影响其公共用途,均得允许。一般而言,绝对不融通物应当是绝对不得强制执行标的,如国家专有的物资、土地、矿藏、水流等,又称禁止融通物,相对不融通物是法律对融通之范围并非完全禁止,只是有一定限制的物,如国有企业法人闲置的固定资产或关停并需要转让给其他单位的资产等。我国台湾地区学者以为,公物之非国有者,在扣押拍卖取得所有权后,仍以之供公用为目的者,未尝不能强制执行。例如,县乡镇公法人所有公用物,因负债而执行拍卖,债权人取得后不变更其原来公用之目的,自非法所不许。

在我国,公路作为公产,本应由国家投资兴建,但因财力所限,"国家鼓励,引导国内外经济组织依法投资建设,经营公路"。在建成之后,本着"收回投资回报"原则,由投资方收费经营。此种经营权,可为强制执行标的,实是当然。

三、取得时效的限制

取得时效是指无权利人以行使所有权或其他财产权利的意思,公然地、和平地继续占有他人的所有物,经过法律规定的一定期间,即依法取得其财产所有权或其他财产权的法律制度。关于公产是否适用取得时效制度,各国立法例不一。瑞士民法规定,须非无主土地及公物,乃得为取得时效的客体。日本学者鸠山在其所著《日本民法总论》中主张私人于所有权取得后,在未废止公用前,其公用仍然继续者,不妨认其取得时效。而美浓部达吉认为,不适用取得时效制度。法国最高法院认为,行政机关不能抛弃公产,禁止取得时效的利益。我国取得时效制度并未建立,但取得时效制度一直为学者所提倡。基于我国行政公产的现实情况,在行政公产领域不应当适用取得时效制度。

四、用征收的限制

公用征收是指行政主体为了公益,依公平补偿原则,强制取得私人财产的行政行为。公用征收实际是建设公产的一种手段,尤其是在政府进行公共工程建设公产时,才使用公用征收。由于公产的设立与公用征收的目的均为公用,由此引发的问题便是公产能否适用公用征收制度。有些情况下,现存的公产的目的与将实行公用征收的目的相悖。例如,将某段公路"征用"以便修筑铁路通过。这时,实际上涉及的是公产设定用途的改变问题,而非真正的公用征收。一般而言,公产不能作为公用征收对象。我国有关公用征收的法律制度尚不健全,对于公产是否适用征收,法无可据,实践中主要采取划拨的方式。

五、相邻关系的限制

公产的相邻关系是指公产和私人不动产毗连而产生的法律关系。这种法律关系的内容主要由公产和私人不动产相互负担的义务组成。公产相邻关系适用民法只是极少部分,绝大多数公产相邻关系主要是行政法规定的行政役权(administrative servitutes)。行政役权是指由法律所规定的,为了公产利益而对毗连的不动产规定的特别义务，对行政主体而言则称为行政役权。例如，我国《电力法》第52、53条，《公路法》第47条第1款等规定。公产为私人邻地不动产所负担的义务主要是公共道路对沿途不动产所有者或使用者所负担的某些义务，于私人称为道路便利权，内容主要是必要通行权、采光权、排水权。[1]

二、护栏是否属于“建筑物或者其他设施”，本案能否适用《民法通则》第126条

《民法通则》第126条规定：“建筑物或者其他设施以及建筑物上的搁置物、悬挂物发生倒塌、脱落、坠落造成他人损害的，它的所有人或者管理人应当承担民事责任，但能够证明自己没有过错的除外。”

这是我国对物件致人损害责任法律适用的直接依据。但什么是“建筑物或者其他设施”呢？人工湖是吗？它属于建筑物，还是其他设施？或者都不是？

对于建筑物，通常的理解是在土地上建设的供人们居住、生产或者进行其他活动的房屋或场所。我们的居舍、鸡鸭的窝棚、古老的城墙、英雄的墓碑、入云的电视塔、阿Q栖居的土谷祠都是。至于“其他设施”，简直无法可解，无律可循。但解释又是必要的。如果成功地将一个“物件”解释为法律上的“建筑物或者其他设施”，这意味着万一它造成损害，将被视为“特别侵权”，适用“过错推定原则”，否则就成为一般侵权案件，适用“过错责任原则”。举个例子：儿童戏耍商铺门前的气球，被炸伤，是适用过错责任原则，还是过错推定原则？气球属于“其他设施”，还是“高度危险品”，还是属于一般物品？如果将气球认定为一般物品，则只能适用一般过错责任原则。

因为这是一本行政法教材，所以笔者不准备在此对“其他设施”深挖细掘。在本案结案后，2003年12月4日，最高人民法院通过了《关于审理人身损害赔偿案件适用法律若干问题的解释》，该解释第16条规定，“道路、桥梁、隧道等人工建造的建筑物因维护、管理瑕疵致人损害的”适用《民法通则》第126条的规定。

护栏属于构造物，属于一种设施，应当是可以肯定的。“马路边的护栏”是道路的附属设施吗？道路需要这样的附属设施吗？高速公路当然另当别论。精心细想一下，我们脑海里会灵光一闪，本案的“马路边的沿河护栏”，并非“公路护栏”，而是“沿河护栏”——二审法院也是如此判定。这一识别是相当关键的。

---

〔1〕 梁凤云：《行政公产研究导论》，载罗豪才编：《行政法论丛》（第6卷），法律出版社2003年版，引者有所编辑。

如果认定其是“公路护栏”，护栏将被归入“道路附属设施”，如果认定其是“沿河护栏”，它就不是道路的附属设施，它是防止人们掉入河流的一种保护设施。本案受害人不是无意撞死在护栏上，不是因为护栏倒塌被砸死的，也不是因为没有护栏，闯入公路，被道路上的汽车撞死的，他是被淹死的。他的死亡与建筑物、道路、桥梁、设施等都没有关系，他是被河流淹死的，而不是“护栏”致害的。而淹死他的河流不是建筑物，它是自然形成的。若此，本案根本没有适用《民法通则》第126条的空间，法官用错了法律。本案根本不是“建筑物致害”，被告承担法律责任的真正理由是，公共管理机关没有尽到妥善管理的法定义务。河流属于国有，但因为它是自然形成的，所以不属于“国有公共设施”。前引全国人大法工委关于《国家赔偿法》草案说明称：“桥梁、道路等国有公共设施，因设置管理欠缺发生的赔偿问题不属于违法行使职权的问题，不纳入国家赔偿的范围，受害人可以依照《民法通则》的有关规定，向负责管理的企业、事业单位请求赔偿。”由于河流不属于国有公共设施，所以全国人大法工委的说明本案可不予参酌。

县人大答复明确，护栏由被告修复，说明对该河道，被告负有安全管理的公法上的义务。被告行政不作为导致损害发生。从这个角度来说，原告应当以被告违法行政导致损害，提起行政赔偿诉讼——这真是峰回路转，其赔偿的法律依据应当是我国《国家赔偿法》第3条第5项：“行政机关及其工作人员在行使职权时有下列侵犯人身权情形之一的，受害人有取得赔偿的权利：……（五）造成公民身体伤害或者死亡的其他违法行为。”被告拒不修复护栏的行为，完全可以归入“其他违法行为”之列。原告如果以此为由提起行政赔偿诉讼，当然可以成立。

域外判例

日本1974年公共汽车坠落遇难家属诉国家案[1]

名古屋团地报社和观光服务公司联合举办观光旅游。1968年8月17日夜，天气急变，骤降暴雨，主办者决定中止旅行。18日零时，一行汽车调头沿来路南归。因发生土崩，被迫停车，困在路面。同日2时11分，在道路东侧的陡斜面上发生了大量的泥石流。两辆公共汽车直接被泥石流卷入飞驰河，乘客及乘务人员104人死亡。

---

〔1〕 胡建淼编：《外国行政法规与案例述评》，中国法制出版社1997年版，第796页，引者有所编辑。

事故发生第二天，政府召开“技阜公共汽车事故对策联络会”，研讨对死者家属的补偿。政府表明了在道路管理上没有过失的天灾论立场，但也有人提出与此相反的人灾论主张。持该主张者认为：这起事故是危险道路的必然产物，道路行政薄弱是事故发生的原因。遇难者家属以这种观点向名古屋地方法院提起约5.23亿日元的损害赔偿之诉。

名古屋地方法院于1973年3月30日作出一审判决，认为：国家道路土砂崩落，有发生事故的危险，对此应有适当的管理，国家道路管理有瑕疵。同时，泥石流是事故发生的直接原因，应视为不可抗力。不可抗力的因素占四成，国家对剩下的六成负损害赔偿责任。这一判决强调不可抗力的因素是为了排除国家的部分责任，因此有人称这一判决对原告来说是一次痛苦的胜诉。

1974年11月20日，名古屋高级法院作出上诉审判决，不同意一审判决，认为：自然现象造成事故通常是可以预测的。这条道路处于暴雨集中地区，靠山一侧有发生斜面崩落、泥石流等类似事故的危险，“为防止本案泥石流事故，防护措施并不是唯一的办法，根据作为避难方式的事前禁止或其他方法，是可以达到目的的”，从而拒绝不可抗力的主张，认为国家应负全面的责任。因国家没有上告，本判决成为确定判决。

三、死者酒后失足落水，法理上应否认定其存在过错

本案法院认为，死者酒后失去自制能力，与其死亡有一定因果关系，应自负相应责任，判决的依据是《民法通则》第126条和第131条。《民法通则》第131条规定：“受害人对于损害的发生也有过错的，可以减轻侵害人的民事责任。”

过错的判断总是具体的，不可一概而论。在刑法上，饮酒与否对定罪量刑没有关系——以免酒壮“英雄”胆。在民事上，饮酒本身不是错，但饮酒会使人头脑兴奋乃至举止失常。基于这一常识，酒后的人应避免从事必须头脑清醒时才能进行的事务，否则即有过错。比如酒后驾车致人损害，法官无疑将认定行为人有大错。如果酒后仅仅从事一般生活、工作事务，通常不能认定其有过错。本案被告中午与朋友饮酒，当然没有过错。那么，他酒后在马路边与朋友惜别，边说边退，这属于举止失常吗？失常是指与常人的行为有显著的区别，原告显然不是，因为我们大家经常这么做。如果他在旷野上边说边退，掉入池塘，当然咎由自取，而他是在沿河有护栏的马路上，谁会料到护栏会有缺口呢？

法院判决的理由是“酒后失控”，而酒后失控是指行为人饮酒后，受酒精的作用，无法控制自己的躯体——东倒西歪的醉汉就是。死者已经作古，无法测知他是否酒后失控，案件材料也没有反映原告是因为酒后失控掉入河中，“失控”

没有证据。“酒后”并不必然“失控”，法理上不允许基于“饮酒”的事实，就推定“失控”的存在，因为“饮酒”与“失控”之间没有常态的联系。如果说一百人饮酒一百人失控，我们也许可以基于“饮酒”的事实推定“失控”的存在，可惜实际不是这样。由于“饮酒”和“失控”没有逻辑上和经验上的必然关系，所以，“失控”是一个必须依赖证据单独证明的事实，而本案没有证据证明“失控”的存在，判决的这一节是错误的。

笔者的这一分析，与最高人民法院在本案生效后发布的《关于审理人身损害赔偿案件适用法律若干问题的解释》第2条相吻合。该条内容是受害人对同一损害的发生或者扩大有故意、过失的，依照《民法通则》第131条的规定，可以减轻或者免除赔偿义务人的赔偿责任。但侵权人因故意或者重大过失致人损害，受害人只有一般过失的，不减轻赔偿义务人的赔偿责任。笔者的分析是受害人没有过失，即使笔者的分析不当，至多也只够上本条所言的“一般过失”——喝点酒，有什么大错？

本案原告如果按照笔者的分析，提起行政赔偿诉讼，胜诉应无问题。这不仅有《中华人民共和国国家赔偿法》（以下简称《国家赔偿法》）第3条第5项为依据，而且，2001年最高人民法院公布了《关于公安机关不履行法定行政职责是否承担行政赔偿责任问题的批复》（以下简称《批复》），明确称：“由于公安机关不履行法定行政职责，致使公民、法人和其他组织的合法权益遭受损害的，应当承担行政赔偿责任。在确定赔偿的数额时，应当考虑该不履行法定职责的行为在损害发生过程和结果中所起的作用等因素。”法理相通，《批复》对于其他行政机关的不作为当然同样适用。

案例链接

案 例 1

2002年3月2日上午10点，山东某采油厂公安分局干警在巡视油区治安情况时，发现部分当地村民哄拾2号油井的落地油。公安人员遂边鸣笛边开车驱散、制止，但其中一人（薄某）仍我行我素。公安人员遂将薄某连同捡拾的落地油袋一同带回分局，准备询问后作出处理。在经过薄某村庄时，薄某的亲属随车追赶。公安人员加大车速疾驶，薄某趁公安人员不备跳车，不慎头部触地死亡。薄某的亲属提起行政赔偿诉讼。

该案审理中，合议庭认为被告带薄某去公安机关途中没有尽到合理注意的管护义务，应对这种不作为引起的损害承担行政赔偿责任没有异议，但对被告是承担全部赔偿责任还是部分赔偿责任，以及在承担部分责任时如何确定赔偿的份额等问题产生了较大分歧。

第一种意见认为既然公安机关应当承担赔偿责任，就不存在赔偿份额的划分。这是因为，公安机关承担的是行政赔偿责任而非民事赔偿责任。国家赔偿法确立的是违法责任原则，只要违法行使职权造成损害的，就应承担全部赔偿责任。

第二种意见也认为公安机关应承担行政赔偿责任，但薄某系自行跳车头部触地身亡，其本身也有过错，全部由公安机关承担赔偿责任于理于情都让社会难以接受，因而主张公安机关承担主要赔偿责任。

第三种意见也认为公安机关应承担行政赔偿责任，按《国家赔偿法》的赔偿标准计算，由公安机关承担全部责任的3/10。其理由及相关理论涉及两个问题，一是对行政不作为赔偿归责原则即行政赔偿归责原则的理解；二是行政不作为赔偿责任划分的依据。

请问，你赞成哪种意见？或者，他们全错了？

案 例 2

原告谢秋芳的儿子崔战武和小伙伴崔国轻玩耍时，不慎双双落入村边的水坑里淹死了。丧事办完后，孩子们的父母开始考虑孩子的意外究竟是谁的责任。他们首先想到的是淹死孩子的水坑。据了解这个面积约100平方米的水坑是由孟津县黄河河务局在1997年委托一个包工队挖的。河务局说："我们是因地制宜对所辖河道进行河道疏浚，提高河道排洪能力，坑是河道疏波留下的坑。"崔战武的父亲说："他们是搞盈利的，并不是为人民造福的，他们就是要石料。"河务局坚决否认关于他们挖沙卖钱的说法。此外孩子的家长提出，河务局对自己挖的坑至今未设置任何警示标志，也未派专人进行管理，导致未成年的孩子落水身亡。河务局说："这个地方本身是行洪河道，容易发生洪水的地方，也是比较危险的地方，没有必要设置警示标志。它并不是《民法通则》上所说的规范的那种公共场所的范围。"据调查，附近村民们不仅在黄河河道里放牧、游泳，甚至还有村民荡舟江上自得其乐。看来这个水坑甚至整个河道在百姓眼中确实是一个公共场所。

2001年5月，两个被淹死孩子的父母以一纸诉状将孟津县黄河河务局及其下属公司告上法庭，要求他们对孩子们的死承担民事赔偿责任。孟津县法院审理后认为：孩子的父母由于没有尽到监护职责，对孩子的死应当承担60%的责任，黄河大堤作为人们活动的场所，河务局在此挖坑却并未设置警示标志，应当对孩子的死承担40%的责任。法院判决河务局分别赔偿两被告1万余元。

请问，法院判的对吗？河务局应否给水坑加栏杆？假若有人再撞上栏杆而亡，河务局应否承担责任？从因果关系原理分析此案。提示：明知切断因果。

思考

《民法通则》第121条规定："国家机关或者国家机关工作人员在执行职务中，侵犯公民、法人的合法权益造成损害的，应当承担民事责任。"

最高人民法院在2001年的前述《批复》中说："由于公安机关不履行法定行政职责……应当承担行政赔偿责任。"

2003年12月26日，最高人民法院公布的《关于审理人身损害赔偿案件适用法律若干问题的解释》第8条规定，法人或者其他组织的法定代表人、负责人以及工作人员，在执行职务中致人损害的，依照《民法通则》第121条的规定，由该法人或者其他组织承担民事责任。上述人员实施与职务无关的行为致人损害的，应当由行为人承担赔偿责任。属于《国家赔偿法》赔偿事由的，依照《国家赔偿法》的规定处理。第36条声明："本解释自2004年5月1日起施行。2004年5月1日后新受理的一审人身损害赔偿案件，适用本解释的规定。已经作出生效裁判的人身损害赔偿案件依法再审的，不适用本解释的规定。在本解释公布施行之前已经生效施行的司法解释，其内容与本解释不一致的，以本解释为准。"

问题：最高人民法院的上述司法解释应如何理解？按照这些规定，此类案件将来应当归为行政诉讼还是民事诉讼，还是由当事人自由选择？

案例4　德宝公司诉湖北对外贸易厅违法清算案

何　兵

案　情

1997年7月13日，德宝（远东）有限公司[以下简称德宝（远东）公司]与湖北鹰台经济发展有限公司（以下简称鹰台公司）合作，成立湖北德宝有限公司（以下简称湖北德宝公司）及德宝大酒店。2001年9月17日，中国国际经济贸易仲裁委员会裁决，解除双方合作合同，合作双方依法对合作公司进行清算。

2001年10月16日，鹰台公司向省商务厅提交"特别清算申请书"，称2001年10月9日，鹰台公司分别致函香港德宝（远东）有限公司并蔡泽明先生（董事长），商讨湖北德宝公司清算事宜，均无回应，双方无法自行清算。2001年10月26日，商务厅根据鹰台公司的申请，依据仲裁裁决，以及湖北德宝公司仍在经营尚未清算的事实，作出鄂外经贸审〔2001〕第88号《关于湖北德宝实业有限公司实行特别清算的批复》（以下简称《批复》），内容主要为"根据《中外合作经营企业法》《外商投资企业清算办法》和中国国际贸易促进委员会裁决书……经审查，同意对湖北德宝实业有限公司实行特别清算"。同日，省商务厅还发出了《关于湖北德宝实业有限公司组织清算委员会的函》，确定"湖北德宝实业有限公司于2001年10月26日开始清算"。同时，指定该厅一名工作人员担任主任，组成由公司合作双方及会计师、律师参加的清算委员会。10月31日，清算委员会刊登要求债权人申报债权的公告。但清算过程中，德宝（远东）公司未参加。同年12月20日，德宝（远东）公司以省商务厅违法行政，侵犯其合法权益为由，对省商务厅批复特别清算的行为提起行政诉讼。

一审期间，德宝（远东）公司请求法院裁定停止执行省商务厅《批复》，法院裁定驳回。后清算委员会作出清算报告，将全部资产归鹰台公司所有，并向鹰台公司实际移交了湖北德宝公司的全部资产。一审判决认为，商务厅的行政行为程序合法，适用法律正确，判决驳回德宝（远东）公司的诉讼请求。德宝（远东）公司提起上诉。

二审法院判决认为，鹰台公司提供的证据仅能证明曾致函德宝（远东）公司，而不能证明函件的内容，即不能证明德宝（远东）公司收到商讨函和拒绝商讨的事实。省商务厅仅根据鹰台公司单方面申请，未对事实予以核实，即批复同意对合作企业进行特别清算，属于认定事实主要证据不足。“特别清算申请书”所述相关事实未得到证明。省商务厅未尽审查义务即批复进行特别清算，违背法律规定。据此判决撤销商务厅对湖北德宝公司实行特别清算及成立清算委员会的决定。对于德宝（远东）公司提出的赔偿请求，一、二审法院皆以赔偿请求没有事实依据为由，予以驳回。

法律疑点

- 清算行为的性质。德宝（远东）公司认为，仲裁裁决的执行属于法院主管。商务厅的清算行为性属执行仲裁裁决，属于越权行政。商务厅认为，依据《中华人民共和国中外合作经营企业法》（以下简称《中外合作经营企业法》）规定，商务厅有权进行特别清算。
- 清算委员会有无权力采取强制措施？
- 清算委员会的法律地位。德宝（远东）公司认为，清算委员会属于受商务厅委托的行政组织，其行为属于行政行为。被告认为，清算委员会属于民事主体，非国家机关，原告无权因清算委员会行为对商务厅起诉。
- 商务厅批复成立清算委员会是否程序违法？
- 对函件的内容能否实行推定？

法理研习

一、清算行为的性质

公司清算是公司因故解散或破产过程中，对公司的资产、债权、债务进行清理，从而结束公司的行为。公司正常清算，由股东进行。在公司破产的情况下，按民事诉讼法和破产法的有关规定，由人民法院组织清算组对公司财产进行清算。对于中外合作经营企业，我国法律规定有专门的清算程序。《中外合作经营企业法》第23条规定：“合作企业期满或者提前终止时，应当依照法定程序对资产和债权、债务进行清算。中外合作者应当依照合作企业合同的约定确定合作企业财产的归属。”《中外合作经营企业法实施细则》第49条规定：“合作企业的清算事宜依照国家有关法律、行政法规及合作企业合同、章程的规定办理。”

这是关于中外合作经营企业清算的原则性规定。这一规定缺乏具体细节，实务中无法操作。为此，经国务院批准，对外经济贸易合作部于1996年发布了《外商投资企业清算办法》，对清算事宜作出具体规定。我国《公司法》中有关清算的规定属于公司清算的一般性规定，而前述有关中外合作经营企业清算的规定属于特别法。根据普通法与特别法的关系原理，对于中外合作经营企业清算事宜，应依据特别法规定办理。特别法没有规定的，按普通法办理。故此，本案清算应适用《中外合作经营企业法》和其他相关行政法规的规定。最高人民法院法释〔1998〕1号《关于审理中外合资经营合同纠纷案件如何清算合资企业问题的批复》也指出："合营企业清算问题则应根据《中华人民共和国中外合资经营企业法实施条例》、《外商投资企业清算办法》的有关规定办理，人民法院组织清算没有法律依据。"

德宝（远东）公司提出，我国《民事诉讼法》（1991年）第217条规定："对依法设立的仲裁机构的裁决，一方当事人不履行的，对方当事人可以向有管辖权的人民法院申请执行。"我国《仲裁法》第62条规定："一方当事人不履行裁决的，另一方当事人可以依据民事诉讼法的有关规定向人民法院申请执行。"据此，裁决书的强制执行权只能属于人民法院，商务厅无批准设立清算委员会的权力，更无强制清算的权力。商务厅辩称，清算是仲裁委裁决解除合同所引起的法律后果，与执行裁决是两回事。法院有裁决的执行权，行政部门有批准进行特别清算的行政职权。

对德宝（远东）公司提出的这一问题，也应从《民事诉讼法》和《仲裁法》属于一般性规定，而有关中外合作经营企业的清算应适用法律的特别规定来理解。当事人之间的合作合同被裁决中止后，必然面临着公司清算的问题。清算性质上属于对裁决的执行。按我国现行的法律规定，执行权主要属于人民法院，但人民法院并非独家垄断执行权。行政机关依据法律规定，也拥有一定程度的执行权。就法律本身规定而言，《民事诉讼法》和《仲裁法》规定当事人可以向人民法院申请执行，而非必须向人民法院申请执行。根据依法行政的基本原理，如果法律没有规定，行政机关不享有执行权，在此情况下，当事人当然应当申请法院执行。但法律如有规定，则行政机关可以行使法定执行权。商务厅决定对本案合作企业进行特别清算，不违背法律规定，性质上不属于越权行政。

二、商务厅及清算委员会皆无权实施强制措施

本案中，清算委员会成员率领保安强行占领并封堵酒店，查封并收缴公司账目、文件等行为，性质上属于强制措施。强制措施是国家机关为了维护行政管理秩序，预防与制止社会危害事件与违法事件的发生和存在，依照法律、法规规定，

针对特定公民、法人或者其他组织的人身、行为及财产进行临时约束或处置的限权性强制行为。[1] 强制措施由于直接涉及相对人的人身自由和财产安全,因此,只能由国家机关行使强制权。民间组织和社会公共组织不得实施强制措施。

本案中,如果"查封"等行为视为商务厅的行为,则商务厅属于越权行政。虽然按照前述法律规定,商务厅有决定实施特别清算的权力,但相关法律并未授权其采取强制措施。强制措施权是国家权力中最为严厉的一种权力,它与国家暴力紧密联系在一起。如果行使不当,将直接造成人身伤害和财产损害。为此,对于强制措施权,除非法有明文规定,行政机关不得行使,这是"权力法定"这一行政法治原则的基本要求。商务厅如果坚持自己有权采取强制措施,就必须提供明确的法律依据。商务厅不能从自己有"实施特别清算的权力"推导出自己有"采取强制措施的权力"。对于行政权,必须奉行"权力法定",而不是"权力推定"。由于商务厅不能提供其采取强制措施权力依据,为此应依法认定这一行为非法。

如果将强行占领酒店等一系列行为理解为"清算委员会"的行为,则这一行为更属违法。清算委员会性质上不属于行政机关,属于法律法规授权进行特定清算行为的组织(详见下述)。作为民事组织,其更没有强制措施权。如前所言,强制措施权与国家暴力紧密联系在一起,只能由国家机关行使,如果任由其他社会组织行使强制权,其实质是准许社会成员实施"私力救济",最终结果必然导致非法的暴力行为频频发生,国家失去控制。

综上,无论是将本案中的强制措施理解为商务厅的行为,还是清算委员会的行为,其结论是一样的,皆属非法行为。

三、清算委员会的性质

本案中,双方对清算委员会的性质存在重大争议。原告认为,清算委员会的权力来自商务厅的委托,法理上属于"受委托的组织"。如果原告的理由成立,则商务厅作为"委托机关",应当为被委托组织的"行政行为"承担责任。而商务厅认为,清算委员会是一民事主体,而非行政主体,其所为的行为属于民事行为,德宝(远东)公司无权对清算委员会的行为提起行政诉讼。

《外商投资企业清算办法》第 36 条规定:"企业进行特别清算,由企业审批机关或其委托的部门组织中外投资者、有关机关的代表和有关专业人员成立清算委员会。"第 37 条规定:"清算委员会设主任一人,由企业审批机关或其委托的部门指定。特别清算期间,清算委员会主任行使企业法定代表人的职权,清算

---

〔1〕 参见胡建森编:《行政法学》,法律出版社 2003 年版,第 326 页。

委员会行使企业权力机构的职权。"此两条法律规定以及其他相关法律规定是法律对清算委员会的授权,即清算委员会的权力直接来自法律的规定,而非行政机关的授权,因此,不能将清算委员会与商务厅之间的关系理解成委托与被委托之间的关系。清算委员会的性质属于"法律、法规授权的组织"。

这里需要强调的是,不能将"法律、法规授权的组织"当然视为"行政组织"。我国行政法上的行政主体,除行政机关外,尚有"法律、法规授权组织"和"受委托的组织"。这些行政主体的行政权力来源于法律、法规的规定,或行政机关的委托。它们的公共管理行为往往被视为行政行为,因为这些行为产生的诉讼,为行政诉讼。但并非"法律、法规授权的组织"皆是行政组织,区别的关键在于法律、法规所授权力本身的性质。如果法律、法规授予的权力本身性质上属于社会公共管理权,则这些组织可能被视为行政组织。如果法律、法规所授予的权力属于"私权"性质,权力行使的本身与公共管理无关,则这些组织不能视为行政组织。区别的关键在于法律所授权力是"私权"还是"公权"。如果权力性质属于私权,则该组织仍为民事主体。就清算委员会而言,其职责是对公司的财产和债权、债务进行清理,是对公司这一"私法主体"的私有财产和债权债务进行清理,行为的目的是"私益"。就清算行为的涉及面而言,仅涉及有限的公司股东、债权人、债务人的利益,行为不具有"公共性"。就清算委员会这个"组织"本身而言,它是由行政机关、有关机关和股东组成的临时性组织,在清算行为终结后即因完成使命而终结。"股东"参与清算组织这一事实本身也说明该组织不具有"行政性"——股东不能"对自己行政"。因此,清算委员会行使的职权并非公共职权,清算委员会属于民事主体。其在清算范围内,具有一定的民事权利能力和行为能力,对其清算行为不得提起行政诉讼。

知识之窗

公法与私法的区分

界定公法与私法的学说主要有以下三种:

利益说。此说在罗马法中就已有人提及。根据利益说,判断一项法律关系或一条法律规范是属于公法还是属于私法,应以涉及的是公共利益还是私人利益为准。然而,恰恰是社会福利国家中,公共利益和私人利益往往是不能互相分离的。例如,被归属于私法范畴的婚姻制度和竞争制度,在本质上也是服务于公共利益的。与此相反,在属于公法范畴的社会照顾法或道路建设中,在很大程度上也涉及私人的利益。

隶属说。此说在长时间内一直处于主导地位。隶属说认为,公法的根本特征在于调整隶属关系,而私法的根本特征在于调整平等关系。不过,这一点也是不确切的。因为,一方面,隶属关系也出现在私法中(如父母与未成年子女之间的关系,法律将“亲权”改成“双亲的照顾”并未对此关系作出实质的修改);另一方面,公法中也存在平等关系(如联邦的州与州之间订立相互承认中学毕业文凭的协议,或者两个地方政府之间订立将某一区域归入某个地方政府管辖的协议)。

主体说。现今该说是通说。根据主体说,如果某个公权载体正是以公权载体身份参与法律关系,则存在公法关系。联邦最高法院的看法与此类似。它认为,具有决定性意义的是:“要看参与人相互之间是否处在一种隶属性质的公权关系之中;并且要看公权载体是应用了归属于它的、公法上的法律规范,还是它用了对每个人都适用的法律规定”。例如,法院将地方政府举办的教堂落成纪念仪式归属于私法范畴,因此民事法院对于因此受到骚扰的邻居提出的排除妨害请求权具有管辖权。采主体说,有一个关键的问题依然没有得到回答,那就是在什么时候,主体行使的是公权,且行使的方式足以表明国家是在上述定义的意义上参与法律关系的?这一点在国家从事照顾性质行为时,殊成疑问。例如,国家根据《联邦教育促进法》向一个大学生提供贷款的行为,与该大学生的有钱叔叔向其支付生活费的行为,其实质是无异的。尽管如此,国家的照顾行为毫无疑问地属于公法范畴,因为国家在这方面的决策必须受法律的约束,而且还必须说明理由。这方面的有关纠纷受行政法院管辖也是没有争议的。与此相反,有钱叔叔的给付行为性质就不同了。特别是,这位叔叔不需要说明为什么他给这个侄子生活费而不给那个侄子的理由。[1]

需要说明的是,清算委员会虽然是由行政机关出面组织的,但不能就此认为,由行政机关出面组织的就是行政组织,正如诉讼中由人民法院组织的清算组,不应被认为是司法组织一样。社会活动中,行政机关基于各种需要,出面组织各种社会组织,这是行政机关管理社会的需要,这些组织是行政活动的结果,但它们本身并非行政组织。另外,诉讼中被告提出,按照法律规定,清算委员会应当向行政机关报告工作,据此可以断定清算委员会是行政组织。这一辩解理由也是不能成立的。要求社会组织向行政机关“报告工作”,是行政机关进行社会监管的有力手段,也是行政机关常用的手段。行政机关承担社会管理职能,需要对社会各种组织进行监管,被监管人往往负有程度不同的“报告义务”。纳税人向税务机关报告企业财务报表,即是“报告”的一种形式。显然,不能据此认

〔1〕［德］迪特尔·梅迪库斯:《德国民法总论》,邵建东译,法律出版社2000年版,第11~12页。

定报告人就是行政组织。

清算委员会虽非行政组织,但商务厅决定对合作企业进行特别清算以及组成清算委员会的行为却是行政行为,是商务厅作为国家行政机关依法作出的行政管理行为。为此,对于商务厅批复同意对合作企业进行特别清算及组成清算委员会的行为,德宝(远东)公司有权提起行政诉讼。本案法院受理该行政案件是正确的。

四、商务厅批复程序严重违法

虽然有关的清算规则中,未对行政机关实施特别清算的告知方式进行规范,但依法行政不仅要求行政机关严格依据现有的法律规定行事,而且还要求行政机关必须遵守事物的自然法则。在英美国家,行政机关必须遵守事物的自然法则被称为"自然正义"原则。我国法理也认为,行政机关的行为如果严重不合理,性质上应视为"违法",即法理认为严重不合理的行为属于"违法行为"。这与西方的"自然主义"原则有异曲同工之妙。之所以行政法理论和实务中采行这一原则,是因为法律不可能对行政机关所有的行为作出规范,经常出现"法无明文规定"的情形。在此情况下,只有得到这一原理支撑和制约,行政机关的行为才不致失控。以本案而言,商务厅决定实施特别清算后,按照事物的基本法则,当然应当将其决定书面通知股东各方。对一个主体的财产进行清理,必须及时告知本人,这是正义的基本规则。商务厅未将批复及时送达一方股东,其行为属于严重不合理,性质违法。

此外,从自然正义的基本要求来看,商务厅在作出批复同意实施特别清算之前,理应听取另一方股东的意见和申辩。而商务厅仅依据一方的申请即作出批复,也是严重违背程序正义的基本要求。这实际上也是商务厅的行政行为被二审法院撤销的重要原因。二审法院判决理由中称"商务厅未尽审查义务即采信鹰台公司的主张",即是对商务厅违背程序正义的行为所作的否定性评价。

五、合理推定的合理运用

推定是基本事物之间的常态联系,从一个事实的发生或不发生推导出另一事实的发生或不发生。作为推定的基础事实,理论称为"前提事实",被推定出来的事实,则称为"推定事实"。推定的基础是事物之间的常态联系,如果一事物的发生或不发生,在常态情况下,极有可能引发另一事实发生或不发生,即可实行推定。这种"常态联系"实则是事物间的经验法则,是指由一般生活经验归纳得出的关于事物的因果关系或性质状态的知识或法则。这些法则并非是由法律加以规定的具体规则，而是从人类生活中抽象出来的事实，是客观的普遍知识，是一种常识。构成经验法则的具体要素有三个：一是该生活经验必须是由一再发生的同样的生活现象所导出，即符合典型的生活轨迹。二是该生活经验必须与该种经验最新发展趋势相吻合。三是该经验法则随时可以清楚地用验证的方式加以描述。为了防止法官滥用推定，将合理推定变成任意推测，法理上要求推定必须同时具备几个条件：(1) 无法直接证明待证事实存在与否，只能借助间接事实推断待证事实，也就是说，推定应当是“不得已而为之”。(2) 前提事实业已得到证明。(3) 前提事实与推定事实之间须有必然联系，这种联系互为因果，或互为主从，或互相排斥，或互相包容。(4) 许可对方当事人提出反证，并以反证成立与否确认推定成立与否。[1]

推定过程中，经常需要斟酌的是概率关系，即两个事实之间发生或不发生的概率。法律没有也不可能对这一概率作出具体规定，原因在于事物之间的联系具有不确定性，无法量化，为此，只能由法官在个案中进行裁量。问题在于，事物之间的联系到底有多大的概率才能实施推定？此属于法官自由心证的范畴。法官应当根据具体的案情作出判断。从判决“应当事实清楚”这一基本要求出发，法理上认为，行政诉讼中，一般案件中应达到70%时方可实施推定，否则“推定”就沦为“推测”。但必须说明的是，这一标准是不确定的，对于不同的案件，法官可以适度调整这一概率。对于简易案件、影响不大的案件，法官可以适度降低比率；对于利益关系较大、波及面较广的案件，则应适度提高这一概率，这是诉讼经济原则在证据法上的具体体现。实践中，法官们对于“大案”总是强调要“慎重”，“慎重”的一个内容就是证明标准要提高，不能草率。“大案要大办”这一司法行话，就是对这一原理的朴素表达。

就本案而言，鹰台公司提供证据证明，曾向德宝(远东)公司发过函件。鹰台公司主张，函件的内容是“要求双方进行清算”。在一般性案件中，法院很可能“推定”鹰台公司所主张的为“真实”，但本案二审法院却以商务厅和鹰台公司“不能证明函件的内容”为由，判决商务厅败诉。此实质是法院拒绝在本案中适用“推定”来判断事实。法院之所以拒绝适用推定，是因为这一事实关系重大，直接涉及公司存亡，法院从充分保护当事人利益、强制行政机关依法行政的角度，拒绝适用推定。法院的这一司法行为具有一定的合理性。它实际上是从另一角度对商务厅违背基本程序正义的行为作出否定评价。如果商务厅在做出决定前，采取听证会或其他合理的形式，听取双方的质辩，则很容易查明双方是否“无法协商解决”。将来一旦形成诉讼，商务厅也很容易证明“双方无法协商清

[1] 参见江伟：《证据法学》，法律出版社1999年版，第141页。

算”。正是因为商务厅违背程序操作，导致事实“无法证明”。

可以相信，这样的判决结果会给行政机关一个正确的导向，即行政行为必须遵循程序正义原则——正义的程序可以减免行政机关败诉的风险。从这个意义上来说，本案的判决不仅是合法的，也是合理的。

合理运用推定是法官的基本功之一。在行政诉讼中，法官应根据已有证据，斟酌涉案利益大小、影响范围、保护当事人合法权益、促使行政机关依法行政等诸多因素为合理裁量。如果法官在应当为推定的情况下拒绝推定，会给当事人带来不合理的举证负担。这不仅影响司法效率，导致案件无法及时审判，而且会形成错案。相反，法官如果轻率推定，则会使案件真伪无法查明，也会形成错案。法官应本诸良知和常识，根据个案情形，妥为斟酌。在授益性行政案件中，从信赖保护原则出发，从保护相对人合法权益的角度出发，对有益于相对人的推定可适度降低推定标准。对于损益性案件，从监督行政机关依法行政角度出发，在行政机关要求推定时，可适度提升推定标准。

十 | 思考

原告起诉民政局，要求撤销第三人的结婚证书，理由是第三人未亲自填写结婚申请表，民政局就为其颁发结婚证书，程序违法。第三人答辩说：我们亲自填写并上交了表格。法庭调查时，民政局提交给法庭一份申请表。第三人辨认后断定，这绝非他们当初递交的申请表，这是后来伪造的。法院认为，被告提交的申请表经鉴定不是第三人和其配偶亲笔书写，应当认定第三人当初未提交亲笔书写的申请表。法院的认定成立吗？

案例5　刘燕文诉北京大学拒绝颁发学位证案

何　兵

案　情

一、古怪的制度

刘燕文是北京大学电子学系1992级的博士生，主攻电子物理。他的博士论文题目是《超短脉冲激光驱动的大电流密度的光电阴极的研究》。刘燕文说，他研究的这个项目，搞物理的人，如果不专攻电子学，不懂；攻电子学的人，如果不攻光电，不懂；攻光电研究的人，如果专攻阳极而不是阴极，也不太搞得懂。依他的说法，国内了解他研究内容的寥寥无几，这真是曲高和寡。他的导师是以吴氏理论著称于世的光电阴极专家，中国科学院院士吴金德。让刘燕文愤愤不平的是，在北京大学校学位评定委员会上判定他论文不合格的，竟是一群“物理盲”。这个委员会中都是什么人呢？后来法庭调查发现，这16人分别是文学家、法学家、经济学家、化学家……只有一人是物理学家。多么稀奇古怪的制度！

二、他太可怜了

对刘燕文博士论文的审查，经过了三道工序：一是博士论文答辩委员会的审查（7位委员全票通过）；二是北大学位评定委员会电子学系分会的审查（13位委员中12票赞成，1票反对）；三是北大学位评定委员会的审查（委员21位，评定刘燕文论文时，到会16位委员，6票赞成，7票反对，3票弃权）。1996年1月24日，学位评定委员会根据投票结果，决定不授予刘燕文博士学位，只授予博士结业证书。这一决定结果未正式通知刘燕文。刘燕文曾多次向系、校有关部门询问未获得学位的原因，也曾向国家教育部、国务院学位办反映情况，均未得到答复。1997年他曾向法院起诉，法院以“尚无此法律条文”为由不予受理（笔者按：由于法院未给收条，对于曾起诉的事实，刘燕文第二次起诉时，仅有原始起诉状作证）。1999年7月，他从报上看到“北京科技大学本科生田永诉学校拒发‘两证’行政诉讼案，田永胜诉”一事的报道后，带着报纸来到北京市海淀区人民法院，法院终于受理了他的诉讼。

第一次开庭时，刘燕文独自面对北大的两位诉讼代理人——其中一人是行政法专家。庭上，刘燕文反复强调他的论文水平。他不知道，法官对这个问题不感兴趣，因为法官们无权也没有能力裁判论文的水平。刘燕文总是说不到点子上，庭下旁听的数百名北大学生，暗暗地替他着急。姜明安教授听说后，上课时感慨："他太可怜了，你们谁帮帮他呀？"我们就去帮帮他。

相关法律及政策

《中华人民共和国学位条例》

第十条　学位论文答辩委员会负责审查硕士和博士学位论文、组织答辩，就是否授予硕士学位或博士学位作出决议。决议以不记名投票方式，经全体成员 2/3 以上通过，报学位评定委员会。

学位评定委员会负责……对学位论文答辩委员会报请授予硕士学位或博士学位的决议，作出是否批准的决定。决定以不记名投票方式，经全体成员过半数通过。……

《中华人民共和国学位条例暂行实施办法》

第十条　……学位授予单位应当在申请日期截止后两个月内进行审查，决定是否同意申请，并将结果通知申请人及其所在单位。

《北京大学学位授予工作细则》

第十九条　学校成立学位评定委员会。……委员会成员主要在指导博士研究生的教授中遴选，并有学校有关党政领导干部参加……

第二十条　校学位评定委员会履行以下职责：(一)作出授予博士学位的决定……学位评定分委员会对以上职责范围内的工作负责向校评定委员会提出报告。

《北京大学研究生学籍管理实施细则》

第二十一条　博士学位研究生完成培养计划规定的全部学习课程，成绩合格，并通过论文答辩，由所在院(系、所、中心)将全部博士学位报批材料送学位办公室审核，经学位评定委员会讨论通过后，按规定发给博士毕业证书和学位证书。硕士生和博士生完成培养方案和培养计划规定的全部学习课程，学习期满，毕业(学位)论文提交答辩但未获通过者，发给结业证书。

法律疑点

- **校学位评定委员会能否成为被告？**
  原告认为，校学位评定委员会是一个独立的机构，而且具有行政性，可以并且应当成为被告。被告认为，校学位评定委员会是一个学术机构，是北京大学的一个内部机构，不应成为被告。
- **法院审理学位纠纷案件，是否侵犯学术自由？**
  原告认为，校学位评定委员会的学位评定工作属于行政行为，法院有权审理。被告认为，校学位评定委员会评定学位，属于学术评估，法院审理此案，侵犯学术自由。
- **校学位评定委员会对博士论文有无实质审查权？**
  原告认为：校学位评定委员会对于博士论文是否达到博士水平，无实质审查权，论文学术水平的实质审查权在于论文答辩委员会。被告认为，校学位评定委员会作为学术性委员会，有权对学位论文水准进行实质审查。
- **学位评定委员会成员能否投弃权票？**
  原告认为，学位评定委员会委员进行投票，既是权力也是义务，不得投弃权票。被告认为，法律未禁止委员投弃权票，法不禁止即自由。
- **校学位评定委员会的程序是否违背了法律的正当程序？**
  原告认为，被告决定拒绝学位证书之后，未给原告以申辩的机会，未告知原告拒绝颁发博士学位证书的理由，违反了法律的正当程序。被告辩称，法律并未要求校方履行原告方所主张的程序，法院无权将正当程序的法律原理作为判案的法律依据。

法理研习

一、校学位评定委员会能否成为被告

这起纠纷涉及博士毕业证和博士学位证。按照相关的规定，博士毕业证由北京大学决定是否发放，博士学位证由北京大学校学位评定委员会决定是否批准发放。我们写了两份诉状，起诉了两个被告，产生两个案件。其一状告北京大学，要求颁发毕业证书。其二状告北京大学校学位评定委员会，请求法院责令重新评议刘燕文博士学位问题。《孙子兵法》说："上兵伐谋，其次伐交，其次伐兵，

其下攻城。"诉讼是一场法律格斗,律师首先要周密地策划——"伐谋"。找准你的对手——当事人,选择有利的战场——管辖法院。我们选择了北大学位评定委员会作为被告,这是一个明智、正确的选择吗? 我们认为是这样,法院也认为是这样,但中国人民大学胡锦光教授认为,法官和律师都错了,委员会不是合格的被告。

法律文摘

北大博士学位案评析

关于北京大学学位评定委员会是否具有本案行政诉讼的被告资格问题,双方当事人在诉讼过程中均未提出这一问题,即对此没有异议。但是,海淀区人民法院在判决书中,对北京大学学位评定委员会具有被告资格问题作出了说明:"北京大学根据《中华人民共和国学位条例》第9条的规定,设立北京大学学位评定委员会,北京大学学位评定委员会依据《中华人民共和国学位条例》第10条第2款的规定,依法行使对论文答辩委员会报请授予博士学位的决议作出是否批准的决定权,这一权力专由该学位评定委员会享有,故该学位评定委员会是法律授权的组织,依据《中华人民共和国行政诉讼法》第25条第4项的规定,具有行政诉讼的被告主体资格。"笔者认为,本案不应以北京大学学位评定委员会为被告,而应以北京大学为被告。海淀区人民法院应以被告不适格为由,裁定不予受理。

《中华人民共和国教育法》第22条第2款规定,"学位授予单位依法对达到一定学术水平或者专业技术水平的人员授予相应的学位,颁发学位证书"。关于学位授予的主体,学位条例的多个条文作了明确的规定。《中华人民共和国学位条例》第8条规定,学士学位、硕士学位和博士学位"由国务院授权的高等学校和科学研究机构授予";第11条规定,"学位授予单位,在学位评定委员会作出授予学位的决议后,发给学位获得者相应的学位证书";第12条规定,"非学位授予单位应届毕业的研究生,由原单位推荐,可以就近向学位授予单位申请学位。经学位授予单位审查同意,通过论文答辩,达到本条例规定的学术水平者,授予相应的学位";第13条规定,"对于在科学或者专门技术上有重要的著作、发明、发现或发展者,经有关专家推荐,学位授予单位同意,可以免除考试,直接参加博士学位论文答辩。对于通过论文答辩者,授予博士学位";第17条规定,"学位授予单位对于已经授予的学位,如发现有舞弊作伪等严重违反本条例规定的情况,经学位评定委员会复议,可以撤销";第18条规定,"国务院对于已经批准授予学位的单位，在确认其不能保证所授学位的水平时，可以停止或撤销其授予学位的资格"。此外，第14、15、16条所出现的均是"学位授予单位"的字样。《中华人民共和国高等教育法》第22条第2款规定："公民通过接受高等教育或者自学，其学业水平达到国家规定的学位标准，可以向学位授予单位申请授予相应的学位。"可见，根据教育法、学位条例及高等教育法的规定，学位授予的主体是学位授予单位，而学位授予单位是指"授予学位的高等学校和科学研究机构"(《中华人民共和国学位条例》第8条第2款)。

那么，学位授予单位与学位评定委员会之间是一种什么关系呢？《中华人民共和国学位条例》第9条对此作了明确的规定："学位授予单位，应当设立学位评定委员会，并组织有关学科的学位论文答辩委员会。""学位评定委员会组成人员名单，由学位授予单位提出，报主管部门批准。"学位评定委员会负责对学位论文答辩委员会报请授予硕士学位或博士学位的决议，作出是否批准的决定，再由学位授予单位根据学位评定委员会的决定，发给学位获得者相应的学位证书。可见，学位评定委员会是学位授予单位设立的负责确认和批准学位申请人是否具有相应学位水平的内部机构，其与论文答辩委员会相比较，具有相对的稳定性，但不是法律上独立的授予学位的主体。[1]

北大学位评定委员会是不是合格的被告？有两个问题要解决。第一，学位评定委员会是一个行政组织，还是学术组织？第二，学位评定委员会是一个独立的组织，抑或是北大的一个内部机构？

对于第一个问题，笔者的判断是，校学位评定委员会是一个虚构的学术机构，实质是一个行政组织，让我们来拨开迷雾。

1981年1月1日起施行的《中华人民共和国学位条例》第9条规定："学位授予单位，应当设立学位评定委员会，并组织有关学科的学位论文答辩委员会。"1981年5月20日国务院批准的《中华人民共和国学位条例暂行实施办法》第19条规定："学位授予单位的学位评定委员会由9至25人组成，任期2至3年。成员应当包括学位授予单位主要负责人和教学、研究人员。"

法律设置的校"学位评定委员会"到底是什么"性质"？

判断一个机构的法律性质，不能仅以该机构的名称为依据。判断一个机构是不是"学术的"，不能仅看它的名称、招牌，关键要看这些机构的组成和功能。

首先来分析一下校学位评定委员会的组成，看它能否成为"学术的"。按前述法律，校学位评定委员会由9～25人组成。在单一性的专科院校，这些委员应当来自同一专业或相近专业，可以进行专业性学术研究和探讨，但在综合性院

---

〔1〕 胡锦光：《北大博士学位案评析》，载《人大法律评论》(第2辑)，中国人民大学出版社2000年版。

校,这些委员自然要来自不同的学科,他们的专业"风马牛不相及",组成了一个"杂牌军"。评定刘燕文论文的16名委员中,只有1人是行家里手,其余15人都是外行。一个显然易见的问题浮出水面:这种学位评定委员会能够进行学术讨论吗?它是"学术的"吗?请注意,北大学位委员会的这种构成并非是一种"事实上的错误",而是一种法律上的应然配置。如果这仅仅是北大一次事实上的错误,北大可以通过调整委员配置,修正错误,使评定委员会专业化、学术化。而北大的这种配置完全是法律本身的预设,即北大校学位评定委员会的这种构成符合立法者的本意,是合法的。一个组织,如果按照自身的组建规则,就不可能进行学术研究的话,我们还有何理由将其定位于"学术的"?

《北京大学学位授予工作细则》第19条规定:"学校成立学位评定委员会……委员会成员主要在指导博士研究生的教授中遴选,并有学校有关党政领导干部参加……"如果这是一个学术委员会,"并有学校有关党政领导干部参加"如何解释?

我们再来分析一下校学位评定委员会的工作任务,看它可不可能从事学术判断。根据笔者从北大官方网站——北京大学校园网上搜集的数据,2002年,北大合计招收博士生879名,硕士生2940名。按北大和国家的有关规定,硕士以上的学位论文必须经校学位评定委员会审议评定。也就是说,到2005年夏季,北大校学位评定委员会每一位委员须评定879篇博士论文和2940篇硕士论文。这是一个什么概念呢?让我们来具体化、形象化一下。按学位论文撰写基本要求和实际惯例,硕士论文一般最低应达到3万字,博士论文一般最低应达到8万字,两相合计,博士论文和硕士论文的总字数最低应为15852万字。按各校惯例,学生答辩应在每年的5月至6月。答辩完毕后,首先交由系学位评定委员会评定,再交由校学位评定委员会评定,而学生应在每年的7月中旬离校。这就是说,校学位评定委员会评阅论文的时间充其量不足一个月。以此计算,每位评委平均每天的阅读量为528.4万字。如果按一本书30万字计算,平均每位评委每天要读17.6部书!当我们将这一简单而不容置辩的事实呈现在读者面前时,你们会得出什么结论?校学位评定委员会是学术的吗?

笔者的判断是,学位条例所设置的校学位评定委员会不是一个学术研究机构,而是一个学术管理机构,它是行政性的,是学术行政的一种。行政不仅发生于行政机关,还发生于司法机关、议会和学术组织之中。正如司法行政权与司法权相混淆已导致司法混乱一样,将学术研究组织与学术管理组织混为一谈,将学术研究活动与学术管理活动混为一谈,也会混淆视听,导致一系列问题。高等院校内部既有学术评判机构如论文答辩委员会,也有学术管理机构如学位评定委员会,对此必须进行识别。

对于第二个问题,即学位评定委员会是北大的一个内部机构,还是一个独立的组织问题,笔者认为,这是一个独立于北大的组织,不是北大的内部机构。假如我们以北京大学为被告请求发放博士学位证,法庭上会出现什么结局呢？被告会很轻松地耸耸肩,说一声:“对不起,学位委员会不同意,我们无能为力。”假如我们请求法院判令北大重新评议刘燕文博士学位一事,北大同样会说:“我们没有评定权,权力在委员们手中。”我们可以进一步设想,假如法院判令北大重新评议,这个判决能够被强制执行吗？作为被执行对象的北大会说:我没有权利召集学位评定委员会开会,你们找学位委员会主席。如果执行官手执判决,找到学位评定委员会主席,委员会主席会说,我们不是判决中的被告,凭什么找我？问题的核心在于,在法律上,北大行政当局对于学位评定委员会没有指挥权和命令权,学位评定委会不是北大行政当局的下属。学位评定委员会的召集、议事权在于委员会自身。当两个组织发生关联时,判断一个组织是否是另一个组织的“内部机构”,关键要看两者之间有无“命令与服从”“支配与被支配的关系”的关系。没有这样的关系,即不能判断两者之间存在“隶属”。母公司与子公司之间虽然有股权关系,但母公司不能直接支配子公司的财产和人员,所以两者是“相互独立”的。母公司可以直接支配分公司的财产和人员,所以母公司与分公司之间是“隶属关系”。国家工商总局不能直接对国家工商总局商标评审委员会发出指令,所以商标评审委员会是独立的。即使商标评审委员会成员的人事编制、工资关系归于国家工商总局,但一旦因为商标评审发生诉讼,法律上不能认定商标评审委员会是国家工商总局的内部机构,不能因此以国家工商总局为被告。

二、法院审理学位纠纷案件是否侵犯学术自由

北京市海淀区人民法院一审判决公开后,学界和媒体沸腾了。大多数人唱赞歌,小部分人唱反调。他们说,法院受理学位纠纷是对学术自由的粗暴干涉,是对得之不易的学术空间的践踏。对于学术自由,学者们最为情深意长。郑永流教授写过一篇值得把酒细品的美文(见下文法律文摘)。

法律文摘

学术自由

作为一项学术活动的伦理原则,学术自由的形成历经数百年,中世纪中后期学术逐步走出宗教的阴影,1670年斯宾诺莎提出“探讨的自由”(libertas philosophandi),认为人“根据最高的自然法则为其思想的主人”。他的这一主张在启

蒙运动中被广泛接受,经洪堡、施莱尔马赫、费希特等人的宣扬和诠释,日渐成为19世纪初以后德国大学的核心大学观之一,其他的三个为“修养、科学、寂寞”。由于德国在当时引领着大学的潮流,美国有大批学生赴德国求学,并按德国模式建立和改造大学,学术自由随之输入。在中国,传播学术自由思想的主将当推蔡元培,他于20世纪20、30年代之交在北京大学实行“循思想自由原则,取兼容并包主义”,后被概括成“兼容并包”原则,至今还为人大书特书。

在法律上,1158年神圣罗马帝国皇帝腓特烈一世颁布一项法令,以保证学者不因学术活动而招致惩罚,但学术自由首先由1919年《德国魏玛宪法》第142条所明确肯定,1966年联合国的《经济、社会及文化权利国际公约》第15条载明:本公约缔约各国承担尊重进行科学研究和创造性活动所不可缺少的自由,与之紧密相连的是《公民权利和政治权利国际公约》第18条关于思想自由、第19条关于主张自由和发表自由的规定。中国《宪法》第47条关于公民有进行科学研究和文学艺术创作和其他文化活动的自由,构成学术自由在中国的宪法基础。据马尔赛文[1]等,至1975年有34部宪法规定了学术自由。

由于学术主要由大学承担,学术自由在19世纪一是指教授的自由,二是指学习的自由。达尔曼说过:对教师,学术自由意味着在其职业范围内有权讲授他所认为正确和好的内容,因为科学的真理非法律所裁决的对象;对大学生,学术自由意味着根据自己或得自他人的观点选择课程和教师的权利。蒙罗的学术自由是指大学教师有发表、讨论学术意见而免于被除识(名)之恐惧的自由。学术自由是从事学术活动的人的基本精神环境,如同他必备的基本物质工作条件,这是因为大学是一个知识共同体,一个精神家园,学术自由并非学者的什么特权,而是实现其知识创新、光大精神之使命的途径,最终有利于人类的福祉。

……

18世纪德国启蒙主义哲学家伽渥曾有言:良知的声音是轻微的声音,它在尘嚣之中难以被听到。在我看来,学术也是轻微良声,它需要我们忘却世间的激越,在寂静中倾听。宁静致自由,自由成学术。[2]

匈牙利诗人裴多菲咏道:“生命诚可贵,爱情价更高,若为自由故,两者皆可抛。”在诗人的眼里,自由比生命还可贵,但在法律人眼里,自由却不能逾越法律。无法律,无自由。丹宁勋爵曾将他的一本书起名为《法律下的自由》。他沾

[1] “据马尔赛文”为引文的原文;马尔赛文(荷)曾被任命为荷兰内务部宪法室主任,著有《滅文宪法的比较研究》。——作者注

[2] 郑永流:《学术自由及其敌人:审批学术、等级学术》,载http://www.aisixiang.com/data/5809.html,最后访问日期:2017年6月。

沾自喜地说,这是他的首创。

“自由”本身不能成为拒绝司法的当然理由。所有希望排斥司法的人,所有希望维护自身特权的人,都会为自己的特权寻找借口——一些冠冕堂皇的理由。公共利益、国家利益、自由、民主、人权等,这些“大旗”难免被人充作虎皮,来吓唬法院。设想一下,如果自由本身可以成为拒绝司法的理由,那么,合同法上的“合同自由”、宪法上的“言论自由”,岂非都可用作抵挡法院的盾牌?

用“自由”来抵挡法院,并非中国学者的首创。英国人以热爱自由著称于世,扼杀自由等于自绝于人民。一些利益集团曾将“契约自由”变成笼头,试图套住司法这匹难以驯服的野马。他们这样下套:团体规章(如高校的规章)是团体成员之间自愿制定的契约,是成员自愿处分的结果。〔1〕 因此,无论这些规章如何不合理,成员都不能到法院寻求救济,应当按团体规章,由团体内部解决或由行业裁判所最终解决,法律应当尊重“契约自治”。于是,英国的议会和法院被这一理论笼头套牢了。议会在一系列法律中,设置专项条款,将某类纠纷交由法院外裁判机构——行政裁判所最终判断,禁止法院插手。法院俯首听命,拒绝向受迫害的集团成员提供救济——最近几十年,情况已有根本改观。这些团体规章到底是什么呢?丹宁勋爵评价说:“就起草水平而言,这些团体规章从来都是最差劲的,它们一次又一次地给律师以‘辛苦、眼泪和汗水’。”在一份判词中,丹宁干脆利落地判道:“这些规则是他们强加的。加入团体的人没有真正的机会赞成或反对这些规则。在理论上,他们的权力是以契约为基础的,人们认为每个成员都已经签订了给予行业裁判所这些巨大权力的契约;但是实际上,对这个问题他没有选择的余地……确定他们审判权范围的是法院的事,不是订约各方的事,更不用说他们中的一方了。”〔2〕在另一份判决中,丹宁斩钉截铁地判道:“如果裁判所可以不受法院的制约,自由超越他们的权限,那么法制也就不存在了。”〔3〕

在审判一起涉及独立委员会的案件时,丹宁写下这样的判词:“这些委员会是掌握着千百人命运的内部机构。它们拥有同我不断地提到的那些法定机构一样大的权力。它们可以用它们的决定成就一个人或毁掉一个人,不仅可以用开除他的会籍,也可以用拒绝吸收他入会,或者还可以用拒绝授予他执照或拒绝批准对他的任命去这样做。它们的规章往往都有这样的规定,以便它们能够进行

〔1〕 例如,我国学者乔新生就认为,学校制定的规章性质上属于学生与学校之间订立的合同。参见乔新生:《大学生的官司》,载《人民法院报》2003年1月29日。

〔2〕 参见[英]丹宁勋爵:《法律的训诫》,杨百揆、刘庸安、丁健译,法律出版社1999年版,第165～171页。

〔3〕 参见[英]丹宁勋爵:《法律的训诫》,杨百揆、刘庸安、丁健译,法律出版社1999年版,第82页。

自由裁量。于是它们就要求这种自由裁量应该是一种‘不受限制’的自由裁量，法院无权干涉。它们走得太远了，它们的要求太过分了。”〔1〕

重温英国的这一段历史，是让大家晓得“如果自由超越他们的权限，那么法治也就不存在了”。对合同自由如此，对言论自由如此，对学术自由也是如此。学者们试图以学术自由为借口，阻挡法院审理学位纠纷。他们走得太远了，他们的要求太过分了。

我国的这种校学术评定委员会设置并非国际上的通例，很大程度上它是独一无二的，是行政权力无所不及这一历史现象的现代遗存，是教育行政化和学术行政化的一种具体体现。学生与校学位评定委员会之间就学位授予问题发生的纠纷不是学术纠纷，而是学术管理纠纷——严格地说，应当是教育管理纠纷。我们要承认一个基本的道理，这就是，学术需要自由，但当学术管理、学位管理、教育管理发生的纠纷被起诉到法院时，学术并不必然因此丧失自由，法院不可以解决学术纠纷，但可以解决学术管理和考评纠纷，两者不是一回事。

三、校学位评定委员会对博士论文有无实质审查权

刘燕文的博士论文业经论文答辩委员会答辩通过。刘燕文在校期间修完所有课程，也无劣迹。北大学位评定委员会决定不授予刘博士学位，是因为委员们认为，刘燕文的博士论文没有达到博士水平。显然，他们对刘燕文的论文又进行了一次实质性评判。他们在刘燕文不在场，无法申辩、解释的情况下，对刘燕文的论文进行了一次秘密审议。他们认为，论文答辩委员会错了，于是推翻了它。问题在于，在法律上，校学位评定委员会有这样的实质评判权吗？学位评定委员会一口咬定，他们有这个权力。事实上，现行法律并没有给他们这个权力，他们也不应当有这个权力。

我们来看《中华人民共和国学位条例》第10条。该条是这样的：“学位论文答辩委员会负责审查硕士和博士学位论文、组织答辩，就是否授予硕士学位或博士学位作出决议。决议以不记名投票方式，经全体成员2/3以上通过，报学位评定委员会。学位评定委员会负责审查通过学士学位获得者的名单；负责对学位论文答辩委员会报请授予硕士学位或博士学位的决议，作出是否批准的决定。决定以不记名投票方式，经全体成员过半数通过。决定授予硕士学位或博士学

---

〔1〕［英］丹宁勋爵：《法律的训诫》，杨百揆、刘庸安、丁健译，法律出版社1999年版，第188页。刘燕文就是被毁掉的一个。刘燕文亲口对笔者说，他曾经想过抱起炸药包到大街上炸死所有的人。——作者注

位的名单,报国务院学位委员会备案。”

本条对论文答辩委员会和学位评定委员会的职权进行了界定。按该条,论文答辩委员会负责审查学位论文,组织答辩,就是否授予学位作出“决议”,也就是说,对论文进行实质审查的权限以及是否授予学位的决定权限在论文答辩委员会。答辩委员会就论文是否达到博士水准问题作出“决议”而不是“建议”。校学位评定委员会的权限是对“论文答辩委员会报请授予硕士学位或博士学位的决议,作出是否批准的决定”。笔者查阅了学位条例和其他相关的法律文件,找不到任何学位评定委员会可以实质审查论文的条款。细细地阅读,我们会发现,校学位评定委员会的职权是审议论文答辩委员会的“决议”,而不是“论文”。换句话说,校学位评定委员会审议的“标的”是答辩委员会的“决议” 而不是“论文”。它有权决定是否“批准”论文答辩委员会的决议,而无权决定是否“批准”论文。从法条所用的词汇中,我们也可以明白这个道理。“批准”是行政管理上的一个习惯用词,并非学术判断上的习惯用词,对于博士论文,岂能批准或不批准?

既然校学位评定委员会对论文没有实质审查权,那么,它的权力是什么?它的权力是“程序审查权”,即对论文答辩委员会的答辩程序进行审查,对申请学位的人是否符合其他颁证条件进行审查。如果答辩委员会答辩程序明显违法或有失自然公正,校学位评定委员会有权不批准,让其重新评议。按照这样的分析,我们会得出一个结论,即法律规定本身并无错误,是大家误解了法律。

如果法律确实如笔者所理解的那样,那么,在刘燕文的论文已经答辩通过而校学位评定委员会就是不批准的情况下,法院有什么办法呢?笔者认为,这时,法院就应当对校学位评定委员会的决定进行具体审查——不是具体审查论文,而是具体审查不批准有无其他法定事实和理由。比如,被审议人有无其他不应得到学位的情况?在这种情况下,法院不仅可以审查校学位评定委员会的程序,而且有权具体审查评定委员会作出不批准决定的理由和依据。在校学位评定委员会没有依据和理由拒绝决定授予学生学位的情况下,只要学生符合颁发学位证书条件的,法院可以并应当直接判令学校颁发学位证书。须知,校学位评定委员会是一个行政性委员会,其行为是行政行为。在相对人符合颁发学位证书而行政机关拒绝颁发的情况下,法院有权——也有法律依据——判令行政机关颁发证书。颁发学位证书和颁发结婚证书一样,没有什么神秘的。符合结婚条件的,政府就应当颁发结婚证。符合颁发学位证书条件的,学校就应当颁发学位证。既然论文已经答辩通过,其他条件也都符合,法院为什么不能这么判决呢?这侵犯学术自由了吗?当然没有。

刘燕文案判决不久,我们遇到以下案件。刘燕文案广为传播后,华西医科大学的一位妇产科博士找到我们,他遇到了同样的问题。我们如法炮制,在成都市武侯区人民法院针对华西医科大学学位委员会提出诉讼,请求重新评定原告的博士论文。结果,华西医科大学采取了与北京大学学位委员会完全不同的应对。他们很快重新召集了会议,并再次作出不予授予博士学位的决定。这个委员会在重新评议时,竟然连论文都没看。开庭时,校方律师回应说,法律没有要求我们看论文,法律只要求我们投票决定。现在,原告的票不够,当然不授予其学位。我们被逼上了绝路后,重新写了份诉状,请求法院直接判令学位委员会颁发学位。我们的理由是,学位委员会是一个行政机构,无权对论文进行实质判断。原告论文业经答辩委员会通过,其他条件皆符合法律规定,法院有权直接判令学位委员会颁发学位证书。这和民政局拒绝颁发结婚证,法院有权直接判令民政局履行发证义务,没有任何区别。我们将诉状交给法院后,法院四五年后才裁定说,经请示上级法院,不予受理。我认为成都市武侯区人民法院错过了一个机会,他们原本可以作出一份具有开创性的判决。遗憾的是,直至如今,我国法院尚未作出过这样的判决,而我们的分析和判断在法律上完全成立。

四、学位评定委员会成员能否投弃权票

我们在法庭上提出,《中华人民共和国学位条例》第10条规定:"学位评定委员会负责……对学位论文答辩委员会报请授予硕士学位或博士学位的决议,作出是否批准的决定。决定以不记名投票方式,经全体成员过半数通过。"对刘燕文论文的表决票是:赞成6票,反对7票,弃权3票。虽然对刘燕文论文的赞成票不过半数,但反对票也不过半数。法律规定"是否批准",经全体成员过半数通过。对刘燕文论文的赞成票不过半,当然不能算通过;但是,对论文的否决票也没过半,也不能算没通过。北大学位评定委员会决定不授权刘燕文博士学位,没有事实依据,因为反对票也不够。法庭上下都有人说我们在狡辩。北大在实际计算中,将弃权票算作反对票。这是没有道理的。如弃权票等于反对票,那设置弃权票还有什么意义呢?网上有人发表意见说,原告是在向评定委员会申请取得一种利益,这种申请因为没有一半人同意,所以,应当视作被驳回。

在法庭上,我们提出一个有趣假设,来论证我方的理由:如果三位法官在表决本案时,有两位弃权,算我们败诉,还是胜诉?法官可以弃权吗?我们认为,法官不能弃权,评定委员会的委员们同样不能弃权。被告立即反驳说,全国人大代表都可以弃权,为什么学位评定委员会的委员不能弃权?"法不禁止即自由",有人如此评论说。

学位评定委员会的委员们能否弃权?答案应当是无可置疑的——他们不能弃权。学位评定委员会是一个行政性委员会,他们的权力也是他们的责任。如

同法官不能拒绝裁判一样，行政官员不能拒绝行政。那么，人大代表为什么可以弃权呢？他们之间的区别何在？笔者将这个问题作为思考题留给读者吧。

五、校学位评定委员会的程序是否违背了法律的正当程序

刘燕文在法庭上冒出了一句让所有人刻骨铭心的话："我就像蚂蚁一样被人掐死，可我还不知道被谁掐死的。"私下交谈时，刘燕文说："知道学校不发给我毕业证后，我到处找，像疯了一样。可是没有一个人告诉我，到底是什么原因。"

刘燕文没读过法律，"程序正义"对他来说，是个陌生的概念，但他想知道"自己是怎么死的"。不懂"程序正义"概念的人，却自发地有强烈的程序正义要求，这就是所谓的自然正义。关于公正，英国流传着一句著名的法谚："公正不仅应当实现而且应当以人们看得见的方式实现，更要以令人不容置疑的方式实现。"张越博士颇为遗憾地指出，对于这一法谚，国内习见是其前半部分，而鲜见对于"令人不容置疑的方式实现公正"这一要旨的强调，而后半部分才是这一法谚的精义所在。[1]

诉讼中，我们指责北大学位评定委员会的程序丧失基本正义。我们说：在今天的法庭上，我们要和被告争辩的问题，不仅是被告决定的本身，更重要的是被告决定的过程。我们向被告所要求的，不仅仅是原告赖以存身的证书，更重要的是，我们向被告要求一个正当的程序，即当我们的命运被决定的时候，请给我们一个正当的程序。作为被告的学生，我们服从被告的管理，但作为法律上的公民，我们不是无生命的物品，可以被随意地处置，我们是一个个法律上大写的人！没有正当程序的保护，一切法律上的权利都会落空。没有正当程序的保护，今天坐在原告席上的是刘燕文，明天可能就是我们，后天就可能是被告的代理人！

遗憾的是，法律对学位评定委员会的程序没有规定。我们曾试图从上位法——包括宪法中——找出"程序正义"的蛛丝马迹，但我们失败了，我们只能说，被告违背程序正义的基本要求。北京市海淀区人民法院一审判词支持了我们：因校学位委员会作出不予授予学位的决定，涉及学位申请者能否获得相应学位证书的权利，校学位委员会在作出否定决议前应当告知学位申请者，听取学位申请者的申辩意见；在作出不批准授予博士学位的决定后，从充分保障学位申请者的合法权益原则出发，校学位委员会应将此决定向本人送达或宣布。本案被告校学位委员会在作出不批准授予刘燕文博士学位前，未听取刘燕文的申辩意见；在作出决定之后，也未将决定向刘燕文实际送达，影响了刘燕文向有关部门

〔1〕参见张越编著：《英国行政法》，中国人民大学出版社2004年版，第490～491页。

提出申诉或提起诉讼权利的行使,该决定应予撤销。[1]

被告在上诉时责备说,法官无权将他/她认为是正义的原则上升为法律,法官无权造法。这涉及中国应否承认及如何实施判例制度的问题。这个问题是法理学家的专科,就将它交给法理学家解决吧。笔者的心得是,法官在判决理由中,不仅仅可以陈述他们对法律的见解和分析,而且也可以陈述他们认为可用来支持判决的其他理由。理由可以从多方面寻找,理由越多,判决的基础越厚。这其中至少有一个理由与判决所适用的具体法律条文具有逻辑的必然关系,支持判决条文的适用。以本案为例,被告作出否定批准决定的“票数不够,违反法律规定”,仅这一条,足以支持判决结果,其他理由可以作补证。

案例链接

2003 年 11 月 1 日,常某参加了由国务院学位办组织的在职攻读硕士学位全国联考。2003 年月 11 月 2 日,常某收到国务院学位办送达的《在职攻读硕士学位全国联考违纪作弊处罚告知书》,称常某“考场终了指令发出后继续答题”,拟给予常某宣布考试无效的处罚,常某提出申辩。学位办于 2003 年 11 月 27 日作出原告当年该科考试成绩无效的处罚决定。处罚的依据是《非全日制攻读硕士学位全国统一考试管理规则》和《教育行政处罚暂行实施办法》。常某申请复议,学位办于 2004 年 1 月 19 日作出维持原行政行为的决定。常某不服,向北京市第一中级人民法院提起行政诉讼;请求:(1)撤销该行政行为;(2)责令被告尽快恢复和公布原告的成绩,以免耽误录取;(3)请法院裁定在本案诉讼期间停止执行该处罚决定。

思考

(1)宣布考试成绩作废是否属于行政处罚?

(2)此类纠纷,应否纳入行政诉讼?

---

[1] 《北京市海淀区人民法院行政判决书》(1999)海初字第 104 号。

案例6　卞直先等诉国家食药局案行政确认案

何　兵

案　情

2011 年，原告卞直先设计开发了 SE-纳米波治疗仪，产品被授予外观设计及实用新型专利，并经上海市质量监督检验技术研究院检验合格。2013 年 9 月，卞直先将专利授权给扬州大善医疗器械有限公司（以下简称大善公司）使用。大善公司将“强能牌 SE-纳米波治疗仪”作为家电对外销售，商品外包装上标明“SE”。

2014 年 3 月 7 日，扬州市邗江区食药局向江苏省食药局报送《关于 SE-纳米波治疗仪是否按医疗器械管理问题的请示》。3 月 26 日，江苏省食药局作出《关于“SE-纳米波治疗仪”是否按医疗器械管理的批复》（苏食药监械管〔2014〕52 号，以下简称 52 号批复），称该治疗仪按Ⅱ类医疗器械管理。4 月 8 日，扬州市邗江区食药局以大善公司涉嫌非法经营为由，将案件移送扬州市邗江区公安分局，邗江分局于 4 月 11 日立案侦查。

刑事侦查过程中，被告提出，江苏省食药局无权对医疗器械进行分类，分类权力在国家食药局。2014 年 9 月，邗江区公安分局要求邗江区食药局层报国家食药总局，明确：(1)该治疗仪的类别；(2)省药监局是否具有对Ⅱ类医疗器械认定权。

2014 年 9 月 29 日，江苏省食药局向国家食药总局报送《关于强能牌 SE-纳米波治疗仪分类界定的请示》（苏食药监械管〔2014〕275 号，以下简称 275 号请示）。10 月 30 日，国家食药总局医疗器械注册管理司作出《关于强能牌 SE-纳米波治疗仪分类界定请示的复函》（食药监械管便函〔2014〕67 号，以下简称 67 号复函），主要内容如下：“参照《关于印发〈医疗器械分类目录〉的通知》（国药监械〔2002〕302 号），医疗器械分类目录 6826 物理治疗及康复设备项下‘光谱辐射治疗仪器’，按Ⅱ类医疗器械管理。”

被告提出，国家食药局医疗器械司作为内设部门，不得对外作出行政确认。邗江区公安分局又向国家食药总局报送了《关于请求对“强能牌 SE-纳米波治疗仪”相关问题进一步明确的函》。函询:(1)医疗器械注册管理司作为内设部门,是否有权对医疗器械性质作出认定;(2)国家食药局两次复函,均有“不予公开”字样,因该认定是该案刑事诉讼中的重要书证,对定性有重大影响,请国家局对是否可公开,作出明确;(3)被告复函中的“按Ⅱ类医疗器械管理”,是否为“强能牌 SE-纳米波治疗仪”在产品性质上属于Ⅱ类医疗器械。

2015 年 6 月 18 日,国家食药总局办公厅对此作出《关于纳米波治疗仪产品分类界定的函》(食药监办械管函〔2015〕335 号,以下简称 335 号函):为确保案件查处工作开展,现就该产品分类界定意见再次明确如下:依据《医疗器械分类规则》和《关于印发〈医疗器械分类目录〉的通知》(国药监械〔2002〕302 号),同意江苏省食药局《关于“SE-纳米波治疗仪”是否按医疗器械管理的批复》(苏食药监械管〔2014〕52 号)中关于产品属性和类别的意见,该产品应作为第二类医疗器械管理。

原告卞直先和大善公司对 67 号复函和 335 号函均不服,向北京市第一中级人民法院诉请撤销行政确认。

诉讼中针对 335 号函,食药总局辩称:“原告与被诉回函无利害关系,不具备本案原告资格,该函对原告的权利义务不产生实际影响,且是对与涉案产品相类似的产品进行分类认定具有普遍指导意义,供司法机关参考之用,不属于行政诉讼的受案范围,原告的起诉不符合法定起诉条件,应予驳回。”

针对 67 号复函,食药总局辩称,原告与被诉复函无利害关系,不具备本案原告资格。被诉复函属于行政机关内部文件,系被告对下级机关进行内部业务指导,对原告权利义务不产生实际影响,且对食药监管部门对与涉案产品相类似的产品进行分类认定具有普遍指导意义,不属于行政诉讼受案范围。原告的起诉不符合法定起诉条件,请求法院予以驳回。

一审法院认为,67 号复函和 335 号函不具有法律拘束力,不符合行政行为的构成要件。这两份函件是否构成可诉的行政行为,核心在于在刑事司法程序中,行政主管机关对相关案件事实的意见是否具有法律拘束力。在刑法中大量存在基于犯罪分子违反行政法律规范而构成犯罪的规定。因此,相关行为是否违反行政法律规范,在刑事司法程序中往往是定罪量刑的核心问题。刑事司法程序因可能影响公民的重大权益,因此是极为严格的法律程序。我国《刑事诉讼法》第 3 条第 1 款规定,对刑事案件的侦查、拘留、执行逮捕、预审,由公安机关负责。检察、批准逮捕、检察机关直接受理的案件的侦查、提起公诉,由人民检察院负责。审判由人民法院负责。该条还特别规定:“除法律特别规定的外,其他任何机关、团体和个人都无权行使这些权力。”

一审法院认为,对处于刑事司法程序中的案件,除法律特别规定的外,作为刑事司法机关的公安机关、人民检察院和人民法院，从认定案件事实到适用相关法律，均具有全面且排他的权力。因此，除非法律明确规定刑事案件的处理需要以行政认定意见为前提，否则行政主管机关在刑事司法程序中，就相关行政法律规范的适用或与案件事实相关的专业问题所作出的意见，对于刑事司法机关只具有参考意义，不具有法律上的拘束力，人民法院也不能通过行政诉讼程序对此类行政意见进行审查并予以确认，否则同样也会违反《中华人民共和国刑事诉讼法》第3条第1款的相关规定。在本案中，涉案刑事案件是原告涉嫌非法生产、销售无注册证的医疗器械，而针对该犯罪行为，相关法律规定并未要求刑事司法机关必须以行政主管机关的意见作为定案的依据，因此两份回函并非是对刑事司法机关具有法律拘束力的意见，原告针对两份回函提起的诉讼不属于人民法院行政诉讼受案范围，应予驳回。

法律疑点

- 67号复函与335号函是否具有法律拘束力？
- 67号复函是内部行政行为吗？如果是，是否具有可诉性？
- 335号函的法律性质是什么？
- 被诉函件效力的判断应由谁进行？
- 本案两份函件在实体和程序上有什么问题？

法理研习

一、67号复函与335号函的效力

国家食药总局辩称，卞直先和大善公司与67号复函和335号函没有利害关系，不具有原告资格。在北京市第一中级人民法院最终做出的裁定中，法院的核心观点是，两份函件并非是对刑事司法机关具有法律拘束力的意见，性质上属于证据，法院可以自行决定，是否采信。两份公函并非必然导致原告受害，故此，案件不予受理。

笔者认为，行政行为是否具有拘束力，不应成为受案之条件。大量的行政行为尤其是事实行为和准行政行为，无须通过撤销之诉将其撤销，允许法院直接运用证据规则对其进行采信或不采信判断，文件对法院不具有拘束力，仅具有证据效力。但这不影响当事人对行政事实行为和准行政行为提起行政诉讼。例如，

发生错误的房产登记书即可以在民事诉讼中当作证据使用，由民事法官根据证据规则，进行独立判断。也允许当事人提起行政撤销之诉，将错误的登记证书撤销。国家食药局的公文不仅在刑事诉讼中被当作证据使用，而且，该产品既然被认定为医疗器械，就必须按照医疗器械的管制规则进行申请、销售等，使原告产生法律上的负担。两份函件为原告设立了行政法上的义务。根据《医疗器械监督管理条例》第12条规定，原告负有“向所在地省、自治区、直辖市人民政府食品药品监督管理部门提交注册申请资料”的义务。另外，根据《医疗器械监督管理条例》第63条之规定，两原告将面临没收违法所得、违法生产经营的医疗器械和用于违法生产经营的工具、设备、原材料等物品以及罚款和5年内不受理其医疗器械许可申请的处罚。

二、67号复函是否为内部行政行为

最高人民法院在指导性案例22号“魏永高诉来安县人民政府案”中认为，地方政府对其所属部门的请示作出的批复一般属于内部行政行为，不可提起行政诉讼。但行政机关直接将该批复付诸实施并对相对人的权利义务产生实际影响，法院应当受理。也即，当内部行政行为被相对人知悉，并被付诸实施，对相对人的权利义务产生了实际直接的影响，内部行政行为实质外化后，便具备了可诉性。

67号复函是国家食药局内部职能部门——器械注册司向江苏省食药局的回复，两者存在隶属关系，符合内部行政行为的特征。但是67号复函从实际效果而言，已经成为邗江区公安分局对卞直先进行刑事追究的依据。邗江区食药局直接实施了国家食药总局的行政确认，将原告的产品查封。邗江区食药局并没有通过自己的行政行为外化国家食药局的行政确认。直至庭审结束，除被告函件外，原告没有收到任何部门法律文书，产品即被封存，人员被刑事追究。

至于67号复函为相对人知悉的问题，正如法院在裁定中说明的那样，函件内容事实上已经公开，已非内部文件，应认为67号复函具有对外性。

三、335号函的法律性质

335号函是国家食药局对邗江区公安分局作出的，两者既不是同一级政府，也不属于同一个行政系统，不存在隶属关系；从形式上看，335号函的标题是《关于纳米波治疗仪产品分类界定的函》，依据《党政机关公文处理工作条例》第8条第14项之规定，“函适用于不相隶属机关之间商洽工作、询问和答复问题、请求批准和答复审批事项”。因此，无论从335号函的内容还是形式上判断，均不能认为这属于内部行政行为。

本案中,国家食药总局称:“涉案产品相类似的产品进行分类认定具有普遍指导意义”,“不属于行政诉讼的受案范围”。

抽象行政行为具有对象非特定性、效力的未来性和规范的反复适用性三个特征。而335号函指向的对象是明确的、唯一的,即“强能牌SE-纳米波治疗仪”,并非抽象行政行为。此外,抽象行政行为需要通过具体行政行为对当事人产生影响,直接影响当事人权利义务的是具体行政行为。335号函已直接影响两原告的权利义务,因此,335号函属于具体行政行为。需要注意的是,有时行政机关为了规避行政复议和诉讼,经常以规范性文件的形式作出具体行政行为,此时应按照内容而不是形式来确定该行为的性质。

335号函是一个典型的行政确认行为。行政确认,是行政主体对行政相对人的法律地位、法律关系或者有关法律事实进行甄别,给予确定、认可、证明,并予以宣告。行政确认权通常是一种羁束性行政行为,很少裁量的余地,应严格按照法律规定和技术鉴定规范进行。行政确认多种多样,并非一律可诉。是否纳入行政诉讼,一方面取决于国家的纠纷解决政策,如交通事故责任认定此前曾纳入行政诉讼,现在将视为证据,通常不允许直接诉讼;另一方面取决于是否直接决定、损害当事人的利益,如记载错误的房产登记,行政机关拒绝更正的,纳入行政诉讼。

四、被诉函件效力的判断应由谁进行

依据《医疗器械监督管理条例》第4条规定,“国家对医疗器械按照风险程度实行分类管理……国务院食品药品监督管理部门负责制定医疗器械的分类规则和分类目录……”国家食药局《关于指定医疗器械分类目录的说明》第6项规定,“依据《医疗器械分类目录》不能确定医疗器械分类时,由省级药品监督管理局根据分类规则进行预先分类,并报我局核定”。此外,依据《医疗器械监督管理条例》第12条规定,认定为医疗器械的,必须先经技术审评机构,由审评机构提出审评意见后,才能注册。该条例第17条规定,认定还需要进行临床试验。

在医疗器械分类存疑时,国家食药局是进行界定的唯一法定机构,而非普通的鉴定机构,其作出的界定具有法定效力。当行政机关对某一事实的确认将直接导致相对人面临刑事处罚后果,应当如何处置这一行政确认?是通过提起行政撤销之诉,还是由刑事法庭通过证据原理,直接从证明力角度将其否定呢?由于法律已将认定权力交由中央国家机关,地方刑事法庭其实无权判断,从技术角度也不方便判断。在程序上,此类案件应以“行政优先”为原则,不宜由刑事法庭通过证据规则排除中央国家机关的行政确认。一方面,本案北京市中级人民法院的裁定明确说明“两份回函并非是对刑事司法机关具有法律拘束力的意见”,此属于法院对函件法律文书效力的确认,属于实质判断;另一方面,法院又裁定不受理此案。法理上,有难以圆通之处。

知识之窗

内部行政行为与外部行政行为

内部行政行为是与外部行政行为相对应的概念,划分的依据是相对人是否是行政组织内部的机构或公务员。实施内部行政行为的行政机关与该行政行为的相对人之间必定存在一种领导与被领导的隶属关系以及其他隶属关系,或者存在一种监督与被监督关系。实施外部行政行为的行政机关与相对人之间基本上不存在领导与被领导的隶属关系或者其他隶属关系,而只存在管理与被管理的关系——这种管理与被管理关系最终取决于外部行政行为的实施者所拥有的对某类行政事务的管理职能。

内部行政行为通常只涉及行政机关的内部行政事务,主要和行政机关的正常运转有关,不影响外部相对人的权利和义务,外部行政行为是行政机关对外行使公共权利的行为,因而直接影响着外部相对人的利益。由于这两种行政行为的上述区别以及行政机关行使这两种权利的性质和依据也不同,因此,不同性质的行为引起的争议应由不同的途径予以解决,即内部行政争议由行政机关自身解决,外部行政争议由法院解决。如果将行政内部争议也交由法院解决,一方面法院不熟悉行政机关内部事务,并缺乏具体的争议处理手段;另一方面容易造成法院干扰行政机关正常工作,影响依法行政的效力。因此,行政诉讼法明确规定,法院不受理就行政机关对行政工作人员的奖惩、任免等决定提起的诉讼。但需要注意的是,内部行政行为与外部行政行为区分的界限并非总是清晰和明确的,也并非恒定不变的。

行政确认与行政许可

行政确认与行政许可二者联系比较密切,行为在程序上也比较接近,一般来说都属于依申请的行政行为,要经历申请、判断、审查以及决定等程序。行政确认与行政许可的主要区别有如下几点:第一,行为对象不同。行政确认是对特定的法律事实和法律关系的确定,如土地登记是对申请人是否拥有土地权利这一事实予以确认;而行政许可则是准许申请人从事某种对一般人禁止的活动,如许可性登记是为申请人确立合法从事涉及特定社会、经济活动的主体资格。第二,启动主体不同。行政确认有依职权启动和依申请启动两种,如交通事故的确认系依职权而启动,土地登记则依申请而启动;而行政许可只能依申请启动,非依申请不得启动。第三,内容性质不同。行政确认是宣示性行政行为,是对业已发生的、现存的法律事实和法律关系的确认和证明,它既不是行政赋权行为,也不是行政限权行为,对行政相对人来说,是中性行为,如土地登记申请人并未因土地登记而增加或减少土地权利;而行政许可则属于形成性行政行为,是赋权行为,具有授益性。第四,法律效力不同。行政确认是对既有的特定法律事实和法律关系的确定和证明,是事后确认,其法律效力具有前溯性;而行政许可则是准予被许可人今后可以从事某种对一般人禁止的活动,是事前控制,其法律效力具有后及力,但没有前溯性。

行政优先

一般说来,行政优先是指国家为保障行政主体有效地行使行政职权而赋予行政主体许多职务上的优先条件,即行政权与其他社会组织及公民个人的权利在同一领域或同一范围内相遇时,行政权具有优先行使和实现的效力。行政优先权的内容主要包括:先行处置权、获得社会协助权、行政行为的推定有效(公定力)。本案中的争议即属于行政行为的推定有效——行政行为一经作出,只要未被有权机关正式撤销,即使违法或不当,也被推定为有效。在行政复议和行政诉讼期间,只要没有法律上的特别规定,原则上该行政行为的效力依然存在。

随着社会的发展与政府管理范围的扩大,许多接受行政管理的行为如果不接受相应的义务,便会转换为刑事责任,因此,类似本案中行政行为作为刑事责任追究的关键性依据的事例越来越多。我们知道,行政诉讼、刑事诉讼是相互独立的诉讼法律关系,不发生诉讼效力高低、审理时何者优先的问题。然而,它们之间可能存在交叉,如本案行政诉讼的原告是刑事诉讼的被告人,行政诉讼标的是刑事诉讼中的证据。两种诉讼所审查的客体不同,是不能并案审理的。因为在行政诉讼中,法院审查的客体是具体行政行为的合法性,是一个已经发生法律效力的具体行政行为;而在刑事诉讼中,法院审查的客体是犯罪行为,是一个待证的犯罪事实。本案中卞直先和大善公司生产、销售“强能牌SE-纳米波治疗仪”的行为是否违反了医疗器械管理条例或刑法的规定并未确定,不管是行政处罚还是刑事处罚,均应当以行政机关对涉案产品的定性作为最主要的依据,故相关的行政处罚和相关的刑事案件的追诉都应以本案的审理为依据。“强能牌SE-纳米波治疗仪”是否属于Ⅱ类医疗器械的认定是检察机关指控两原告犯生产、销售不符合标准的卫生器材罪的主要依据,也将是法院认定两原告有罪无罪的关键证据。两原告作为利害关系人，对67号复函和335号函关于其产品的定性提出异议，向法院依法提起诉讼，请求撤销两份函件的行政确认，法院对国家食药总局认定该产品属于Ⅱ类医疗器械的合法性问题进行审理，是符合行政诉讼法规定的。本案如果依法进行审理，或会维持国家食药总局的认定，也可能撤销，因此正常而言，当两原告向法院提起行政诉讼之时，认定在法律上的证据效力即处于待定的状态。如果行政审判拒绝对该行政确认的效力进行判断，刑事法庭将会侵占行政法庭的职权，自己对应当被行政法庭审查的医疗器械认定进行法律效力的判断，对两原告是否犯罪作出判决，两原告的权利面临得不到相应救济的境地。并且，刑事审判采用证据效力存疑的证据作为判决的主要基础，亦不符合刑事诉讼疑罪从无的立法精神，可能导致不该发生的错案。

案例7　八达机电有限公司诉温州市市场监管局企业名称登记案

章禾舟

案　情

一、四个八达

八达机电有限公司成立于1993年11月5日，住所地在浙江省瑞安市，从事起重工具、电动工具、金融机具、微特电机、机电工具配件制造、销售等，注册资本5000万元。经多年经营，企业规模逐渐扩大，知名度逐渐提高。2005年，浙江省工商行政管理局向八达机电有限公司颁发浙江省知名商号证书，上载："经认定，你单位八达（机电）企业商号为浙江省知名商号。"

八达电气有限公司成立于1993年4月21日，住所地为浙江省乐清市，从事配电开关控制设备制造等，注册资本5000万元，在本行业具有较高知名度。该公司在第7类截煤机、矿井作业机械、采矿选矿用机器设备商品上注册的"八达+BADA+图"商标被认定为浙江省著名商标。

2012年，八达电气有限公司和24名自然人共同投资成立乐清市八达光电科技有限公司。乐清市八达光电科技有限公司经营范围为：电力电子元器件、连接器、高低压电器及配件、光电子产品、汽车线束研发、制造、加工、销售等，注册资本1100万元。

2014年12月31日，乐清市八达光电科技有限公司召开股东会并形成决议，将公司类型由有限责任公司整体变更为股份有限公司；公司名称由"乐清市八达光电科技有限公司"变更为"乐清市八达光电科技股份有限公司"。2015年3月6日，乐清市八达光电科技有限公司向温州市市场监督管理局提出企业性质和名称变更登记申请，并提交了申请书、企业名称变更核准通知书、公司（股东会、董事会、监事会、职工会）决议等材料。温州市市场监管局经审查，对上述变更登记予以核准。

八达机电有限公司认为温州市市场监管局核准企业名称变更登记的行政行

为侵害其知名商号权，向温州市鹿城区人民法院起诉，请求撤销该变更登记。

二、商号乱象

八达机电有限公司主张的知名商号权从何而来，得从我国关于企业名称登记的法律规定及实践乱象说起。

企业名称是企业树立良好市场形象、积累诚信商誉的重要载体。国家工商行政管理局经国务院批准后公布的《企业名称登记管理规定》（以下简称《管理规定》）第7条第1、2款规定，企业名称应当由以下部分依次组成：字号（或者商号）、行业或者经营特点、组织形式。企业名称应当冠以企业所在地省、市或者县行政区划名称。[1]

企业无时无刻不在市场竞争之中，企业名称必须在一定范围内具有唯一性和排他性，以利于市场主体准确辨明交易对象、商品或服务来源、评价服务质量、追究法律责任。《管理规定》第6条规定："企业只准使用一个名称，在登记主管机关辖区内不得与已登记注册的同行业企业名称相同或者近似。"也就是说，我国企业名称的唯一性是综合行政管辖区域、行业、组织形式和商号各要素来评判的，如果把前三者比作"姓"，商号比作"名"，它不允许在同姓（尤其是同地域同行业）的情况下同名（商号相同或者近似），但允许不同姓同名或者同姓不同名。以"珠海市格力电器股份有限公司"为例，该条规定排除了在珠海市工商行政管理部门再登记一个"格力电器股份有限公司"或近似的名称。但是，在珠海市登记一个"格力食品有限公司"，在杭州市西湖区工商行政管理部门登记一个西湖区格力电器有限公司等，并没有被禁止。[2]

上述企业名称登记制度的弊端是明显的。一些企业故意在不同区域和行业使用知名企业的商号进行登记，如浙江正泰电器股份有限公司在全国低压电器行业内处于领先地位，公司所在地的几名浙江乐清籍商人在上海注册了上海正泰继电器有限公司，大规模生产销售继电器等低压电器产品，在产品及外包装上使用与浙江正泰电器股份有限公司的注册商标相近似的标识，并标注"上海正泰""正泰电器"等。浙江正泰电器股份有限公司向法院提起诉讼，法院经审理认定上海正泰继电器有限公司及其法定代表人胡某某构成商标侵权和不正当竞争，判令立即停止使用"正泰"商号，停止侵犯商标权和不正当竞争行为，并向浙

---

〔1〕 根据该条第3款和第13条规定，全国性公司，国务院或其授权的机关批准的大型进出口企业，国务院或其授权的机关批准的大型企业集团，历史悠久、字号驰名的企业，外商投资企业等情形，可以不冠以企业所在地行政区划名称。

〔2〕 这里我们暂时只讨论企业名称登记依法是否被法律禁止的问题，在企业运行过程中是否存在后登记企业利用名称实施不正当竞争，是另一个法律规制的问题。

江正泰电器股份有限公司赔偿经济损失 200 万元。与该案相比，浙江银泰百货有限公司在湖州的境遇则更令人尴尬。浙江银泰百货有限公司是一家在浙江省杭州市注册的从事商场百货零售的企业，在浙江省享有很高知名度。2002 年，该公司准备在浙江省湖州市施展商业拳脚时，发现湖州市早已有“湖州银泰”商场，开设者在湖州市工商行政主管部门注册登记为“湖州银泰百货有限公司”，并使用“湖州银泰”简称。“湖州银泰”坚持自己并非有意攀附“浙江银泰”的商誉，但这显然已使浙江银泰百货公司无法在湖州利用其企业名称和商号进行营销、宣传。浙江银泰百货有限公司以湖州市工商行政管理局为被告提起行政诉讼，要求撤销该局上述企业名称登记行为，但根据前述行政法规的规定，企业在杭州范围外登记使用“正泰”商号并没有被禁止，故浙江银泰百货有限公司的诉讼请求被驳回。[1]

三、地方性法规对知名商号的特殊保护

为消除浙江省内的企业名称乱象，完善企业商号管理，规范商号使用，浙江省人大于 2006 年 12 月 31 日颁布《浙江省企业商号管理和保护规定》（以下简称《保护规定》），其中第 8 条规定：“申请登记的企业名称，含行业表述的，其商号不得与同一登记机关已核准或者登记的同行业企业名称中的商号相同或者近似，也不得与同一登记机关已核准或者登记的不含行业表述的企业名称中的商号相同或者近似。”第 11 条规定：“申请登记的企业名称，其商号不得与浙江省知名商号相同或者近似。”第 13 条规定，浙江省工商行政管理部门可根据企业的申请，综合考虑企业市场占有率等经济指标排位、诚实守信和承担社会责任的情况、相关公众或者行业对该商号的知晓和认同程度、商号的独创性和显著性等因素评定浙江省知名商号。

根据上述规定，浙江省地方性法规将商号分两类进行保护。根据第 8 条规定，一般情况下，在后登记的企业名称不得与在同一机关先登记的同行业企业名称相同或近似。事实上，在同一管辖区域相同行业内，企业名称中能够相同或者近似的部分也只有商号了。换言之，对一般企业商号，其在登记机关管辖区域的本行业内，享有排除在后登记企业使用相同或近似商号的权利。而对照第 8 条，第 11 条取消了有关地域和行业的范围限定，即企业基于已经取得的浙江省知名

[1] 更有讽刺意味的是，2014 年湖州银泰商业大厦有限公司（湖州银泰百货有限公司事后变更登记的名称）以浙江银泰百货有限公司在湖州的两家关联商场“湖州银泰百货”和“湖州东吴银泰城”的经办者擅自使用“银泰”名称、侵犯其企业名称权为由，要求法院判令两被告停止侵权并各自赔偿其经济损失 30 万元。

商号，在浙江省所有行业内具有一般的排除他人登记使用相同或近似商号的权利。

熟悉商标法的人从中可以很容易读出，上述地方性法规借鉴了我国商标制度中有关驰名商标跨类别保护的做法，它赋予知名商号企业在浙江省范围内的商号排他权，来制止后登记企业在不同区域或不同行业注册使用知名商号，以避免不良企业攀附商誉，混淆市场主体，扰乱市场秩序，损害消费者利益。可以想见，如果《保护规定》早五年施行，浙江银泰百货有限公司早五年取得浙江省知名商号，湖州银泰百货有限公司就不可能横空出世了……

原告八达机电有限公司即是基于其获得的知名商号，主张该公司在浙江省所有行业内有排除其他任何企业使用“八达”商号的权利，进而认为温州市市场监管局对第三人核准变更的企业名称中仍包含“八达”商号，侵害其上述权利，因此提起本案诉讼。

法律疑点

本案案情十分简单，但其中涉及两个特别值得关注和研究的法律问题，一是在新行政诉讼法框架下，如何把握对行政行为的合法性审查，兼顾实质性化解行政争议；二是对于法律规范创设的知名商号权，如何运用法律原则，通过解释法律规则廓清其权利边界，以实现既加大对商号的保护，又不至于对商号使用得过于垄断的目的。具体问题包括：

- 行政诉讼中，合法性审查审什么？
- 法院在审查行政行为合法性之外，能否以及如何实质性解决民事纠纷？
- 《保护规定》第 11 条和《管理规定》第 6 条是否存在冲突？
- 行政主管部门能否自行调整知名商号的保护范围？
- 企业因获得知名商号是否有权绝对排除其他企业使用？

法理研习

一、行政诉讼中，合法性审查审什么？

《中华人民共和国行政诉讼法》（以下简称《行政诉讼法》）第 6 条规定：“人民法院审理行政案件，对行政行为是否合法进行审查。”因此，合法性审查系针对被诉行政行为而言，这点似乎非常清楚，但实践中，尤其在审理存在前后关联行政行为的行政案件时，合法性审查的对象往往会被混淆。本案各方当事人都将第三人乐清市八达光电科技股份有限公司使用“八达”商号是否侵犯原告八达机电有限公司知名商号权，作为被告温州市市场监管局办理企业名称变更登记是否合法的前提条件。一审法院判决也认为，“第三人使用‘八达’商号组成其企业名称，并不足以使社会公众对企业主体及企业间投资关系等产生误认、误解，亦不违反《管理规定》的相关规定和工业产权保护原则”，因而，“被诉变更登记证据确凿，适用法律、法规正确，符合法定程序”，判决驳回原告的诉讼请求。事实上，各方都忽略了本案被诉行政行为的内容系对企业名称变更登记的核准，而非对企业商号的初始登记。

第一，原“乐清市八达光电科技有限公司”企业名称经注册登记，该登记行政行为具有确定力。《公司法》第6条规定：“设立公司，应当依法向公司登记机关申请设立登记……公众可以向公司登记机关申请查询公司登记事项，公司登记机关应当提供查询服务。”公司经设立登记获得独立民事主体资格，企业法人相关信息（包括名称、住所、注册资本、经营范围、法定代表人姓名等）由登记机关登记并且公示，以供社会公众识别和区分企业法人主体。其中，企业名称对区分服务来源、评价商品质量、选择交易对象、保障市场秩序等具有重要作用。《公司登记管理条例》第11条规定：“公司名称应当符合国家有关规定。公司只能使用一个名称。经公司登记机关核准登记的公司名称受法律保护。”在行政法意义上，公司登记机关核准设立登记的行政行为发生确定力，其确认企业名称的内容未经法定程序不得随意撤销，社会公众对这些内容应给予尊重。企业法人有权依法使用经注册登记的名称以表明身份、参与民事活动，并排除他人干预。原乐清市八达光电科技有限公司于2012年经设立登记，其企业名称及由此产生的相关权益受法律保护。

第二，第三人系因公司性质变更而变更企业名称中的组织形式表述。原乐清市八达光电科技有限公司经股东会决议将公司性质变更为股份有限公司，其依照《公司登记管理条例》第21、27、33条等规定向被上诉人提交了相应材料。经审查，该公司符合上述有关有限责任公司变更为股份有限公司的条件，原告对此并无异议。根据《公司法》第8条第2款规定，股份有限公司必须在公司名称中标明股份有限公司或者股份公司字样。第三人根据上述规定要求，在企业性质改变后必须将原企业名称中有关“有限公司”的字样改为“股份有限公司”。

第三，被告准予原审第三人办理企业名称变更登记只需审查变更事由。根据《公司法》第7条第3款规定：“公司营业执照记载的事项发生变更的，公司应当依法办理变更登记，由公司登记机关换发营业执照。”所谓变更，系在原有登记事项基础上发生的情形改变,变更要素包括变更事由和变更内容。在办理变更登记时,公司登记机关应审查该变更事由和变更内容是否属实且符合法律规定。本案第三人变更企业名称的事由是公司性质发生变更,其企业名称变更为“乐清市八达光电科技股份有限公司”系根据《公司法》第 8 条第 2 款之羁束性要求。被告根据规定要求第三人提供相关材料,并依法定程序对变更企业名称的事由和内容进行了审查,在确认变更事由和内容真实且符合法律规定的情况下核准变更登记,该变更登记行为已尽审慎审查职责,程序合法,结论正确。

如前所述,原“乐清市八达光电科技有限公司”的企业名称在第三人设立时即已注册登记,该企业名称及商号被行政行为法律效力确定,受法律保护。第三人在本案申请变更的仅为企业名称中的组织形式表述,“八达”商号并非变更内容,被告在此变更登记程序中无须依职权对“八达”商号本身进行审查。虽然根据《管理规定》第 5 条规定:“登记主管机关有权纠正已登记注册的不适宜的企业名称,上级登记主管机关有权纠正下级登记主管机关已登记注册的不适宜的企业名称。”但基于行政行为的确定效力和维护社会关系稳定性考虑,原登记机关或上级登记机关对登记内容也应给予充分尊重,在没有就第三人的企业名称问题启动纠正程序的情况下,原告以上述规定主张被告应当在本变更登记程序中对原企业名称及商号进行全面审查,理由不足。

由于第三人登记注册并一直使用的“八达”商号在本案企业名称变更中并没有发生改变,被告是否准予变更登记企业名称中有关组织形式表述,对原告主张的商号权益均不产生减损或其他不利后果。换言之,即便被告在当时没有为第三人办理企业名称变更登记,或者该企业名称变更登记行为事后被撤销,原“乐清市八达光电科技有限公司”企业名称及其包括的“八达”商号,依然因原设定登记的法律效力而存在。因此,本案合法性审查的对象是企业变更核准登记行为,在该行为中,被告温州市市场监管局无须考虑已由先前登记行为确认的商号是否合法,其只要对企业性质变更的事实进行审查,即已完成审查职责。

二、法院在审查行政行为合法性之外,能否实质性解决民事纠纷

原告提起本案行政诉讼的基础性争议是第三人使用“八达”商号是否侵犯其知名商号权益的问题。单就被诉行政行为的合法性要求而言,由于第三人包含“八达”商号的企业名称在公司设立时即已注册登记,该设立登记未经法定程序不得随意撤销,其使用“八达”商号是否侵犯原告权益的问题并非被告在变更登记程序中需要审查的内容。亦即本案如仅审查被诉行政行为的合法性,无论第三人使用“八达”商号是否构成对原告的侵权,均不影响被诉行政行为的合法性判断,原告和第三人的“八达”商号之争不是评判被诉变更登记行为合法性的

前提性条件。一审判决将此作为对被诉行政行为合法性审查内容,加重了工商行政管理机关在变更企业名称登记中的审查职责,没有法律依据。

但本案审理如止步于此,原告和第三人之间的实质性纠纷显然并未解决,今后还可能引发更多的民事或者行政诉讼,不利于妥善化解矛盾,稳定法律关系,节约司法资源。《行政诉讼法》第61条规定,在涉及行政许可、登记、征收、征用和行政机关对民事争议所作的裁决的行政诉讼中,当事人申请一并解决民事争议的,人民法院可以一并审理。

在本起行政登记案件中,各方当事人虽然没有明确提出一并解决民事争议的申请,但围绕第三人使用"八达"商号是否对原告构成侵权这一问题,已各自提供证据并着重发表了意见,各方当事人就"八达"商号之争进行积极举证、辩论的诉讼行为足以说明他们期待法院在本案中一并解决该基础争议。[1] 二审法院在认真审理相关事实并充分听取各方意见后,根据上述法条规定,决定予以一并审理,并认为对该争议予以评判的条件已经成熟。所以,本案采取"合法性审查+民事纠纷审理"相对分离的方法。

有人可能质疑,无论是否将原告和第三人的商号之争纳入被诉行政行为的合法性审查范围,本案需要审理和认定的内容并没有增减,即便解题思路不同,结论却是殊途同归。笔者认为,第一,法律思维基础在于逻辑,解决争讼的逻辑根基在于透过纷繁复杂的事实洞悉各方争执的法律症结,以及各自诉辩的权利、依据,进而条分缕析,方得正解。反之,逻辑一乱,思维则乱,即便判决结果并无不当,也属瞎打瞎撞,错判风险极大,亦难令各方服判。第二,相当一部分行政争议源于民事纠纷,但不能由此推论民事纠纷涉及的是非对错判断和法律管理理念均由行政行为认定解决。这点在行政登记类案件中尤其明显,一般情况下,登记机关按照登记类型,根据相关法律规定对当事人材料进行审慎审查,只要在其审查职责和能力范围内能够得出当事人符合登记条件,其作出的登记决定即符合法律规定。即便事后证明该登记行为因当事人欺诈、情形变更等而导致结论错误,根据法治基本理念和行政行为合法性评判基准的理论,均不应当将之作为合法性审查的内容[2]。第三,只有廓清行政行为审查对象和民事争议内容,法院才可在解决知名商号之争时摆脱行政行为合法性的干扰,从容审理认定。

---

[1] 如果一审法院在诉讼中及早释明原告,引导其提出诉讼请求,则程序更加完善。

[2] 有关行政行为合法但错误的论述,详见章禾舟:《论合法行政行为之撤销》,载《法律适用》2014年第2期。

三、《保护规定》第 11 条和《管理规定》第 6 条是否存在冲突

根据《管理规定》第 6 条，企业只准使用一个名称，在登记主管机关辖区内不得与已登记注册的同行业企业名称相同或者近似。《保护规定》第 11 条则规定，申请登记的企业名称，其商号不得与浙江省知名商号相同或者近似。在诉讼中，第三人乐清市八达光电科技股份有限公司主张，《保护规定》第 11 条相较于《管理规定》第 6 条的规定，对后登记名称的企业而言增设了新的条件，与后者存在冲突，应不予适用。对此，法院经审理未予支持。

第一，《管理规定》系由国家工商行政管理局制定，经国务院批准后，于 1991 年 7 月 22 日公布施行。此种法律规范形式在 20 世纪我国行政法律规范体系中大量存在，其效力究竟属行政法规还是部门规章，一度众说纷纭。最高人民法院于 2004 年 5 月下发的《关于审理行政案件适用法律规范问题的座谈会纪要》明确：考虑中华人民共和国成立后我国立法程序的沿革情况，《立法法》施行以前，按照当时有效的行政法规制定程序，经国务院批准、由国务院部门公布的属于行政法规。根据《立法法》第 88 条第 2 款规定，行政法规的效力高于地方性法规、规章。《保护规定》由浙江省人大常委会于 2006 年 11 月 30 日通过并公布。《管理规定》和《保护规定》都对企业名称及商号进行了规定，二者属于上下位法的关系。

第二，如果从在后申请登记的企业角度考虑，根据《管理规定》第 6 条，其选择商号登记、使用时，只在本登记主管机关辖区同行业内负有避让在先登记企业相同或近似商号的义务。而根据《保护规定》第 11 条，在后登记企业不能选择使用浙江省范围内所有行业中已由浙江省工商行政管理局授予的知名商号，这无疑扩大了在后登记企业禁止选择使用的商号范围，增加了避让义务。也就是说，《管理规定》第 6 条和《保护规定》第 11 条关于企业名称和商号的规定存在不一致。

第三，上下位法就同一事项规定不一致并不必然属于冲突。最高人民法院《关于审理行政案件适用法律规范问题的座谈会纪要》列明了几种下位法不符合上位法的常见情形，其中较为典型的包括“下位法缩小上位法规定的权利主体范围”，或者“下位法限制或者剥夺上位法规定的权利”，或者“下位法以参照、准用等方式扩大或者限缩上位法规定的义务或者义务主体的范围、性质或者条件”等。但实践证明，上述规定是过于片面的。一个法条规定的事项往往对应不同的利益，限制一方权利或加重一方义务从另一个角度看则是扩大另一方面权利或减轻另一方面义务，在具体规定中应当如何评判，如不增加“立法目的”和“规范限定”作为要素考量，实际上很难得出公允的结论。如我国台湾地区

"中央法律""电子游戏场业管理条例"规定,电子游戏营业场所应距离中小学、医院50公尺以上。该条对电子游戏从业者而言是禁止性条款,但目的是保护中小学、医院不受搅扰的利益。对此,我国台湾地区某"地方条例"将上述距离扩大至200公尺,则该规定既是扩大从业者的义务,又属加大对学校医院的利益保护。我国台湾地区援引日本行政法原理,提出了上位法的"上限规范"和"下限规范"区分。如果上位法旨在保障规范对象的基本权利,界定公权行为干涉的全国统一上限,以防止地方规定过度干预,则为"上限规范"。如果上位法的主要目的在于保障规范对象获得全国一致性之最低标准,则为"下限规范"。在此下限之上,地方性法规为使公益更好实现,可以为更严格的管制。区分"上限规范"和"下限规范",要以上位法侧重保障对象为标准。如前述我国台湾地区"电子游戏场业管理条例",其保护对象为学校、医院,故该"条例"规定的电子游戏场所应距学校医院50公尺以上可理解为下限。"地方法规"将该距离扩大至200公尺,虽对电子游戏从业者更为不利,但加大了对条例保护对象的保护力度,不应视为抵触。本案中,《管理规定》第6条为了保护已注册登记的企业名称,规定其他企业在登记主管机关辖区和同行业内不得与在先登记的企业名称相同或者近似。《保护规定》第11条取消了对知名商号保护的地域和行业限定,进一步加大对企业知名商号的保护力度,二者的立法目的一致,因此,不存在冲突和抵触。

四、行政主管部门能否自行调整知名商号的保护范围

被告温州市市场监管局主张,浙江省工商行政管理局根据商号保护实践需要,分别采取全行业保护和受行业限制保护两种知名商号认定方式。原告的知名商号证书上载明:"经认定,你单位八达(机电)企业商号为浙江省知名商号。"该内容中"(机电)"表述说明原告的"八达"知名商号受机电行业的限制,故其无权主张该知名商号在全行业获得保护。为证明该主张,被告还提供证据证明,案外人浙江省八达物流有限公司也获得了浙江省知名商号,其表述为"八达(物流)"。被告认为,如原告和浙江省八达物流有限公司获得的知名商号保护均无行业限定,则该二者本身就存在冲突,由此说明二者的知名商号只在各自行业范围内获得保护。第三人乐清市八达光电科技股份有限公司则认为,原告上述证书说明其获得的知名商号是"八达(机电)"而非"八达",第三人使用"八达"商号与原告的知名商号无涉。原告八达机电有限公司认为,《保护规定》为加大对知名商号的保护而采取了跨地域行业排除在后企业登记使用的方式,如将知名商号的保护范围限定在本行业,则其认定和保护工作毫无意义。

根据以上当事人的诉辩意见,应当对浙江省工商行政管理局颁发给原告的

知名商号证书的内容进行解释和明确。

第一,浙江省工商行政管理局向原告颁发的浙江省知名商号证书中有关“(机电)”表述在整句中不能得出唯一、确定的解释。根据《管理规定》第7条、《保护规定》第3条规定,上诉人的商号是“八达”,浙江省工商行政管理局作为省级企业名称登记主管机关,不可能不知道上述规定,其认定上诉人知名商号显属“八达”而非“八达(机电)”。

第二,《保护规定》第11条规定取消了对知名商号保护的地域和行业范围限定。被告主张浙江省工商行政管理局关于“(机电)”的表述系重新限定上诉人知名商号保护的行业范围,但其既没有通过对上述规定的合理解释,也没有提交其他特别依据,说明浙江省工商行政管理局在上述规定之外有权对知名商号的保护范围重新限缩。何况,浙江省工商行政管理局至今也没有就“(机电)”表述做出明确的正式说明。因此,该局知名商号证书中有关“(机电)”的表述不具有限定知名商号保护行业的含义和效力。换言之,浙江省工商行政管理局在实践中对知名商号的认定和保护或许就是采取区分为全行业和限制行业的做法,但此种做法与《保护规定》不符。从解释行政行为内容的角度,我们只能得出“(机电)表述没有实质性意义”的结论。

第三,两个以上企业基于历史原因在各自行业内登记使用相同商号,均通过诚信经营达到知名商号要求,此种情形完全可能存在,《保护规定》并没有规定上述情形下只能有一家企业获得知名商号。因此,案外人浙江省八达物流有限公司与八达机电有限公司均获得知名商号,二者并不存在冲突。上述两个企业彼此之间在使用商号时只需要注意与对方避免混淆即可,而它们因获得知名商号而均有权突破地域和行业限制,一般地排除其他在后登记企业使用相同或近似商号。上述事实并不能得出二者的保护范围被限定在本行业的结论,被告和第三人的主张在逻辑上不能成立。

据此,八达机电有限公司获得的知名商号,其保护范围适用《浙江省企业商号管理和保护规定》第11条的规定,即在浙江省地域范围内一般地排除其他在后企业登记使用“八达”商号。

五、企业因获得知名商号是否有权绝对排除其他企业使用该商号

综合考虑本案情形,第三人使用“八达”商号不构成对原告商号权的侵犯。

《保护规定》的立法目的是“加强企业商号管理,保护企业合法权益,维护公平竞争秩序”(第1条)。“企业合法权益”在商号选择和使用方面,既包括企业基于已登记注册商号的权益,也包括其他企业自主选择商号的权利。一方面,该规定通过第8、9、11条等具体规定,进一步明确或者扩大保护范围,加强了对已

登记企业排除他人使用相同或近似商号权利的保护力度。另一方面，商号是企业主体唯一可以自主选择的要素，在企业名称中最具主体识别功能，它在登记时承载企业经营理念、历史延续、特定文化、美好愿景等方面的宣示表达，在今后经营发展中也是企业商誉的重要载体。对企业自主选择商号的权利也应充分尊重并予以保护。根据《保护规定》第7条的规定，除六种被禁止的情形以外，企业可自主选择两个以上汉字作为商号。由于社会公众一般都会选择通顺易懂、寓意吉祥、积极向上的汉字作为商号使用，而中国汉字符合上述要求的资源相对有限，因此，已登记注册商号（包括知名商号）排除他人使用相同或近似商号的权利和企业自主选择商号的权利之间存在冲突，对前者保护力度过大势必影响后者，而后者选择自由过大也会造成对前者保护不利。这两种权利均不能绝对化，知名商号的排他权同样如此。虽然《保护规定》第11条取消了对知名商号保护的地域和行业限定，但获得知名商号的企业并非因此有权绝对排除他人使用相同或者近似的商号。对上述二者的冲突，应当根据有关原则进行平衡，审慎处理。

在《保护规定》第1条规定的立法目的中，“保护企业合法权益”偏重于对企业个体有关商号的权益保护，“维护公平竞争秩序”系着眼于整体市场活动。在个体保护中一旦出现上述已注册登记商号保护与其他企业自主选择商号的权利冲突，“维护公平竞争秩序”可以作为解决冲突的宏观目标。《保护规定》第6条第2款规定：“申请和使用企业名称，应当遵循诚实信用原则，避免使公众对企业主体或者企业间投资关系等产生误认、误解。”上述诚实信用原则和禁止混淆原则虽系对企业申请和使用名称的要求，在已注册登记商号排他权与企业商号选择权发生冲突时，上述原则也应作为判断企业选择和使用商号是否具有正当性及是否对在先商号构成侵权的标准。

在诉讼中，原告强调，根据《保护规定》第20条规定：“浙江省知名商号认定前，本省其他企业已经依法以其相同或者近似的文字作为商号使用的，可以继续使用，但不得许可其他企业使用，不得利用广告或者其他方法作引人误认、误解的虚假宣传。”八达电气有限公司基于在先登记可以继续使用“八达”商号，但根据该条，其不得将商号许可给在后登记的乐清市八达光电科技股份有限公司使用。但是综观本案，第三人承继八达电气有限公司的商号，既不违反诚信原则，也不会造成市场混淆。原告基于其获得的知名商号而排除他人使用的垄断权也应给予合理的控制。《保护规定》第20条在字面上并没有充分的裁量空间，或许地方性法规在制定时并未预料企业商号使用的复杂情况。丹宁法官曾说：“法律就像是一块编织物，用什么样的编制材料来编这块编织物，是国会的事，但这块编织物不可能总是平平整整的，也会出现皱褶；法官当然不可以改变法律编织物的材料,但是他可以也应当把皱褶熨平。"[1]

如果用诚实信用原则和禁止混淆原则解读《保护规定》第20条,其要求知名商号认定前在先使用相同或近似商号的企业不得通过许可他人使用商号、虚假宣传等手段进行不正当竞争,破坏公平竞争秩序。除此之外,在先使用商号的企业根据诚实信用原则,在不混淆市场主体的情况下,可以继续使用该商号,至于继续使用商号的具体方式,该条并未做限定。

基于上述法律原则的考虑和对法律规则的解释,八达电气有限公司成立于1993年,其通过长期经营,在"八达"商号上积累了商誉,该商号作为知识产权应予尊重和保护。八达电气有限公司于2012年和其他自然人共同投资成立乐清市八达光电科技有限公司时,将其"八达"商号由后者承继使用,不仅不违背诚实信用原则,没有攀附上诉人商号的故意,而且符合商业惯例和市场规律。这与将商号许可给毫不相关的其他企业使用完全不同,可以认定为合理地继续使用"八达"商号,不属于《保护规定》第20条的禁止情形。另外,第三人和原告分属不同行业,只要第三人规范使用企业名称,并不会导致公众对企业主体或者企业间投资关系等产生误认、误解。第三人承继八达电气有限公司商号,在规范使用企业名称的前提下,对原告的知名商号不构成侵权。

根据以上分析,温州市中级人民法院驳回了原告八达机电有限公司关于撤销温州市市场监管局被诉企业名称登记行为的诉讼请求。该案的意义在于:(1)人民法院在行政诉讼中履行对行政行为合法性审查的同时,基于当事人的积极举证和诉辩,一并解决了基础性民事纠纷。(2)明确了《保护规定》有关知名商号跨行业保护的法律效力和范围。(3)通过立法目的归纳对商号保护的法律原则,再运用法律原则对相关条文进行解释,从而实现对知名商号的合理保护。

---

〔1〕[英]丹宁勋爵:《法律的训诫》,杨百揆、刘庸安、丁健译,法律出版社1999年版,第13页。

案例8　余大江、井爱香诉苍南县计划生育局征收社会抚养费案

章禾舟

案　情

余大江、井爱香是苍南县桥墩镇农民，两人于1993年结婚后生育一女。2002年6月，井爱香因身体不适到当地卫生院看病，意外发现已经怀胎四月。余大江夫妇本无计划再生一胎，何况添丁对于这个并不富足的家庭无疑意味着大大地增加负担。次日，井爱香在余大江的陪同下到当地计划生育指导站准备施行引产。但医生在检查后告诉夫妇俩，井爱香的妊娠情况为完全性胎盘前置。这是一种不正常的妊娠现象，如强行实施引产手术可能对孕妇造成生命危险。惊慌失措的夫妇在医生的建议下先后到县、市医院、市计划生育指导站检查，却得到相同的答案。无奈之下，余大江夫妇于2002年8月向桥墩镇政府申请生育第二胎，但该镇计生办一直不予答复。

日子一天天过去，井爱香肚子里的小生命一天天长大，再施行引产已不可能。2002年10月7日，井爱香在外地医院剖宫产下一女婴。

2002年12月10日，桥墩镇政府决定对余大江夫妇征收社会抚养费15200元。余大江夫妇向苍南县人民政府申请行政复议。桥墩镇政府接到县政府的复议受理通知书后立即自行撤销了上述决定。12月18日，余大江夫妇又收到了苍南县计划生育局对两人征收社会抚养费30400元的处理决定书。夫妇俩不服，向苍南县人民法院提起行政诉讼。

余大江夫妇诉称：井爱香怀孕后因完全性胎盘前置，无奈产下第二个女儿。其间，原告还曾向桥墩镇人民政府申请生育第二胎，却遭拒绝。原告生育第二胎并非故意违反计划生育法规、政策，而属不可抗力。被告苍南县计划生育局对原告征收社会抚养费的决定，不符合法律的基本准则。请求撤销上述决定。

被告苍南县计划生育局辩称：原告夫妇虽属农业户口，但其未经批准，擅自生育第二胎，违反了《中华人民共和国人口与计划生育法》的规定，理应缴纳社

会抚养费。被告对原告征收社会抚养费证据充分,适用法律正确。

一审法院判决维持征收社会抚养费决定。余大江夫妇不服,向二审法院提起上诉。

二审法院经审理后认为:"根据《中华人民共和国人口与计划生育法》第41条第1款的规定,不符合法律规定生育子女的公民,应当依法缴纳社会抚养费。《浙江省人口与计划生育条例》第18条规定,符合规定的条件,经批准,可以生育第二个子女。余大江、井爱香夫妇未经批准生育第二个女儿,应当缴纳社会抚养费。但是,井爱香在怀孕后主动到苍南县计划生育指导站接受检查,因胎盘前置,施行引产手术有一定危险而生育第二胎,其违法的情节显然比较轻微。苍南县计划生育局以《浙江省人口与计划生育条例》第49条第1项规定的最高数额对余大江夫妇征收社会抚养费,没有考虑上述应当考虑的因素,属滥用职权。一审判决维持该征收社会抚养费决定,缺乏法律依据。"据此判决:撤销原判,撤销苍南县计划生育局对余大江夫妇征收社会抚养费的决定。

相关法律规定

《中华人民共和国人口与计划生育法》(2002年)

第十七条　公民有生育的权利,也有依法实行计划生育的义务,夫妻双方在实行计划生育中负有共同的责任。

第十八条　国家稳定现行生育政策,鼓励公民晚婚晚育,提倡一对夫妻生育一个子女;符合法律、法规规定条件的,可以要求安排生育第二个子女。具体办法由省、自治区、直辖市人民代表大会或者其常务委员会规定。

第四十一条　不符合本法第十八条规定生育子女的公民,应当依法缴纳社会抚养费。

《浙江省人口与计划生育条例》(2002年)

第十九条　符合下列条件之一的夫妻,经批准,可以再生育一个子女:

……

(二)双方均为农村居民,已生育一个女孩的。但一方为机关、团体、事业单位和其他组织职工或一方从事工商业一年以上以及双方与企业建立劳动关系一年以上的除外;

……

第四十九条　违反本条例规定生育的,对男女双方分别按照统计部门公布的当地县(市、区)上一年城镇居民人均可支配收入或农村居民人均纯收入的下列倍数征收社会抚养费:

(一)多生一胎的,按照二倍至四倍征收;

……

（根据苍南县所在的 W 市统计局公布的统计数据，W 市 2001 年农村居民人均纯收入为 3800 元。苍南县在 W 市属不发达地区，该县的农村居民人均纯收入无据可查。桥墩镇政府及苍南县计划生育局以全市的统计数据为基数，分别以二倍和四倍对余大江夫妇征收社会抚养费。）

第五十条　社会抚养费的征收，由县级人民政府计划生育行政部门作出书面征收决定；县级人民政府计划生育行政部门也可以委托乡（镇）人民政府或街道办事处作出书面征收决定。

（根据该条，桥墩镇政府可以接受苍南县计划生育局的委托征收社会抚养费，但只能以计划生育局的名义征收。镇政府第一次对余大江夫妇征费时直接用自己的名义，在当事人申请复议后意识到该执法主体问题，故立即自行撤销征收决定。）

法律疑点

在行政权力日益增长的今天，法院在行政诉讼方面面临的一个重大课题是如何控制职权滥用。笔者通过对以下几方面疑点的解析来阐述滥用职权及其司法审查问题：

- 滥用职权仅指行政决定而言吗？
- 滥用职权的判断标准是什么？
- 除行政处罚决定外，其他自由裁量行为不受司法监督吗？

法理研习

一、滥用职权仅指行政决定而言吗？

行政职权不是行政主体与生俱来的，它源于民意转化而成的法律规范。从某种意义上讲，行政主体系接受民众的委托行使权力，民众没有委托的事项，它无权涉足。因此，行政主体的权力向来都是有限的，超过法律规定的界限，行政行为无效。此所谓“职权法定”。职权法定原则通行于所有法治国家，我国《行政诉讼法》第 70 条第 4 项也将超越职权作为行政行为违法的情形之一。

法律规范虽然为行政主体设置了基本的权力界限，但面对越来越复杂的行政事务，它没有能力先知先觉、包罗万象，也没有能力适时地规定行政权实施的具体方式和内容，更无法控制行政人员的思维。同时，行政主体在一定的自由空间内根据自己的意志选择行政行为方式，能够机动应对实际情况，更加及时、有效地实现公共利益。因此,法律规范又允许行政主体在权力界限内拥有是否行使行政权力和怎样行使权力的自由,此所谓"自由裁量权"。行政主体凭借自由裁量权在一定程度上摆脱了法律规范的刻板束缚。行政权力在这里显得异常活跃。美国学者 K. C. 戴维斯说:"裁量权就像斧子一样,当正确使用时是一件工具,但它也可能是作为伤害或谋杀的武器。"[1] 自由裁量权的概念经常与滥用职权联系在一起。有自由裁量权的地方,就有可能存在滥用职权。对此,理论方面并无太大争议。

问题是自由裁量权在什么地方存在? 在此首先引人困扰的是自由裁量权的概念界分。我国传统行政法教材几乎都有羁束行政行为和裁量行政行为之分。羁束行政行为是行政主体严格依照法律作出,不具有自主判断选择空间的行政行为。裁量行政行为是不受法律规范严格拘束,行政主体可凭借自身判断作出决定的行政行为。[2] 在此,所谓羁束和裁量的判断基点是放在决定这一点上。前者如行政许可、行政登记;后者如公安处罚等。上述分类借鉴于大陆法系,翁岳生先生认为,"行政裁量乃行政机关在法律积极明示之授权或消极默许的范围内,基于行政目的,自由斟酌,选择自己认为正确之行为,而不受法院审查者"。[3] 但如果把视界放宽到行政程序过程,"只要对行政人员的有效限制允许他自由地在行为或不行为的可能方式中作出选择,行政人员就拥有裁量权",[4] 如工商部门执法工作人员对当事人申请的材料接收或不接收、采纳或不采纳都存在主观判断。如果再将选择扩展到方法、方式、时间、重视程度等因素,没有行政活动不是裁量的。[5] 英国学者克雷也认为,行政主体的行为只要"如果 X 存在,则应当做 Y",则 X 和 Y 两部分都存在裁量权。[6] 事实上,因行政人员在行政过程中故意拖延、弄权寻租而形成行政争议者不在少数。

笔者认为,自由裁量权存在于行政行为的以下几个方面:

1. 决定裁量

绝大多数法律在授权行政主体对特定事实进行处理时,都给出了多个方案。行政主体因此获得自由裁量权。如《中华人民共和国治安管理处罚法》第 24 条规定:"有下列行为之一,扰乱文化、体育等大型群众性活动秩序的,处警告或者

---

[1] 杨伟东:《行政裁量问题探讨》,载《行政法论丛》(第三卷),法律出版社 2000 年版,第 349 页。

[2] 罗豪才主编:《行政法学》,法律出版社 1996 年版,第 116 页。

[3] 翁岳生:《行政法与现代法治国家》,台湾大学法学丛书编辑委员会 1990 年版,第 42 页。

[4] Kenneth Culp Davis, Discretionary Justice: A Preliminary Inquiry, Baton Rouge: Louisiana State University Press, 1969, p. 4.

[5] Kenneth Culp Davis, Administrative Law Test, 3rd edition, St. Paul, Minn: West Publishing Co., 1972, p. 91.

[6] P. P. Craig, Administrative Law, London: Sweet & Maxwell, 1999, p. 507.

200元以下罚款;情节严重的,处5日以上10日以下拘留,可以并处500元以下罚款。"对具体的违法对象,公安机关可根据具体情况选择具体的处罚种类和幅度。但也有一些法律规范没有给行政主体在决定时留下裁量幅度。如《中华人民共和国消费税暂行条例》中关于征收粮食白酒的税率为25%。在税率上,税务部门没有裁量权。但这样的法律规范在行政法律规范体系中仅占极少部分。行政主体在绝大多数的行政决定中享有自由裁量权。

2. 程序裁量

虽然我国有关行政法的教材、著作没有明确提出自由裁量权仅限于行政决定,但在分析自由裁量概念时,却大多将其锁定在行政决定上面,并以此为基础提出了羁束行政行为与自由裁量行政行为的区分。如:

> 行政行为以受法律规范拘束的程度为标准,分为羁束行政行为和自由裁量行政行为。
>
> 羁束行政行为是指法律规范对其范围、条件、标准、形式、程序等作了较详细、具体、明确规定的行政行为。行政主体实施羁束行政行为,必须严格依法定范围、条件、标准、形式、程序等办事,没有或很少有自行斟酌、选择、裁量的余地,从而不能或很少能以自己的评价、判断、权衡参与其间。例如,税务机关征税……
>
> 自由裁量行政行为是指法律规范仅对行为目的、行为范围等作一原则性规定,而将行为的具体条件、标准、幅度、方式等留给行政机关自行选择、决定的行政行为……[1]

行政主体在行政程序中的自由裁量权显然被忽略了。同样以税务机关征收粮食白酒为例,其税率虽然是单一的,但《中华人民共和国消费税暂行条例》在如何确定征税对象、调查核定计税价格、税务机关应采取什么方式保护纳税人的合法权益等方面,显然没有作出"羁束性"的规定,税务机关在这些方面同样有自由裁量的余地。从行政行为的全过程来看,完全的羁束行政行为是不存在的。

行政主体在行政程序中享有的自由裁量权之大,非亲历行政程序者实难体会。譬如,法律规范赋予行政主体调查取证的权力,但对执法者应当调查哪些证据、调查时机、调查方式、调查手段等具体内容不作详细规定或只作原则性规定。行政调查权在个案当中的运用完全视执法人员的能力、责任心、正义感等具体因素而定。如果执法人员存有私心,他完全可以在取证方向上有所偏重,或对已经

---

[1] 罗豪才:《中国行政法教程》,人民法院出版社1996年版,第110~111页。

取得的证据刻意取舍,也可以放任证据灭失,这些都直接影响最终的行政决定。对于执法者而言,他并没有触犯其所执行的法律规范,而只不过在行政程序中利用可调度的职权“操作操作”,动一些小小的手脚罢了。

3. 不确定法律概念裁量

在法律规范中经常出现一些不确定的法律概念,如“公共利益”“较严重后果”“必要的情况”等。在行政主体对这些不确定法律概念有无自由裁量权的问题上,不同国家的看法不尽相同。英国学者在分析自由裁量权时,一般将其放在“要求法定权力应合理、善意而且仅为正当目的行使,并与授权法精神及内容相一致”[1]这样的宽泛框架下研究,肯定当法律规范出现“认为合适”等语句时,行政主体可以自由裁量。而德国则不承认行政机关在解释与适用法律时具有裁量权,行政法规范中运用不确定法律概念并不意味着其授予行政机关裁量权。[2] 我国一些学者的意见倾向于后者,认为“在法律规范的假设部分或者是在实施的条件部分,会出现一些不确定的法律概念……不确定的法律概念是对法律规范的解释和理解的问题。行政机关对不确定的法律概念的解释和把握应当受法律解释规则的调整,而不适用自由裁量规则的调整”。[3]

笔者认为,还是应当承认行政主体在不确定法律概念方面的自由裁量权。

第一,所谓“不确定的法律概念”的外延本身就不确定,在日常生活中,即便是我们已经根深蒂固的概念都有可能产生歧义。如“拖鞋”,我们惯常的理解是“没有鞋帮的鞋子”,穿拖鞋进入公共场合是不文明的行为。但目前市场上大量的时装女鞋,鞋子的大部分有帮,但在后跟处缺了一块。它们还是一般概念上的拖鞋吗?穿着这样的鞋子进入公共场合还算不文明行为吗?显然是有歧义的。在法律规范中,这样的概念更多。诚然,立法机关对于重大的概念有必要进行解释以维护法制的统一,这属于法律解释规则范畴。但如果对每个诸如“拖鞋”这样的概念都逐一进行解释,无论对立法机关还是其他部门而言无疑都是不可想象的。事实上,立法者也没有对现行法律规范中充斥的此类概念一一进行解释。执法者只能根据自己对立法目的、精神的解读进行裁量、适用。

第二,如果行政主体对不确定法律概念不享有自由裁量权,它们只能逐级请示、汇报,在获得明确的答复之前,行政行为不得实施。那么,行政效率将降低到极点。这种形式上的法治观点不符合现代行政法治的基本要求,是不能被接受

[1] [英]威廉·韦德:《行政法》,中国大百科全书出版社1997年版,第56页。

[2] 李洪雷:《英国法上对行政裁量权的司法审查——兼与德国法比较》,载《行政法论丛》(第五卷),法律出版社2002年版,第336页。

[3] 江必新、张明杰:《关于行政自由裁量问题的对话》,载《行政法论丛》(第三卷),法律出版社2000版,第331页。

的。需要注意的是,根据我国的现状,对不确定法律概念,主要还是由上级或最高行政部门进行解释,这种解释实质上并非法律解释,而是更高级别的行政机关的自由裁量。

第三,由于我国缺乏对法律解释和抽象行政行为的司法审查制度,行政机关对不确定法律概念的解释将得不到应有的全面审查。如《中华人民共和国城乡规划法》第64条规定,根据未取得建设工程规划许可证或者未按照建设工程规划许可证的规定进行建设的,由县级以上地方人民政府城乡规划主管部门责令停止建设;尚可采取改正措施消除对规划实施的影响的,限期改正,处建设工程造价5%以上10%以下的罚款;无法采取改正措施消除影响的,限期拆除,不能拆除的,没收实物或者违法收入,可以并处建设工程造价10%以下的罚款。此处所谓"无法采取改正措施消除影响"显然是一个不确定的法律概念。在该法执行过程中,一些政府和行政部门对此作出形形色色的解释,其中部分内容并不合理。如"有严重相邻权纠纷"也被作为无法采取改正措施消除影响的标准。对此,如果简单地以"这是对法律的解释"为由,而将其排除出司法审查的视野,则意味着行政行为对公民、法人和其他组织产生实质性影响力的很大一部分内容溢出了法律控制之外,换句话说,司法为民众提供的救济产生了很大的留白,这是令人难以接受的。

二、滥用职权的判断标准

自由裁量权存在于行政决定、行政程序以及对不确定法律概念的解释等各个方面。行政主体运用上述权力时均应是"合理的、善意的和有正当理由的",[1]即恪守赋予其职权的法律规范的目的以及法律规范基本的价值取向作为自己的行动准则,慎重、合理地选择作为或不作为以及作为的具体方式和结果,否则将构成滥用职权。滥用职权大体可分为两种情况:

1. 违背特定的立法目的

立法者制定行政法律规范的目的是维护特定领域的公共利益,保护民众的权益。行政主体只是使法律规范的上述目的得以实现的工具而已。因此,它在行使职权时唯一应当考虑的就是如何实现法律规范的目的。一旦执法者掺杂了私心杂念或者小集体利益,考虑了不应当考虑的因素,则于法不容。如2015年12月27日修正前的《中华人民共和国人口与计划生育法》第2条规定:"我国是人口众多的国家,实行计划生育是国家的基本国策。国家采取综合措施,控制人口数量,提高人口素质。"该法和《浙江省人口与计划生育条例》规定计划生育行

---

〔1〕 [英]威廉·韦德:《行政法》,徐炳等译,中国大百科全书出版社1997年版,第57页。

政部门有权对违反规定生育子女的公民征收高额的社会抚养费，正是出于控制人口数量这一目的的考虑。如果计划生育行政部门为了“创收”或“报复”决定对当事人征收社会抚养费及其数额，则违背了立法的基本目的。又如《中华人民共和国治安管理处罚法》第83条规定，对违反治安管理行为人，公安机关传唤后应当及时询问查证，询问查证的时间不得超过8小时；情况复杂、依照本法规定可能适用行政拘留处罚的，询问查证的时间不得超过24小时。如果基层公安人员在传唤调查对象后关押满24小时后放人。没过1小时，再次传唤关押24小时。如此反复……表面上看其具有职责依据，实则利用法定职责行整人之实。事实上，我们在日常生活中最经常碰到的滥用职权现象就是执法人员利用其掌握的行政职权徇私情、谋私利，人为操控行政程序，在认定事实和决定时避重就轻或避轻就重等情形。

2. 不符合社会普遍理性

法律作为代表“大多数人民群众利益”的行为规范，其基本的价值取向必须与广大民众所认可和接受的社会普遍理性保持一致。这是所有法律规范的假设前提，也是法律规范对行政主体行使行政职权的潜在要求——很显然，立法者不可能允许行政主体不恰当地行使行政权力而遭民众非议。因此，行政职权的运用以及处理结果如果不符合这一潜在要求，也应当被认定为滥用职权。行政不合理具体表现为：

（1）不考虑相关因素。如本案，井爱香意外怀孕不存在主观上的恶意，完全性胎盘前置的事实更是余大江夫妇始料未及的。在冒险引产和危险相对较小的剖宫产之间，他们按照常人的逻辑思维方式选择了后者。何况，夫妇俩还曾向桥墩镇政府申请生育第二胎，在镇政府没有说明任何理由不予答复的情况下，才采取了“偷生”这一不得已而为之的做法。他们的境况是令人同情的。事实上，余大江夫妇缺少的只不过是计划生育部门为他们开具的一张准生证而已，这对于桥墩镇政府和苍南县计划生育局来讲易如反掌，也是它们的职责所在。但桥墩镇政府和苍南县计划生育局不仅不考虑余大江、井爱香的具体情况并给予帮助，反而揪住其“偷生”的事实不放，向其征收高额的社会抚养费。从表面上来看，苍南县计划生育局的行政决定是有法律依据的，但它显然是不合理的。

应当考虑的因素因具体案件而异。以行政处罚决定为例，行政主体应当对违法行为人的动机、情节、危害后果、认错态度、行为能力以及可能对被处罚人造成的不利后果等方面作周全考量。否则，可能导致其处罚决定明显偏离常人具备的合理性标准。

（2）不平等对待当事人。“法律面前人人平等”是一项宪法原则，在自由裁量权的施行过程中，行政相对人同样有权期待自己获得平等的保护或者处理。

平等原则要求行政主体在同等情况下不得差别对待，不同的情况不得同等对待。如果行政主体考虑各方面因素时的标准混乱，在一个案件中对过错相当的相对人给予截然不同的处罚，或对过错截然不同的相对人给予完全相同的处罚，属于滥用职权。

(3)行政恣意。在对当事人作出不利的行政决定之前必须向其说明相关的事实和理由，并听取当事人的陈述和申辩，这在英国是维护"自然正义"的重要规则，其主要意义在于防止行政主体漠视相对人的合法权益，任意限制、剥夺他人的权利。我国行政处罚法和行政许可法将上述规则引入法条，使之成为法定程序。但在其他行政领域中，执法者全凭自己的个人喜好甚至心情好坏行事而不需要说明理由的情况却大量存在。如行政复议机关在复议决定书中不说明任何理由，任意加重对当事人的处罚等。

上述标准可用以界定滥用职权是否存在，但这并非滥用职权的分类。行政行为符合其中一项即构成滥用职权，有时一个滥用职权的行为也可能同时符合上述几项特征。苍南县计划生育局向余大江夫妇征收社会抚养费没有考虑相关因素；其征收的数额比桥墩镇政府原先征收时增加了一倍，明显带有报复的目的；任意增加征收数额又不作出合理说明则构成行政恣意。

还需要注意的是，长期以来一直有人认为滥用职权的构成必须存在主观上的恶意。这种误解是因为人们在日常生活中一贯将滥用与"恶意使用"的概念画上等号。但在行政职权方面，"滥用"的对应概念是"善用"，只要"不善用"行政职权的行为即应当认定为"滥用"。诚然，在大量滥用职权的现象背后存在贪赃枉法、徇私舞弊、谋取小集体利益等恶意的违法犯罪行为，但执法人员"为人民服务"的意识不强、官僚主义、漠视相对人权益等情况同样会使行政行为丧失理性基础而产生职权的滥用。在个别案例中，执法者滥用职权甚至是为了实现一种另类的公正。如公安人员明知道被调查对象违反了治安管理，但苦于没有合法有效的证据，于是采取反复传讯这样的手段对其进行变相制裁。这种行为违背了法律保护当事人合法权益的基本目的，同样属于滥用职权。因此，是否具有主观上的恶意不是滥用职权的判断标准。

三、除行政处罚决定外，其他自由裁量行为不受司法监督吗？

《行政诉讼法》第6条规定："人民法院审理行政案件，对行政行为是否合法进行审查。"第70条规定："行政行为有下列情形之一的，人民法院判决撤销或者部分撤销，并可以判决被告重新作出行政行为：……(五)滥用职权的……"第77条规定："行政处罚明显不当，或者其他行政行为涉及对款额的确定、认定确有错误的，人民法院可以判决变更。"长期以来，一直有观点认为，上述规定"限定了人民法院只审查具体行政行为是否违法的问题,原则上不审查在自由裁量范围以内作出的具体行政行为",[1]行政处罚显失公正的除外。这种观点人为地局限了司法对自由裁量权的审查职权,使之遁出司法的控制。

司法对自由裁量权的审查职权一方面是从该项行政权力应受监督和约束的必要性考虑的。如前所述,自由裁量权是如此容易被滥用,以致成为一些执法者将法律赋予的权力和相对人的权益玩弄于股掌的利器。实践告诉我们,控制职权滥用最有效的手段不是教育而是司法监督。另一方面,司法对自由裁量权进行审查,与我国行政诉讼法确立的合法性审查原则并不矛盾。正如英国的格里菲斯法官所说:"毫无疑问,议会不会给予任何法定机构恶意行事的权力,或让其滥用权力。当法院说如果某一机构恶意行事,它将进行干预,那它只不过是说该权力未在议会授予的法定权限内行使……"[2]所谓"行政行为存在合法但不合理的状态"的认识将行政法原则对行政行为的合法性要求和合理性要求生硬地剥离开来,对"合法"的理解仅停留在行政主体能够为其行政决定找到法律依据这一浅表的层面,却忽略了明显不合理的行政行为违背了法律的基本精神和价值取向,同样于法不容。

对自由裁量行为的司法审查在世界各国均得到认可。在法国,行政法院通过越权之诉监督行政机关的自由裁量权,行政法院有权撤销行政机关行使自由裁量权时不是出于公共利益,而是出于私人利益,或目的虽符合公共利益,但不符合法律授予这种权力的特别目的,以及程序滥用而作出的行政自由裁量行为。[3]《美国联邦行政程序法》第701节规定司法审查的范围不包括行政机关自由裁量行为,但第706节又规定法院有权撤销行政机构专横、任性、滥用自由裁量权的行为。[4]英国法院通过帕德菲尔德诉农业、渔业和食品大臣案否定了无约束的自由裁量权。[5]

如果我们用另一种思维解释我国《行政诉讼法》的相关条款,则能够得出自由裁量应受司法监督的结论。根据该法第70条第5项的规定,人民法院有权对行政主体的自由裁量权进行司法监督,对滥用职权(包括明显不合理)的行政行为可判决撤销。第77条属于对自由裁量权进行监督的特别规定,即对行政处罚显失公正(滥用职权的情形之一)的情况,法院拥有司法变更权。在法院认为其不适宜适用司法变更权的情况下,甚至也可以依照第70条第5项的规定判决

---

〔1〕 马原主编:《中国行政诉讼法教程》,红旗出版社1995年版,第60页。
〔2〕 R. v. Commission for Racial Equality, ex p. Hillingdom LBC[1982] QB 276.
〔3〕 王名扬:《法国行政法》,中国政法大学出版社2003年版,第692~693页。
〔4〕 王名扬:《美国行政法》,中国法制出版社2005年版,第545页。
〔5〕 [英]威廉·韦德:《行政法》,徐炳等译,中国大百科全书出版社1997年版,第71~73页。

撤销具体行政行为,并责令行政主体重新作出处罚决定。这样的解释才是正解。本案的判决对滥用职权的阐述和说明虽然不够深入、充分,却是按照正解作出的。它反映了司法对行政行为的审查在广度和深度方面的合理扩张。

法律文摘

在公法中没有不受约束的自由裁量权

绝对的和无约束的自由裁量权的观点受到否定。为公共目的所授予的法定权力类似于信托,而不是无条件地授予。也就是说,它仅能以议会授权时所希望的那种正确和恰当的方式行使才是有效的。尽管律师们在大量的案件中争论说,未加限制的、许可的语言授予了无约束的自由裁量权,但事实是,在建立在法治基础上的制度中,无约束的政府自由裁量权是自相矛盾的命题。真正的问题是,自由裁量权是过宽还是过窄,法律界限应在哪儿划定。为此目的,一切取决于授权法的真实目的和意思。

因此,公共权力机关的权力在根本上不同于私人权利。一个人可以订立遗嘱按照自己的意愿处理自己的财产,只要保证了被赡养和被抚养的人的权利就行。他的遗嘱可以出于恶意或报复心理,但在法律上,这并不影响他行使他的权利。同样,个人有绝对的权利允许他喜欢的人使用其土地,赦免债务人,或在法律允许时驱逐房客,不考虑其动机。这是无约束的自由裁量权。但一个公共权力机关就不能做其中的任何事情,它只能合理地、诚实地行事,只能为了公共利益的合法目的行事。因此,一个市政委员会不合理地拒绝让一个地方橄榄球俱乐部使用城市的运动场地是不合法的行为,尽管私人所有者能够当然地拒绝。一个地方当局也不能随便赦免债务人;如果驱逐房客,它必须遵循合理原则和公平原则。无约束的自由裁量权的整个概念是不适宜于为公共利益而使用权力和拥有权力的公共权力机关的。

有这种法律限制无任何矛盾可言,而没有这种法律限制倒是自相矛盾的。这不是英美法的独特原则,它在法国法中也很明显。这也不是约束地方当局的特别原则,它同样适用于内阁大臣。它不仅适用于行政范围,而且适用于一切为公共目的而授予的自由裁量权,例如,法官有权命令陪审团审理。仅在为个人的私利而授权时,自由裁量权才是绝对的。显然地,这在公法中不适用。

基于同样原因,原则上,不应有不受复审的行政自由裁量权,否则,它就同不受约束的自由裁量权一样是自相矛盾的。所有的自由裁量权都可能被滥用,这仍是至理名言。因此,对任何权力都应当有某种法律限制。

1968年,在两个重要的且几乎同时发生的案件中,上议院和上诉法院大胆地适用了经常主张的法律。在一个案件中,上议院宣称应对农业大臣所称的绝对的自由裁量权实施法律监督,并且认定他的行为非法。在另一个案件中,上诉法院认为他们有权指责警察在实施刑事法律中的歧视对待的行为。警察权是一种特别难以挑战的自由裁量权。

在帕德菲尔德诉农业、渔业和食品大臣的案件中,上议院必须审理依照1958年农业市场法制定的牛奶市场计划的争论。可以根据大臣的指示,组成一个调查委员会考虑和报告各种指控。接近伦敦地区的牛奶商控告牛奶市场管理局为他们的牛奶所定的价格太低。该价格应该反映从另一地区运至此处增加的运输费用,但自第二次世界大战以来没有对此进行修正。由于该地区在管理局中的代表占少数,增加价格会牺牲其他地区的利益,不能说服该局采取行动。如果调查委员会这样建议,那么大臣有权发布命令使该局的决定无效。但他拒绝指示委员会这样做,声称管理局是由生产商代表组成的,他们应服从关于市场计划的"正常的民主机制"。他的官员不慎重地补充说,如果委员会做出赢得赞同的报告,大臣就可能对此采取行动。可是,大臣行使权力推翻管理局决定的全部目的是在必要时可纠正"正常的民主机制"。那种认为赞同报告会使大臣难堪的观点是没有根据的。在存在有关的和重大的控告时,大臣既有义务也有权力,他不应利用他的自由裁量权使立法政策受挫。否则他就否定了法律设定的保证,剥夺了议会认为生产商应有的救济。因此,法院下达命令要求大臣按照法律规定采取行动。

里德大法官明确地否定了这个不合理的命题:要么是完全没有自由裁量权,要么是毫无约束的自由裁量权。他说:"议会必须有目的地授权,此权应为促进法律政策和法律目的而使用。必须通过对法律的整体解释去确定法律的政策和目的。解释法律总是法院的事。在这类解释中,不可能很严格,界限不可能很清楚。但如果由于大臣误解法律或因其他原因运用他的自由裁量权与法律的政策和目的背道而驰,受侵犯的人没有权利受到法院的保护,那么,我们的法律就存在很大缺陷。"厄普约翰大法官说:"大臣所称的理由表明他对其职责的完全误解,在法律上全是错误的。他几乎明白地说,他担心在议会里有麻烦,这是一个政治问题,这既不重要,也不能被接受。使大臣搞错了的基本问题是他要求无约束的自由裁量权,首先,在该法中没有'不受拘束'这个词,而是大臣未经授权的注解。其次,即使该法中有这个词,我也不认为这在法律上对他的权力有什么意义。这仅仅强调了他已强调的那一点:他有权依法做决定,而不受法院监督。这就是不受约束。但是,哪怕立法机关在法律中用了这个词,也不能影响司法机关对行政的监督。也就是说,行政机关在行使其权力时必须依法,必须弄清法律授予大臣自由裁量权的范围和目的，而不是看法律有没有用‘不受约束’这个形容词……”

丹宁大法官在下列文章中表述了上议院决定的重要性：“法定机构的自由裁量权从来不是无约束的，它是应按照法律行使的自由裁量权。它至少意味着：法定机构必须受到有关因素，而不受无关因素的影响和指导。如果它的决定受到不应当加以考虑的微不足道的因素的影响，那么该决定是站不住脚的。不管该法定机构如何诚实地行动，然而决定将被宣布无效。这是帕德菲尔德诉农业、渔业和食品大臣案件所确立的原则。这是现代行政法的里程碑。”[1]

法院虽然对自由裁量的行政行为有权进行全面的司法审查，但这并不意味着它能够代替行政主体在原本由行政主体享有的自由裁量权范围内重新设计、选择行政行为的方式和结果。法院的职责是审查，即听取行政主体就其在自由裁量范围内为何选择既定的方式和结果的理由，并经过相对人的辩论后作出有关该具体行政行为是否符合立法目的和社会普遍理性的判断。同时，行政主体的自由裁量权也应当获得一定的尊重。首先，“不确定的法律概念允许各种不同的判断；从规范逻辑的角度来看，存在两个以上的‘正确’判断”。[2] 只有行政裁量行为明显偏离了理性，才能得出该行为是违法和错误的结论。如公安机关对违反治安管理的人拘留7天、8天、9天并无本质的区别。法院不能判定拘留7天是不合理的，拘留8天就是合理的。另外，行政主体具有更多的专业知识和经验，更接近对案件具体的事实判断和感性认知。对于这些问题，法院如果没有充分的证据推翻行政主体的判断，则不宜多作干涉。否则，司法权就有越俎代庖的嫌疑了。

---

〔1〕［英］威廉·韦德：《行政法》，徐炳等译，中国大百科全书出版社1997年版，第68～70页。
〔2〕［德］哈特穆特·毛雷尔：《行政法学总论》，高家伟译，法律出版社2000年版，第135页。

案例9　戴锦弟等三人诉鹿城区教委颁发办学许可证案

章禾舟

案　情

一、合作

1996年,温州市房地产开发总公司(以下简称房开公司)在温州市鹿城区开发上陡门二组团住宅小区。依规划,房开公司被要求在小区里建成一座占地面积约2000 m^2,建筑面积约1500 m^2 的公共配套用房。按照温州市政府的规定,房开公司在小区建设完毕后,要将小区内的配套设施移交给国有资产管理部门,产权归政府所有。温州市房地产开发总公司对此不想拱手送出,情急之下,想出了“两全其美”的办法——利用这个公共配套用房作为自己的出资份额,和别人合股办幼儿园。

温州市房地产开发总公司随即与温州市体育运动学校(以下简称体校)和浙江菱光集团有限公司联系,寻求投资意向。由于当时正值政府大力支持社会力量办学之际,当地几家民办学校也搞得红红火火。这个绣球一抛出,立即得到体校和浙江菱光集团的积极响应。三方经协商,决定创办一个以体育运动为特色的幼儿园,名称暂定为中房·温州少体校幼儿园。在投资方式和股份比例方面,三方初步约定:“温州市房地产开发总公司以场地使用权(上述配套用房)投入,折占总投入办学经费的50%;体校以师资力量投入,折占10%;浙江菱光集团以现金投入约250万元,占40%。”待浙江菱光集团的资金到位后,再签订正式合同。浙江菱光集团手头没有这么多的资金,该集团老总和戴锦弟、刘刚、乐素贞商量,由戴锦弟等人在浙江菱光集团的名下出资,按比例分红。戴锦弟等三人欣然答应。

1998年6月7日,浙江菱光集团与戴锦弟、刘刚、乐素贞签订《关于共同出资创办幼儿园的协议》。协议约定:“中房·温州少体校幼儿园由温州市房地产开发总公司、体校、浙江菱光集团三方举办。以浙江菱光集团名义出资的250万元左右，由浙江菱光集团及戴锦弟等三人共同出资。其中，浙江菱光集团出资额占40%，戴锦弟等三人各占出资额的20%。”次日，温州市房地产开发总公司、体校、浙江菱光集团正式签订了《关于合作创办中房·温州少体校幼儿园的协议》。随后，浙江菱光集团及戴锦弟等三人陆续按约定比例，以浙江菱光集团的名义投入资金，将房开公司提供的配套设施用房按幼儿园的标准进行装潢，购置设备，并招募教职人员。

二、纠纷

凡事敢为天下先是一种勇气。但勇气背后却隐藏着巨大的风险，往往一招走错，全盘皆失。

温州市房地产开发总公司明白，利用社会力量办学需经政府的同意和教育主管部门的审批。但如按正常办事程序，自己使用小区配套设施肯定与政策不符。它准备来个先斩后奏，到幼儿园筹备过半，并向社会公开招生后，才向鹿城区政府汇报此事。没想到，鹿城区政府得知后断然否决了它的打算，不同意公司用本该是国有资产的配套用房和他人擅自合股办幼儿园。但考虑到幼儿园的设施筹备、招生工作都已全面启动，为妥善处理此事，鹿城区政府召集温州市房地产开发总公司、体校和浙江菱光集团重新协商。体校见势不妙，主动宣布退出。为保证国有资产安全和民办幼儿园的教学质量，鹿城区政府决定由鹿城区教委加入。1998年8月11日，鹿城区教委、温州市房地产开发总公司、浙江菱光集团三家重新签订协议，由该三方在上述同一场所创办温州市第十一幼儿园（以下简称十一幼），性质仍为民办。同日，鹿城区政府作出《关于同意成立第十一幼儿园的批复》，确定“第十一幼儿园由鹿城区教委、房开公司、浙江菱光集团三家合股创办，产权归区政府”。8月27日，鹿城区教委向十一幼颁发了教社证字08130号《社会力量办学许可证》。在该许可证中，举办者和批准文号栏均为空白。9月，十一幼迎来了第一批幼儿入学。温州市房地产开发总公司和浙江菱光集团创办幼儿园的愿望终于得以实现，一切似乎“风雨过后，又见彩虹”。

但鹿城区教委和温州市房地产开发总公司忽视了戴锦弟、刘刚、乐素贞的存在。

戴锦弟、刘刚、乐素贞在“中房·温州少体校幼儿园”筹备过程中出钱出力，尽心尽责。戴锦弟被筹备小组任命为园长，全面主持幼儿园的筹备工作，刘刚则一直负责财务收支和装潢工作。自从鹿城区教委、温州市房地产开发总公司和浙江菱光集团重新签订关于创办十一幼的协议后，前二者拒绝戴锦弟等三人参与幼儿园的管理。双方为此不断发生纠纷。

三、诉讼

2001年6月15日，戴锦弟等三人向法院提起行政诉讼称：原告等三人和浙江菱光集团已向十一幼投入人民币208万元，是该幼儿园的实际投资者和举办者。鹿城区教委颁发的教社证字08130号《社会力量办学许可证》未将其列为举办者，属认定事实不清。请求撤销该办学许可证。

鹿城区教委和温州市房地产开发总公司辩称：十一幼系鹿城区教委、温州市房地产开发总公司和浙江菱光集团共同创办，原告与被告向十一幼颁发《社会力量办学许可证》的行政行为之间不存在任何利害关系，请求驳回原告的起诉。

浙江菱光集团则表示：原告向幼儿园投入资金的事实客观存在，至于他们是否十一幼的举办者，由法院认定。

一审法院经过长达半年的审理，其间举行了庭审，并就戴锦弟等三人和浙江菱光集团投入资金的情况委托会计事务所审计。会计事务所经审计确定，戴锦弟等三人和浙江菱光集团实际投入中房·温州少体校幼儿园的资金为150万元。2002年1月，法院作出裁定"三原告与浙江菱光集团约定以浙江菱光集团名义对外出资，并实际向中房·温州少体校幼儿园投入资金共计150万元的事实清楚。但中房·温州少体校幼儿园最终没有获得教育行政主管部门的批准。现十一幼与中房·温州少体校幼儿园之间没有主体上的承继关系。三原告向原中房·温州少体校幼儿园投入资金的事实，不能证明其是十一幼的举办者。被告鹿城区教委向十一幼颁发《社会力量办学许可证》与戴锦弟等三人没有法律上的利害关系。故三原告向法院提起行政诉讼，不具备原告主体资格。"据此裁定驳回戴锦弟等三人的起诉。

戴锦弟等三人不服，提起上诉。

二审法院经审理认为："三上诉人与浙江菱光集团按照约定，以浙江菱光集团的名义已向原中房·温州少体校幼儿园投入筹建资金共计150万元。十一幼系利用原中房·温州少体校幼儿园的场所、设施而开办的，故三上诉人与被上诉人给十一幼颁发教社证字08130号《社会力量办学许可证》的行政行为，有法律上利害关系，因而依法享有诉权。一审法院以三上诉人与该行政行为没有利害关系，不具有原告主体资格为由驳回起诉不当。"裁定本案由一审法院继续审理。

法律疑点

本案发生在我国现行《行政诉讼法》修正之前，修正前的《行政诉讼法》第2条规定："公民、法人或者其他组织认为行政机关和行政机关工作人员的具体行政行为侵犯其合法权益，有权依照本法向人民法院提起诉讼。"但对哪些公民、法人和其他组织能够作为原告提起诉讼（原告主体资格）的问题，该法并没有给出明确答案。在行政诉讼实践中，这始终是一个法律适用的难题，也是社会各界和当事人质疑诟病司法的话题之一。虽然修正后的《行政诉讼法》借鉴原最高人民法院《关于执行〈中华人民共和国行政诉讼法〉若干问题的解释》（以下简称《解释》）第12条，[1]在其第25条第1款中规定："行政行为的相对人以及其他与行政行为有利害关系的公民、法人或者其他组织，有权提起诉讼。"但所谓"利害关系"的概念及其标准仍然模糊不清。笔者认为，"利害关系"必须和"解决行政争议"之立法目标及其制度建构相勾连，才具实质性意义。于是，涉及利害关系更进一步的问题是：让有"利害关系"（解决行政争议需求）的原告进入行政诉讼后，行政诉讼究竟应着重实现司法监督，还是解决行政争议，抑或二者双线并进的功能？本案相关问题的展开具有现实意义。

- 为什么要以利害关系作为原告起诉条件？
- 何为"利害关系"？
- 衡量行政争议存在的标准是什么？
- 纯粹的合法性审查能解决行政争议吗？

法理研习

一、为什么要以利害关系作为原告起诉条件——主观诉讼的模式选择

修正前的《行政诉讼法》有关原告主体资格问题的规定只有第2条和第41条，[2]从这两条的文义理解，只要公民、法人或者其他组织不满行政机关的具体

---

[1] 《解释》第12条规定："与具体行政行为有法律上利害关系的公民、法人或者其他组织对该行为不服的，可以依法提起行政诉讼。"进言之，与具体行政行为有"法律上的利害关系"的人可以作为行政诉讼的原告，无"法律上的利害关系"者无权起诉。

[2] 修正前的《行政诉讼法》第41条规定："提起诉讼应当符合下列条件：（一）原告是认为具体行政行为侵犯其合法权益的公民、法人或者其他组织……"

行政行为,一律可以提起行政诉讼。“认为具体行政行为侵犯其合法权益”的语句表述意味着只要原告声明这个具体行政行为侵犯了他的合法权益,就可提起针对该行政行为的诉讼。也就是说,行政诉讼对原告而言是不设门槛的。

修正前的《行政诉讼法》之所以对原告不设门槛,有其特定的历史背景。20世纪80年代是人们思维、行为和生活方式发生巨变的时代。随着权利制约、民主政治意识的增强以及诸如行政诉讼等先进制度的引介,法律给予人们一种用法院监督政府活动,惩治违法乱纪的美好憧憬。在缺乏对行政诉讼的法理基础、实在功能、技术构造等具体问题成熟了解的情况之下,即便老一辈的法学家,也是从朴素的政治理念出发,主张建立行政诉讼制度的。如陶希晋先生认为“要彻底肃清封建思想残余和官僚主义恶习的影响,真正实现依法办事,有法必依,不是那么容易办到的”。[1] 王礼明先生说:“我相信,通过建立行政诉讼制度,人民群众对国家机关和国家机关工作人员的民主监督将得到加强,司法机关对行政机关行使行政权也可以起到一定的制约作用。”[2] 他把行政诉讼理解为人民群众对行政机关实施民主监督的一种方式。张尚鷟先生认为,“我国各级政府主管的国家行政工作,往往只强调按政策办事,而不同时强调依法办事。……建立健全我国行政诉讼制度的目的之一,就是为了从审判监督的角度来保证和促使政府坚持依法行政,从制度方面来保证更好地克服官僚主义”。[3] 上述论者出于对政府存在的“封建思想残余”“官僚主义恶习”等不良现象的忧虑,期待通过人民群众和法院的监督予以有效解决。1987年,中国共产党第十三次全国代表大会报告提出:“要制定行政诉讼法,加强对行政工作和行政人员的监察,追究一切行政人员的失职、渎职和其他违法违规行为。”由此,“监督行政机关依法行使职权”被写入1989年《行政诉讼法》的立法目的,而“人民法院审理行政案件,对被诉具体行政行为是否合法进行审查”则成为实现该目的的具体手段。

一项制度建构往往基于历史成因而不自觉地对接到已经存在的理论模式之中。理论上,行政诉讼模式按诉讼目的可区分为客观诉讼和主观诉讼。所谓客观诉讼是指以维护客观的法律秩序和确保行政活动的适法性,而与原告个人的权利和利益无关的诉讼。主观诉讼是以保护公民个人的权利和利益为目的的诉讼。通过刚才的历史成因分析,我国行政诉讼制度建立的必要性在很大程度上是基于维护客观法秩序考虑的,由此建立的行政诉讼制度最初是一种客观诉讼的模式。

但所谓客观诉讼这样一种纯粹离开当事人本身利益的模式很难真实存在。

---

〔1〕 陶希晋:《在改革中尽快完善行政立法》,载《现代法学》1987年第1期。
〔2〕 王礼明:《对行政诉讼法内容的几点建议》,载《法学》1986年第12期。
〔3〕 张尚鷟:《试论我国的行政诉讼制度和行政诉讼法》,载《中国法学》1989年第1期。

法国的越权之诉被认为是“对行为而非对人的诉讼”,[1]但笔者始终认为这种制度名为“诉讼”,本质上更接近行政监察,当事人的起诉在很大程度上被认为是“申诉”,是“公职人员”的职责。“在进行依法申诉的可能性上不可能看到有一种主观的权利。依法申诉经常是由一个公职人员,或一个作为公职人员来行事的个人来使用的,因为依法申诉不是别的东西,只是动用集体的强制手段。公职人员所作的不是别的事情,只是使自己符合法律,而这种法律又命令他在某种情况下行动起来。因此,我们看不出在行使一种权利;他不过在实施所规定于他的命令规则而已。”[2]其目的在于保护法律规则而非主观权利,这些概念目前在法国也受到了严厉的批评。[3]

修正前的《行政诉讼法》第1条规定:“为保证人民法院正确、及时审理行政案件,保护公民、法人和其他组织的合法权益,维护和监督行政机关依法行使行政职权,根据宪法制定本法。”虽然“保护公民、法人和其他组织的合法权益”和“监督行政机关依法行使行政职权”在该条中表现为独立并行的目的(或者称为目标),由于套用了客观诉讼模式,“保护公民、法人和其他组织合法权益”的语句表述始终蜷缩在“监督行政机关依法行使职权”的阴影之下,被行政行为合法性审查排挤,在整个制度结构中始终充斥着空洞意味。一些学者在讨论“保护权益”时直接从实体法的角度展开,如“行政诉讼是适应现代社会中行政主体一方的不法行政行为侵犯相对人的合法权益,为切实保障行政相对人的合法权益而产生和发展起来的,如果没有行政主体一方对相对人合法权益的侵害,即不会存在行政诉讼……民之所以要告官,原因在于行政管理中‘民’始终处于服从于‘官’的地位,对于违法的、侵害其合法权益的行政行为,相对人也必须忍受;若无行政诉讼,难以对公民的合法权益提供保障,对于违法侵害其合法权益的行政行为……”[4]这种观点并不符合行政诉讼作为程序制度的基本特性。任何诉讼案件在未决之前,相关事实和法律关系都尚无定论,保护原告实体权益也无从谈起。实际上,如果做反向理解,难道被告代表的公共利益和第三人权益保护不是行政诉讼的目的?同时,此种有关“保护权益”的呼吁实际是在夸大司法审查功能的前提下展开,难免有越强调越弱化的趋向。

---

〔1〕［法］古斯塔夫·佩泽尔:《法国行政法》,廖坤明、周洁译,国家行政学院出版社2002年版。

〔2〕［法］狄骥:《公法的变迁——法律与国家》,郑戈译,辽海出版社、春风文艺出版社1999年版,第151页。

〔3〕［法］古斯塔夫·佩泽尔:《法国行政法》,廖坤明、周洁译,国家行政学院出版社2002年版,第292页。

〔4〕马怀德:《保护公民、法人和其他组织的权益应成为行政诉讼的根本目的》,载《行政法学研究》2012年第2期。

从行政诉讼制度和理论发展潮流来看,主观诉讼是行政诉讼模式选择的大势所趋。德、日以及我国台湾地区行政诉讼制度在确定司法审查功能的同时,都越来越强调保护权益的主观诉讼意味。德国学者赫克曾称:“为了做出一个公正的判决,法官必须确定立法者通过某条特定的法律规则所旨在保护的利益,在冲突的利益中,法律所倾向保护的利益应当被认为是有限的利益”,[1]还需结合当事人的利益诉求和现实状况认真考量。南博方教授也认为,“行政案件诉讼与行政厅依据简单程序所进行的行政不服审查,在性质上是不同的,它是保护国民的人权不受违法的行政作用侵害的、最终性的法的保障手段”。[2]

行政诉讼因行政争议而起,行政争议的内容是当事人的切身利益,因此,“保护合法权益”须和解决行政争议结合起来才有实质性内涵。“保护权益”一说实际上天然隐含着另一层要求,就是当事人在提起诉讼时有义务向法院说明他有利益需要保护,当事人提起的诉讼最终能否获得审理判决取决于诉的内容,即请求是否足以具有利用国家审判制度加以解决的实际价值和必要性。[3] 而此种要求反过来又贴紧行政争议内容,包含关照当事人实际诉求的意蕴。“诉权是人类社会的基本‘黏合剂’,没有诉权,就无法启动合理解决纠纷的程序,社会就将解体。对于法治社会来说,诉权更是首要的权利,没有诉权,法律就无法正常运作,因而就谈不上法治。”“诉权就是请求法律救济的权利,是一项启动与延续诉讼的权利。在现代社会里,它是宪法权。”“诉权是一项特殊的权利,其特殊在于,一般来说,通常权利是一种利益(物质的和精神的),但是诉权只是一项行动的能力——请求救济的能力,它本身并不具有利益属性,只有通过与其他权利的连接才能产生利益。”[4]上述论述在高度强调诉权重要性的同时,非常精准地说明了诉权和争议涉及的权益之间互为必要条件的关系。争议涉及的权益如无法通过诉讼救济实现,则该利益毫无意义。反过来说,诉权离开当事人自己主张的实体权益,诉讼的意味就发生了质的改变。在极端客观诉讼的模式下,对行政诉讼的完全不设门槛同时意味着对原告主观权利的忽视。诉权和诉权承载的权益是司法者应当同时关照的对象。

在我国行政诉讼制度实施初期,行政诉讼的原告绝大多数是行政处罚、强制措施等刚性行政决定的直接管理对象。被管理者对施加于己身的具体行政行为提出质疑的权利无可争议。因此原告主体资格问题在开始并不突出。但随着行

---

[1] 江必新、梁凤云:《行政诉讼法理论与实务》(上卷),北京大学出版社2010年版,第49页。
[2] [日]南博方:《行政法》,杨建顺译,中国人民大学出版社2007年版,第169页。
[3] [日]原田尚彦:《诉的利益》,石龙潭译,中国政法大学出版社2014年版,第1页。
[4] 周永坤:《诉权法理研究论纲》,载《中国法学》2004年第5期。

政诉讼制度在实践中的适用，诉讼保护主观权利的属性和要求越来越强烈。基于此，最高人民法院《解释》第12条规定："与具体行政行为有法律上利害关系的公民、法人或者其他组织对该行为不服的，可以依法提起行政诉讼。"修正后的《行政诉讼法》第25条第1款吸收了该条。

"利害关系"成为行政诉讼关照原告主观权利救济需求的一个重要概念，它使司法的大门向需要救济的社会主体敞开，也意味着向滥诉者说不。

二、何为"利害关系"——行政争议的存在

利害关系要求原告在诉状中主张其权益受到"行政机关和行政机关工作人员的行政行为"侵犯，同时要有相应的客观证据辅佐。《辞海》解释，利害是指利益与损害。此为最基本的语义分解。在法律的语境中考察它，利害是与权益这个概念密切相关的。特定社会主体的权益在社会中不时受到各种外力的作用，因外力作用而发生有利或有害的变化，此所谓"利害"。根据日常生活经验，如外力对权益方有利，则权益方绝无可能与之反目成仇，对簿公堂。只有当外力对权益方有害时，诉讼才会发生。人们囿于对利害关系的字面解释，一直纠缠在"权益""外力（行政行为）""不利"这几个中心词上。一种观点认为，原告的权益遭到行政行为的实际侵害。此种观点显然形成以下悖论：(1)权益未受实际侵害者不得诉讼；(2)进入诉讼的原告的权益都已遭受行政行为的实际侵害，由于侵害他人权益的行政行为肯定违法，则原告必定胜诉；(3)一切是非恩怨必须一目了然到让法院可以不做实体审理即可作出判断。否则，原告没有寻求司法救济的可能。所谓"实际侵权"论的错误是显而易见的，其往往成为少数法院不受理行政案件的托词。另一种观点认为，利害关系是行政行为已经或将会对原告的权益产生实际的不利影响。至于什么是实际的不利影响，支持者提出了更为具体的标准，即"通过诉讼，若原告胜诉，则一般能增其权利；若原告败诉，则一般将减其权利"。[1] 此种观点与"实际侵权"论的区别在于，它认识到合法的行政行为也能使行政相对人的权益受到损失或限制其权益的实现。受实际影响的相对人有权起诉，但并不一定胜诉。"实际影响"论是目前司法实践中衡量原告主体资格的主流标准，[2]本案的一审裁定也是遵循"实际影响"论的思维方

〔1〕 参见甘文：《行政诉讼法司法解释之评论——理由、观点与问题》，中国法制出版社2000年版，第64页。

〔2〕 最高人民法院行政审判庭编写的《关于执行〈中华人民共和国行政诉讼法〉若干问题的解释》释义，对"法律上的利害关系"所下的定义即为"行政机关的具体行政行为对公民、法人和其他组织的权利义务已经或将会产生实际影响"。参见最高人民法院行政审判庭编：《最高人民法院关于执行〈中华人民共和国行政诉讼法〉若干问题的解释》，中国城市出版社2000年版，第26页。

式作出判断的。

一审法院通过审理，整理出事件发展的脉络：浙江菱光集团与温州市房地产开发总公司、体校协议创办中房·温州少体校幼儿园—戴锦弟等人及浙江菱光集团以浙江菱光集团的名义投入资金150万元—中房·温州少体校幼儿园没有得到政府及主管部门承认—浙江菱光集团与温州市房地产开发总公司、鹿城区教委重新协议创办十一幼—鹿城区教委向十一幼颁发《社会力量办学许可证》，十一幼成立—戴锦弟等人意欲成为十一幼的举办者，鹿城区教委和温州市房地产开发总公司却不予承认。法院进一步认为：戴锦弟等人与浙江菱光集团共同投资、筹备的中房·温州少体校幼儿园因鹿城区政府不同意而中途流产后，其前期投入的资金本应通过清算解决。由于温州市房地产开发总公司、浙江菱光集团和鹿城区教委在创办十一幼时占用了戴锦弟等人的资金，十一幼或十一幼的举办者对戴锦弟等人负有债务。但两者之间仅停留在债权债务的关系之上。戴锦弟等人在未经温州市房地产开发总公司等三家单位同意的情况下，绝无可能成为十一幼的举办者。换言之，不管鹿城区教委颁发给十一幼的《社会力量办学许可证》合法与否，戴锦弟等人成为举办者的诉愿均不可能实现。因此，《社会力量办学许可证》并没有对戴锦弟等人造成实际的影响，二者没有"法律上的利害关系"。裁定驳回起诉，顺理成章。

但"实际影响"论还是经不起推敲，它不仅与行政诉讼的基本理论和制度格格不入，在实际运用中也陷入困境。所谓"实际影响"，本质上属于一项案件事实。它有时清晰明了，有时却扑朔迷离。如果"实际影响论"成立，则法院在受理案件之前对该项事实的存在应进行实质审查。而行政诉讼的诉前审查制度显然不具备对这项事实进行审理和认定的功能。根据《行政诉讼法》第51条规定，人民法院在接到起诉状时对符合本法规定的起诉条件的，应当登记立案。对当场不能判定是否符合本法规定的起诉条件的，应当接收起诉状，出具注明收到日期的书面凭证，并在7日内决定是否立案。不符合起诉条件的，作出不予立案的裁定。裁定书应当载明不予立案的理由。原告对裁定不服的，可以提起上诉。此次《行政诉讼法》的修正尤其强调对原告的起诉采取登记立案的方式，即便个别案件是否立案有疑问，其斟酌（而非实质审查）的期间也只有7日。在这短短的7日期间，立案法官只负责对原告的起诉状进行程序性审查，而不会就其权益是否受到行政行为实际影响举行庭审或者听证。即便其对该项事实作出确认，也缺乏程序保障。有观点认为，现行行政诉讼制度中的不予受理和驳回起诉是不一样的，"只要公民、法人或者其他组织认为行政机关的行政行为侵犯其合法权益，无论是否有根据，或是否有利害关系，法院均应受理。法院经审查，认为起诉不符合受案范围等条件的,可以裁定驳回起诉”。[1] 但在笔者看来,驳回起诉只是用以纠正不应受理的案件被受理的方式。这就像是主人要举行宴会,确定了邀请的宾客。宴会举行时,来者甚多。于是,门卫担负核对宾客身份的职责。当他发现来者不是被邀请的宾客时,就应当将其拒之门外。但由于门卫的疏忽,也有没被邀请而混入宴会的,主人发现后则要将其逐出宴会。前后二者的区别在于来者被拒的阶段不同(是在门外还是已经进门),但对“来者不属于被邀请之列”这一标准的识别内容和识别方法上并无二致。需要注意的是,主人的主要职责是招待客人而非逐客。但如依前述之观点,门卫对任何来者皆可放行,那么主人在主持宴会的同时,就不得不时时警惕高朋之中有无假冒了。整个宴会的秩序肯定因此受到影响。另外,实践还证明,在诉讼中过多地使用驳回起诉,对当事人的诉讼积极性是一个很大的打击。如本案中,戴锦弟等三人打了近半年的官司,最终发现自己被推出了司法的大门,大有被愚弄的感觉。而且,“实际影响”论造成了原告诉权和胜诉权概念上的混乱。当被诉行政行为涉及第三人相邻权、环境权、健康权等权益时,原告是否受到实际影响往往需要到行政行为被审查完毕后才能得出结论。一旦行政行为被确定为合法,也意味着原告没有受到该行政行为的实际影响。这时就出现了一个古怪的局面:法院既可以确认被诉行政行为的合法性,判决驳回原告诉讼请求,因为行政行为已经经过审查了;又可以裁定驳回起诉,因为原告没有受到实际影响。很显然,原告属于实体上的败诉,还是压根就不应当进入诉讼这两个有本质区别的问题被混淆得一塌糊涂(这样的问题在相邻人起诉规划建设部门许可他人建房的案例中经常出现)。

至于原告是否受到行政行为不利影响以原告诉讼的胜负是否“一般”导致其权利的增减来界定的标准,则多少带些“戏说”的味道。因为,所谓“权利”“增减”“胜负”本身在诉讼前都是不确定的、难以预测的,它们不可能作为标准。

法律文摘

正确对待审查起诉

尽管大家公认,在法院受理之前的立案审查阶段,诉讼尚未系属于法院,严格意义上的民事诉讼程序尚未开始启动,但理论上又认为,从起诉人向人民法院

[1] 参见甘文:《行政诉讼法司法解释之评论——理由、观点与问题》,中国法制出版社2000年版,第64页。

递交起诉状之日起,特定的诉讼法律关系即在起诉人和人民法院之间产生。因此,矛盾就产生了:既然诉讼程序还没开始,何来的诉讼法律关系呢?这里所谓的诉讼法律关系,只是理论的投影或假象而已,是为了满足程序意义诉权利益的逻辑自足的文字游戏。进一步说,是以程序意义上诉权为幌子,行实体诉权说之实。而依实体诉权说对原告的起诉进行立案实体审查(要求原告起诉时提供证据证明其诉讼请求的主要证据)的普鲁士诉讼制度,早就被马克思撰文抨击过。立案实体审查这种17、18世纪的陈年旧货,这种践踏起诉人诉权的历史糟粕,早该扔到垃圾堆里去。原因在于:原告发动诉讼的目的,旨在获得法院的审判;原告的起诉行为,所指向的不是法院的立案审查行为,而是法院的裁判行为。传统的民事诉讼法律关系理论存在的一个重大误区,就是简单地将原告的起诉与法院的审查受理挂起钩来,认为"起诉+立案审查"就构成一个民事诉讼法律关系。但是,君不见法院的审查起诉行为严格而言算不上行使审判权的行为,正如立案庭所从事的案件流程管理行为一样。

这么说,并不意味着要取消立案审查,真正应取消的是立案实体审查这种做法。立案形式审查仍有存在的必要,关键是把握好立案审查的内容。正如最高人民法院一直强调的那样,贯彻立案与审判分离的原则,禁止立案越俎代庖,违反正当程序做审判庭应当做的事情[1](注:依笔者之愚见,行政诉权和民事诉权并无质的区别,上述有关审查起诉的认识同样适用于行政诉权,故摘之以共飨)。

我们应该着眼于诉讼的本质属性,从保护原告诉权的角度对"利害关系"进行剖析,以确定原告主体资格的客观要件。

霍布斯指出:司法权"就是听审并裁决一切有关世俗法与自然法以及有关事实的争执的权利"。此话揭示了"争执"既是司法权的直接对象,也是司法权的基本动因。当一方当事人与另一方当事人发生纠纷并提起诉讼时,司法就有义务开启大门对该起纠纷进行审理。这一原理适用于行政诉讼,原告的诉权来源于行政争议的存在。至于争议背后的是非对错,法院大可以经过审理后在判决中理直。

有关"利害关系"的表述最初来自民事诉讼法。《民事诉讼法》第108条规定:"起诉必须符合下列条件:(一)原告是与本案有直接利害关系的公民、法人和其他组织……"对于该处所谓的"直接的利害关系",理论方面历来并无太大

---

[1] 李国光主编:《最高人民法院〈关于民事诉讼证据的若干规定〉的理解与适用》,中国法制出版社2002年版,第31~32页。

争论。它是指“自己的或受自己管领的民事权益受到了侵害或与他人发生了争议”。〔1〕 在实践中，也不太可能出现因起诉人在起诉时无法证明侵权事实而被不予受理或驳回起诉的司法判例。修正后的《行政诉讼法》与《民事诉讼法》中所指的“利害关系”在本质上并无区别，也应当被理解为一种争议——行政争议。

所谓“无救济即无权利”在行政诉讼制度中的落实，并不是空泛强调保护合法权益，而是由法官以理性中立心态，紧贴本案行政争议这一主线展开。即原告和行政机关发生行政争议并提起诉讼后，人民法院应当认真对待行政争议（判断争议是否客观存在、审查争议涉及的权益、确定有无诉的利益等），适当开启诉讼之门，解构原告诉讼请求（确定行政争议涉及的法律关系），选择合适的审判类型，公开平等诉辩，查明事实，厘清争议法律关系涉及的权利义务，判断被诉行政行为的合法性，回应原告诉讼请求，公正裁判。在上述程序步骤均依法适当的情况下，即便驳回原告诉讼请求，也不能说其司法救济权没有得到保护。

在此，司法对原告利害关系的要求与“解决行政争议”的目标设定自然契合，即所谓利害关系就是，原告应当证明其与被告行政机关因行政行为而产生了实际存在、需要司法解决的行政争议。

以行政争议的存在衡量行政诉讼原告主体资格的做法在域外也可找到立法先例。如《德国行政法院法》第40条规定：“一切非宪法性的公法争议，如果没有法律规定由其他法院受理，则由行政法院受理。”《日本行政案件诉讼法》规定：“国民可以就行政上的一切争议向法院提起诉讼。”我国台湾地区“行政诉讼法”规定：“公法上之争议，除法律特别有规定外，得依本法提起行政诉讼。”

三、衡量行政争议存在的标准——行政侵权的可能性

作为与行政诉讼关联最为密切的基础性术语，“行政争议”在我国行政法与行政诉讼法学领域已被反复使用了近三十年，〔2〕从时间意义上，这一概念已不“新鲜”。〔3〕 但与法社会学、民法和民事诉讼法等领域对“纠纷”“民事纠纷”等

---

〔1〕 刘家兴、丛青茹编著：《民事诉讼法学》，人民法院出版社2002年版，第86页。

〔2〕 限于笔者的实证资料资源，很难准确追溯“行政争议”一词何时在行政法学领域最早使用。早期的教材和学术论文中也有用“行政纠纷”的，但从这些资料的表述内容来看，其意思大致和“行政争议”相同。有关行政诉讼法学教材从80年代末开始至今，关于行政诉讼的简要描述几乎一直都是“解决行政争议（或纠纷）的一种制度（活动、程序）”。因此，笔者断定行政争议是与行政诉讼关联最为密切的应无不当。

〔3〕 笔者于2015年1月20日在中国期刊网上分别以“行政争议”为主题进行检索，获得1211个结果，可见其在学术研究中的使用非常普遍。但以“行政争议”为篇名检索，则只获得139个结果，说明有意识对“行政争议”方面问题的研究并不多见。

问题在不同层面不断争辩的状况形成鲜明对比的是,行政法和行政诉讼法理论研究对“行政争议”这一核心概念始终没有展开严肃探讨。究其原因,大陆法系国家及我国台湾地区传统理论研究行政诉讼制度系以依法行政、分权、监督等法治观念切入。狄骥认为,“行政案件所提出的唯一问题也可能仅仅是:行政机构是否在最一般的意义上违反了法律”;〔1〕德国早期的理论认为,“行政法是客观法秩序,即便没有当事人的申请,也必须为公共之法和公共福祉而运用”。〔2〕我国台湾地区学者也指出:“在现代法治主义之下,行政作用必须符合法律规定,若无法律亦须符合公益之要求。惟行政系由自然人所掌握,自难免有过错之情形……行政诉讼系在——肯定行政作用之违法或不当乃不可避免之现象,但在法治国家,此种过错至少在事后应予纠正——之思想前提下产生之制度。”〔3〕受上述理论影响,我国行政诉讼法教材大多虽以“行政诉讼是解决行政纠纷的一种手段”〔4〕“行政诉讼是解决行政争议的一种法律制度”〔5〕“行政诉讼是通过诉讼程序解决行政争议的制度”〔6〕等表述起始,但视角马上切换到行政行为及其合法性方面。笔者发现,在早期的行政诉讼法教材中,从“行政争议”到“行政行为审查”的转换使用了一个有意思的概念工具,即“争议焦点”。“所谓行政争议就是国家行政机关与公民、法人和其他组织之间因行政管理活动而引起的纠纷……争议的起因则是由国家行政机关行使行政管理职权的作为与不作为行为引起的,争议的焦点在于行政机关的行政行为是否正确与合法。”〔7〕即争议焦点是行政行为合法性问题。但事实并非如此。

所谓行政争议,其要素一为争议,即纠纷;二为行政。作为法律概念,纠纷具备以下基本特征:第一,主体要素方面,纠纷发生在特定社会主体之间。在古代农耕社会,人们之间没有交往,就没有机会发生纠纷。第二,认识要素方面,纠纷具有主观性。一个纠纷是否存在首先不是由外界做出判断,而是由主体从内部做出判断的。〔8〕基于主体对各自利益的追逐以及认识上的局限性,从第三方的

---

〔1〕［法］狄骥:《公法的变迁——法律与国家》,郑戈译,辽海出版社、春风文艺出版社1999年版,第151页。

〔2〕R. Gneist, Der Rechtsstaat und die Verwaltungsgerichte in Deutschland, 2 Aufl.（1879）, S. 270;［日］小早川光郎:《行政诉讼的构造分析》,王天华译,中国政法大学2014年版,第14页。

〔3〕陈计男:《行政诉讼法释论》,台湾三民书局2000年版,第2页。

〔4〕吴英慧等:《中国行政诉讼法通论》,中国政法大学出版社1989年版,第1页。

〔5〕马原主编:《中国行政诉讼法教程》,人民法院出版社1992年版,第8页。

〔6〕马怀德主编:《行政诉讼原理》(第二版),法律出版社2009年版,第1页。

〔7〕马原主编:《中国行政诉讼法教程》,人民法院出版社1992年版,第8页。

〔8〕赵旭东:《纠纷与纠纷解决原论——从成因到理念的深度分析》,北京大学出版社2009年版,第35页。

角度评判是非曲直或许一目了然,但对纠纷当事人而言,其认为自己遭受不公或他人侵犯的心理状态客观存在。第三,内容要素方面,纠纷指向特定利益。此种利益包括财产利益也包括精神利益。一般情况下,价值观念、个体意识差异、情感纠葛等纯主观形态而导致的排斥、疏远、厌恶的心理感受在没有进一步外化为行动之前不属于法律上纠纷的范畴。第四,过程要素方面,纠纷产生实在的对抗。此种对抗当然不仅指物理上的触碰,而是当事者意识到特定对方实施了相应行为或者不作为,并使自己遭受不公待遇或利益遭受侵犯,由此产生进一步的争执态度和行为。第五,属性要素方面,纠纷具有法律性。一些涉及意识形态、政治观念、宗教信仰、价值观念等方面的问题不适合通过法律途径解决。[1] 另外,一旦纠纷的激烈程度上升到阶级矛盾、武装冲突时,法律也没有能力去解决。因此,索性从作为法律概念的纠纷中排除出去。根据美国学者的观点,纠纷过程可以分为三个阶段,包括单向的"心怀不满"或"前冲突"阶段(the grievance or preconflict stage),双向的"冲突"阶段(the conflict stage)以及有第三者介入的"纠纷"阶段(the dispute stage)。其中第一阶段当事者可以选择忍受、回避和提出谴责或问题;第二阶段,当事人产生争执性交互,可能的结果有交涉和征服。上述忍受、回避、征服以及通过交涉的妥协和解都能消除纠纷。一旦无法解决,一方当事人有向司法机关提起诉讼要求解决的司法救济权。[2]

行政争议之"行政"界分的意义在于,行政主体在行政活动中与公民、法人和其他组织之间产生、变更或消灭法律关系,均非基于其自身私有之权益,而出于公共利益或者代表第三方利益。基于此,无论行政主体采取何种行政方式,均应符合实定法规定的实体条件和程序,如无明确规定,也必须符合公平公正、正当程序等法治精神。因此,对行政性的界分就是把相关行政争议纳入行政诉讼,进而启动司法审查,以不同于民事救济的标准看待行政活动,确保和促进法治。此种意义对传统高权行政行为(如行政处罚、行政强制等)的意义自不待言,即便在诸如行政合同等双方行为中,就行政主体是否有权处置合同标的物(如土地、房屋等)的问题,其审查标准就与一般民事合同完全不同,并应置于意思表示是否真实、合同条款是否清楚无误等合同法内容的审理之前。

在司法实践中,行政争议是否具有行政性往往涉及该争议是否属于行政诉讼受案范围(与民事、刑事案件的区分),在此不具体展开。而纠纷是否客观存

[1] 此类纠纷,通过非正式的调解程序,往往比法律程序更加容易获得双赢的结果。Lawrence E. Susskind, Mediating public disputes: A response to the skeptics, Negotiation Journal April 1985, Volume 1, Issue 2, pp. 117 - 120.

[2] 王亚新:《社会变革中的民事诉讼》,中国法制出版社2001年版,第209页。

在则涉及所谓原告主体资格问题，如前所述，一方面，纠纷具有主观性，它是当事人一方认为自己权益受损的心理感受；另一方面，纠纷又有客观性，即双方或者多方已经在权益的处置、确认等方面存在外化了的争执，而有必要由司法介入解决。再者，纠纷涉及的实体问题尚未有定论，从第三方的角度来看，体现为原告主张某项行政侵权事实及瑕疵行政法律关系，该行政侵权事实和法律关系最终有待审理认定，但在审判开始前它必须有存在的可能。行政争议不存在，司法无须介入。

可以明确：(1)行政争议的焦点是行政侵权事实和瑕疵法律关系是否存在。它的外延比行政行为的合法性要大，包括两方面的内容：一是行政行为的合法性问题；二是行政行为是否对相对人的合法权益造成不利影响。在司法实践中，后者经常被行政主体作为抗辩的理由，并在双方当事人之间激烈争辩。这也需要法院通过实体审理并作出最终判断。(2)在原告提交诉状时，作为判断行政争议存在的标准是行政侵权的可能性，只要侵权可能性存在，司法就应当为相对人提供救济的途径。

德国、日本等国家将衡量行政争议是否存在的标准指向行政侵权的可能性。德国法院在把握涉及第三方的原告主体资格问题时，使用“权利、属于原告的权利和权利侵害之可能性”三者合一的标准，其重点在于“权利侵害之可能性”的把握，“如果原告提出了足够确凿的事实，这些事实可以表明，被诉行政行为有可能侵犯了属于原告的某项权利，侵权可能性就是存在的。此处所必需的，只是一种足够的说服力，而不是可信度审查”。实际上所谓的足够说服力的标准仍不清晰，因此，实践中发展大量司法判例作为上述标准的注解，如卡塞尔高等行政法院判决肯定一个距维尔加核电站 4 公里处的居民的诉权；柏林高等行政法院认定只有证明超过了辐射防治法规定的剂量阀值才有诉权等。[1]《日本行政案件诉讼法》第 9 条规定：撤销之诉只能由对请求该处分或者裁决的撤销具有法律上的利益者提起。日本最高法院在新潟空港案件的判决中指出：“具有法律上的利益”是指由于该行政处分自己的权利或者法律上保护的权益受到侵害或者必然被侵害的危险者。可见，日本所谓“法律上的利益者”与德国之“侵权可能性”的标准尚有差异。英国的司法审查制度也面临类似左右为难的矛盾：司法审查应当将目光集中在政府的合法性治理，还是应当被限制在更狭小的个

[1] 参见[德]弗里德赫尔穆·胡芬：《行政诉讼法》，莫光华译，法律出版社 2003 年版，第 242 页及以下。

人权利保护范围内？[1]

可能性是一种模糊的、待定的事实状态。它若隐若现，若有若无，但必须具备一定的可信程度，而绝非空穴来风。具体到诉讼当中，原告在起诉时应当提供相应的证据材料用以释明原告主张的权利、被诉行政行为、被主张之权利的受损程度等情况。这些材料大多表现为权利凭证、书面的行政决定、证人证言等。凭这些材料结合原告在诉状中陈述的理由，立案法官如能产生薄弱的心证，相信事实大概如其所述即可。至于这些证据能否最终成为定案依据，均不影响原告进入诉讼的权利。需要特别注意的是，原告有义务说明其权益与行政行为之间的联系。如果权益与行政行为没有联系就没有摩擦，则行政争议不能成立。当原告系具体行政行为的第三人时，其界限却比较模糊。这个问题原则上可以结合具体行政行为"是否超出了一般可以容忍的程度"、原告诉讼的必要性、司法资源的合理利用等因素，由司法合理裁量。例如，规划部门批准他人在原告的房前1米处、10米处、100米处、1公里处建房，对原告侵权的可能性依次递减，其提起行政诉讼的主体资格问题应区别对待。但笔者认为，只要立案法官在原告和具体行政行为之间有无联系的问题上产生了摇摆，就说明他已经产生了薄弱的心证，相信侵权的可能性是存在的。这时，应当允许原告进入行政诉讼。

回顾本案，戴锦弟、乐素贞和刘刚与鹿城区教委之间显然存在一场行政争议。该三人在提起行政诉讼时主张自己是十一幼的举办者，并提供了向幼儿园投资的票据(虽然法院在审理后发现此十一幼非彼中房・温州少体校幼儿园)。教委向十一幼颁发的《社会力量办学许可证》没有将他们列为举办者违背了他们的意愿。戴锦弟等人通过提起行政诉讼，对鹿城区教委颁发的《社会力量办学许可证》的合法性表示质疑，完全符合起诉条件。

知识之窗

德国行政诉权相关案例

德国法院对侵权可能性的认识在不同时期有所不同，并出现了差异较大的案例。

诉权被肯定的案例包括：BverwG, DVB1. 1972,678 一个距维尔加森核电站4公里远的居民的诉权；卡塞尔高等行政法院，NJW 1990,336 原告住处距一

---

[1] I. R. C. v. National Federation for the Self Employed (above n. 1) at 644. Nottinghamshire C. C. v. Secretary of state[1986]1 All E. R. 199 at 204.

个基因技术生产设施 8.9 公里远；曼海姆高级行政法院，NVwZ 1989,376 一个计划中的货运车站引发的诉权；吕内堡高级行政法院，DVB1. 1984,890 在港口从业的雇员诉一个液态气体装卸场。

诉权被否定的案例包括：BverwGE 61,256,261 只有证明超过了辐射防治法第 45 条规定的剂量阀值，才有诉权；BverwG,NJW 1983,1507 只有偶尔在危险区域逗留过；维斯巴登行政法院，NJW 1997,3042 在法院被动吸烟；BverwG, NVwZ 1989,1170 在提示了切尔诺贝利核灾难以及核能设施残余风险的前提下，没有诉权；柏林高等行政法院，NVwZ 1995,1023 允许销售经过基因改造的甜菜；吕内堡高级行政法院，NVwZ 1995,917 移动电话天线的“电子烟雾”。[1]

四、纯粹的合法性审查能否解决行政争议——司法审查和解决争议应双线互动

以上，我们通过利害关系的概念分析，逐步将视角扩展至主观诉讼的模式选择、对原告诉权的适当限定及保护、行政争议和原告实质性权益的关联性等方面。孔繁华教授通过梳理大陆法系主要国家行政诉讼的发展历程后认为，“无论是从诉讼的起源和发展历史来看，还是从近代权力分立学说的理论与实践来看，司法或者诉讼的基本含义和功能就是解决纠纷或者说解决社会冲突。行政诉讼首先是一种解决行政争议的诉讼程序制度。通过行政诉讼或司法审查，使处于争议状态的法律关系趋于稳定，在法律上达到定分止争的作用。在现代福利国家，行政诉讼所具有的维护统治的政治任务已不存在，转而主要作为救济权利的制度发挥作用，但其监督行政的性质始终存在”。[2]

一旦讨论视野涉猎行政争议的问题，并以有行政争议存在作为利害关系的判断标准，以下问题是必须认真思考和正面回答的：单凭对行政行为的合法性审查能解决行政争议吗？

修正前的《行政诉讼法》着重突出行政诉讼的监督职能，规定了维持、撤销、责令履行法定职责、变更行政处罚四种判决方式。其中，维持判决适用于被诉具体行政行为经审查被确认为合法的情形，后三者则适用于具体行政行为违法或行政不作为等情形。将合法性审查作为审判的核心内容，出于一种理想化的假设，即合法的行政行为不会侵犯相对人的合法权益，违法的行政行为势必侵犯相

〔1〕 参见[德]弗里德赫尔穆·胡芬：《行政诉讼法》，莫光华译，法律出版社 2003 年版，第 242 页及以下。

〔2〕 孔繁华：《法德英美四国行政诉讼性质比较考察》，载《环球法律评论》2010 年第 2 期。

对人的合法权益。只要对行政行为的合法性作出评判,进而确认或者撤销行政行为的效力,争议自然解决。行政诉讼制度施行至今近三十年,司法审查权在不同层面被不遗余力地强调。现实中,相对弱小的司法在与强大的行政对峙角力中之艰辛未亲历者无法感受,[1]虽然其间充满了协调、博弈,但在大多数案件中,司法审查坚定地发挥着作用,司法说“不”的声音也越来越清晰有力。政府方面从较为普遍的抵触到逐渐接受司法审查就是有力的例证。

但行政诉讼历经近三十年的现实证明,人民法院在对行政行为合法性审查方面所做的努力并没有换来解决行政争议方面的满意成绩。根据最高人民法院公布的数据,2010年全国法院行政诉讼一审案件不足刑事、民商事、行政案件总量的2%,但行政申诉上访率却占了全部来京申诉上访案件的近20%。[2] 与2009年相比,行政案件收案总量(129133件)上升了7.33%,上诉率由63.14%升至70.46%,申诉率由9.4%升至9.76%,生效案件改判和发回重审率由0.38%升至0.44%。[3] 2011年全国法院以判决方式结案的仅占结案总数的27.21%,一审裁判上诉率高达69.31%,分别是刑事和民事的6倍和6.3倍。部分地区几乎所有一审案件都提起上诉,所有二审案件都提起申诉。与高上诉率、高申诉率形成鲜明对比,行政机关直接败诉率从2003年的25%下降到8.1%。2011年行政一审收案数量仅占各类一审案件总数的1.8%,但当年到最高人民法院登记申诉上访的案件数量达6785件,占全部登记案件的18.5%。根据当年统计,一审行政案件每万人仅为1.02件,远远低于民事的49.6件,一审不予受理和驳回起诉的占结案总数的7.8%,是民商事案件的7.8倍。[4] 由这一组数据可以直接得出的事实性结论是:当事人在参与行政诉讼后的心理感受是很

[1] 1993年一位基层法院行政庭副庭长到某镇政府调查一起计划生育行政诉讼案件,当地镇政府领导发现后认为法院破坏计划生育政策,召集众人将两名法官扣押在镇政府办公室一天一夜,事后还向当地市委报告,要求对法官作出纪律处分。笔者亲历一位部门领导拍桌子称:“法院连这种案子都收,还要不要党的领导。”在一个海关处罚的案件中,当事人开完庭后即被海关执法人员强行带走。回顾行政诉讼初期的发展历程,从事过行政审判的法官对这种以弱对强的角力对峙总会唏嘘不已。

[2] 参见最高法院副院长江必新:《在江苏省推进行政机关负责人行政诉讼出庭应诉工作现场会上的讲话》,载最高法院行政庭编:《行政执法与行政审判》(总第47集),中国法制出版社2011年版,第4页。

[3] 江必新:《在审判理论研究会行政审判理论专业委员会2010年年会暨“社会管理创新与行政审判”主题论坛上的讲话》,载最高法院行政庭编:《行政执法与行政审判》(总第45集),中国法制出版社2011年版,第3页。

[4] 最高法院常务副院长沈德咏:《在全国法院行政审判工作视频会议上的讲话》,载最高法院行政庭编:《行政执法与行政审判》(总第45集),中国法制出版社2011年版,第7页。

不满意。[1] 当事人满意度低的原因则可以进一步归结为行政争议得不到解决。有学者疾呼:“实践证明,行政诉讼是艰难的,法院要让力量悬殊的诉讼当事人平等地接受司法裁判,就必须抵御来自被告政府的各种干预和压力。法院难以抵挡之际,就是裁判不公之时。没有根本性的制度改革和突破,行政诉讼很可能就沦落为少数执着者屡战屡败的历史记录,而不是更多民众维护正当权利的最终渠道。”[2]针对上述司法体制的弊病,2014 年修改的《行政诉讼法》已经改进了案件管辖制度(提高审级和跨区域管辖)[3]、案件受理制度(登记立案、受诉法院不接收诉状的处理)[4]等。司法体制改革也正在切实推进,相信不久,司法在行政诉讼中抗干预能力将不断增强。但笔者预测,现行行政诉讼片面强调合法性审查的结构性缺失所导致的不能有效解决行政争议的问题会在今后的司法中越来越凸显。

如上所述,行政争议的焦点是行政侵权是否存在以及行政法律关系是否具有瑕疵。此焦点系由一系列事实组成,合法性审查只解决其中行政行为成立前的部分内容,但是无论行政行为合法还是违法,其在作出后构建的法律关系却持

[1] 需要说明的是,第一,上诉率和申诉率的司法统计数据是法院考察当事人服判息诉的主要指标。理论上讲,法院裁判的准确度高,当事人上诉申诉的比例就会下降。但实践中,诉讼成本、当事人身份等也会对上述指标产生影响,如民事诉讼相当一部分案件按标的金额收取诉讼费,而行政案件无论多大一律收取 50 元;行政诉讼中原被告之间所谓“官民”的特殊身份关系客观上会调动原告较为激烈的对抗心态,而民事纠纷涉及的相当一部分法律观念(如欠债还钱)已深入人心,服判的可能性较大。从经验上分析,行政诉讼的上诉率和申诉率原本会比民事、刑事诉讼高一些。但我国现阶段这两项指标差异如此之大,确实反映了当事人对行政诉讼的满意度很差。第二,行政诉讼案件数和每万人案件数是一个反向性指标,理论上讲,社会公众潜在的使用审判资源是基于“对审判的信赖”(参见[日]棚濑孝雄:《纠纷的解决与审判制度》,王亚新译,中国政法大学出版社 2004 年版,第 232 页)。当他们通过一定媒介接收到当事人参加诉讼后的不满感受,进而产生对“审判的不信赖”,运用诉讼的积极性就会降低,体现为案件数量少。但在行政诉讼实践中,又存在另一种抱团诉讼和滥用诉权的情况,尤其是在近年征地、政府信息公开案件中较为突出,在一定程度上也会影响数据的可靠性。第三,在行政诉讼中不予受理和驳回起诉的案件比例较高。一方面存在法院迫于干预将部分案件拒之门外的情况,另一方面的原因是行政诉讼的诉权问题因理论和制度上的不成熟而显得非常复杂。总之,以上述数据作为参考,可以得出的较为客观的结论性表述就是参与行政诉讼的社会民众满意度很低。

[2] 马怀德主编:《司法改革与行政诉讼制度的完善——〈行政诉讼法〉修改建议稿及理由说明书》,中国政法大学出版社 2004 年版,第 1 页。

[3] 2014 年修改的《行政诉讼法》第 15 条规定提高一审案件级别管辖;第 18 条规定高级法院可以确定一审行政案件跨区域管辖。

[4] 第 51 条规定:“人民法院在接到起诉状时对符合本法规定的起诉条件的,应当登记立案。……对于不接收起诉状、接收起诉状后不出具书面凭证,以及不一次性告知当事人需要补正的起诉状内容的,当事人可以向上级人民法院投诉,上级人民法院应当责令改正,并对直接负责的主管人员和其他直接责任人员依法给予处分。”第 52 条规定:“人民法院既不立案,又不作出不予立案裁定的,当事人可以向上一级人民法院起诉。上一级人民法院认为符合起诉条件的,应当立案、审理,也可以指定其他下级人民法院立案、审理。”

续存在，大部分延展到行政诉讼过程中。所谓侵害原告的合法权益，其实并不仅仅指存在某个行政行为，而是指这个行政行为所产生的持续的法律效力、构建的法律关系给原告的权益所带来的剥夺或者限制。在这样的视野下看诉讼，行政行为是因，行政法律关系是果，行政行为的合法性是一个点，而基于行政行为所构建的行政法律关系才是一个网。我们真正要关注并且解决的是，这张网该不该破除或者摒弃。在此视野下，违法的行政行为如果侵害了当事人的合法权益，当然应被撤销、确认违法等；合法行政行为依法处置社会事务，没有侵害当事人合法权益，应当维护，但行政行为即便合法，如果其构建的法律关系基于当事人欺诈、情势变更等情况而不应当继续维系，为何不能撤销呢？违法的行政行为如果并没有对当事人的合法权益造成实质性影响，又何必非打破已经构建的法律关系不可？

以本案为例，假设戴锦弟等三人获得诉权后，人民法院围绕鹿城区教委颁发的《社会力量办学许可证》的合法性进行审查。该行政许可行为存在两处违法：一是被许可对象不明；二是鹿城区教委自己参与创办十一幼的行为本身违反了《社会力量办学条例》有关行政机关不得作为社会力量办学主体的规定。审判的结果应该是撤销该《社会力量办学许可证》。表面上看，戴锦弟等三人胜诉了，但他们与十一幼之间的纠葛了结了吗？显然没有。戴锦弟等人将成为举办者的愿望寄托于教委颁发一个记载他们名字的办学许可证上，是不可能实现的。而只要鹿城区教委不将他们列为举办者，争议将继续存在。戴锦弟等人可能还要花费大量的精力将这场徒劳无益的诉讼进行下去。法官是司法制度的具体实践者。他们在审判中发现了问题的存在，但桎梏于制度而不能擅自转变《行政诉讼法》明确规定的审理内容。在现行诉讼制度下，他们只得用驳回起诉来解决矛盾。从这个意义上讲，“实际影响”论的出现倒在情理之中。

反过来看，如果按照笔者的上述思路和制度设想，行政诉讼把客观存在的行政争议（以及可能存在行政侵权的案件）接纳到实体审理程序中，将案件审理的焦点（或者说视野）拓展到整个法律关系中，则本案办学许可证的合法性应当接受司法审查，但行政许可的违法性判断并不意味着其被撤销，还要对该违法行政行为所建构的行政法律关系是否与原告主张的权利损害之间存在因果关系等内容通过证明制度、庭审、判决进行审理判断。一旦当事人之间的争议通过正当的法律程序，在一个正式的判决中予以裁断，这个诉讼程序本身才是圆满的。

还需要讨论的最后一个问题是，既然行政诉讼既要对行政行为进行合法性审查，又要用现时视角解决行政争议，那么司法审查和解决行政争议当以谁为主以谁为次？对此，笔者始终认为当前形势下，行政诉讼的理想目标设定应当是“司法审查和解决行政争议双线互动，解决争议为核心”。第一，从当事人提起诉讼的基本心理分析，原告就是带着诉求要求通过司法解决，寻求救济。被告和第三人也同样希求通过诉讼将争议的是非曲直厘清。因此，解决争议是当事人参加诉讼的直接目的。第二，从司法的本质属性而言，其以被动、中立、理性为架构，首要的职能定位是解决纷争。第三，随着法治的逐渐深入，从整体层面来看，司法和行政的对峙意味着无须过分强调，而行政争议涉及的法律关系却日益复杂多样。“随着社会的发展和政治体制的稳定，权力与权力之间的矛盾已不是主要的矛盾，而行政机关与公民之间的矛盾日益突出，行政诉讼与司法审查为适应这种变化更加注重对个人权益的保护，救济权利的性质越来越突出。”〔1〕

笔者绝非意欲弱化司法审查的目标功能，司法审查能够发现行政主体在行政活动中的问题（职权依据、适用法律等），对行政权施行有效控制也是行政诉讼区别于民事诉讼的关键所在。在一部分案件中，司法审查可以同时输出适法性判断和解决行政争议的结果。但以当前行政争议日益复杂化之形势，仅凭司法审查的架构，司法审查断不能作为解决行政争议的单一手法。从司法介入的时点上看，行政活动已成历史，而因行政活动而产生的行政法律关系则现时存在。即便是最简单的行政处罚案件，涉及的行政争议也包括行政处罚的合法性、原告主张的权益是否受到侵犯、是否涉及公共利益或者第三人利益等问题。更何况，大量的房地产登记案件涉及行政和民事交叉问题，行政合同的案件更多涉及缔约过失、违约、情事变更等问题。这些争议都是司法审查所不能关照的。

司法审查是解决行政争议的前提，但行政诉讼最终应以解决行政争议作为最终归结。“从事物的性质来说，要防止滥用权力，就必须以权力约束权力”，行政诉讼通过司法权对行政权进行制约、控制，其宪政意义无疑是重大的。司法权作为审判权介入行政权的优势在于其超然中立、理性沉稳的秉性，而这一秉性又局限了其对行政权制约的广度（受案范围）、深度（审查内容）和形式（审判以及其他）。如日本学者山本隆司所言，“法院行使纯粹的客观性——换言之，与特定利益或者权益的保护无关的——行政监督职能，从行政与司法的职能分立观点来看，应该是有局限的”。〔2〕 即便司法体制不存在为人诟病的诸多弊端，也不能期望法院通过行政诉讼成为防止行政权滥用、维护客观行政秩序的中流砥柱。行政诉讼本应回归到在个案中解决行政争议的主业，回归到对个案的事实查明和法律适用，回归到对当事人实际权益的关照和诉求的关怀。换言之，行政诉讼在整体层面上本应呈现现实的主观倾向。在此基础上，还可建构独立的客观诉讼类型，通过发送司法建议等能动手法来加强制约行政权的功能。

〔1〕 孔繁华：《法德英美四国行政诉讼性质比较考察》，载《环球法律评论》2010 年第 2 期。

〔2〕 王天华：《行政诉讼的构造：日本行政诉讼法研究》，法律出版社 2010 年版，第 271 页。

为形成上述司法审查和解决争议双线互动的行政诉讼模式，就须建构与之相适应的制度。在此制度架构下，行政行为侵权的可能性和行政行为的合法性在诉讼刚开始时呈混沌争执状态，此时首先表露的是原告在诉状中的事实陈述和权利主张。原告应当提交证据初步证明行政行为，以及其主张与该行政行为纠葛的明确权益。法院据此审查相关行政争议是否客观存在、是否属于行政诉讼受案范围以及原告是否具备诉的利益。根据行政行为的性质及诉讼请求，原告应选择适当的诉讼类型，以利于针对特定的行政争议采取特定的审理模式解决。法官对相关事实和被诉行政行为进行审查，目光在已成过去的行政行为和现时的权利义务之间往返，行政行为的合法性、行政法律关系和相应责任承担等问题在审理中呈现。司法根据上述审理活动进行综合裁量，确定调解和裁判，最终诉讼归结到行政争议的有效解决。以上是笔者主张的与双线互动结构相适应的大致制度描述，其支点在受案范围和诉的利益、诉讼类型化、证据制度、利益裁量、调解、裁判等方面。限于篇幅，相关问题不再展开。

本案的结果

二审法院裁定指令一审法院继续审理本案后，一审法院召集各方当事人进行协调。经友好协商，戴锦弟等三人和浙江菱光集团取回150万元资金，十一幼解散，该处配套设施交还政府举办公立幼儿园。一场纠纷从此平息。

案例 10　陈清原诉永嘉县房管局房产登记案

章禾舟

案　情

陈清原和钟慧夫妇于 1992 年购买了永嘉县县城双塔路 7 幢 705 室商品房，经房产登记领取房产权证。但夫妇俩一直未在该房居住。2003 年 2 月 28 日，钟慧私自制作一份“分书”，以夫妻双方的名义将上述房屋赠与女儿陈丽丽，钟慧在“分书”上代签了陈清原的名字。同年 3 月 3 日，陈丽丽凭房产权证、“分书”、陈清原与钟慧的夫妻关系证明等材料向永嘉县房产管理局申请房产转移登记。永嘉县房管局办理了登记手续，并向陈丽丽颁发第 00523 号房产权证。

同年 7 月 20 日，陈丽丽通过信和房屋介绍所的介绍，以 31 万元的价格将双塔路 7 幢 705 室房屋出售给张军。张军于 7 月 23 日向永嘉县房产管理局申请房产转移登记，并提交了房屋买卖合同、第 00523 号房产权证、陈丽丽和张军的身份证复印件等材料。该局给予办理登记，向张军颁发了第 00665 号房产权证。同年 9 月，张军以该房屋为抵押向永嘉县建设银行借款 21 万元，并办理了房产抵押登记手续。

陈清原与钟慧的夫妻关系恶化。2004 年 8 月，陈清原向永嘉县法院提起民事诉讼，请求判决与钟慧离婚并分割夫妻共有财产，其中包括双塔路 7 幢 705 室房屋。钟慧向法院出示了第 00523 号房产权证，主张上述房屋已由夫妻双方赠与陈丽丽。陈清原随即委托律师到永嘉县房管局进行了档案调查。

2004 年 9 月，陈清原以永嘉县房管局为被告同时提起两个行政诉讼。第一个行政诉讼针对该局颁发给陈丽丽的第 00523 号房产权证。

陈清原诉称：双塔路 7 幢 705 室房屋系其与钟慧的夫妻共有财产。2003 年 2 月，钟慧在其毫不知情的情况下伪造“分书”，将该房屋赠与陈丽丽。永嘉县房管局未进行仔细审查，即办理了房产转移登记手续，确认上述房屋归陈丽丽所有。该房产登记行为侵犯了原告对房屋的所有权。请求撤销永嘉县房管局颁发给陈丽丽的第 00523 号房产权证。

永嘉县房管局辩称：房管部门在房产登记中只负责对申请人提交的材料进行形式审查。陈丽丽提交的材料已经符合建设部《城市房屋权属登记管理办法》(2008 年已废止)及《浙江省城市房屋产权产籍管理条例》相关规定的要求。该局给予办理房产转移登记手续，并无不当。

钟慧和陈丽丽除同意房管局的答辩意见外，还述称：钟慧虽然在“分书”上代签了陈清原的名字，但事先已经口头征得陈清原同意。陈清原主张钟慧伪造“分书”，与事实不符。

永嘉县法院经审理后认为：根据《浙江省城市房屋产权产籍登记管理条例》第 8 条第 3 项的规定，申请房屋产权登记，权利人应提交房屋产权的合法来源证明。陈丽丽提交的“分书”并没有得到陈清原的确认。永嘉县房管局未经仔细审查，即以此为权源证明给予核准房产转移登记并向陈丽丽颁发第 00523 号房产权证，属认定事实不清。但由于该房产登记行为已不具有可撤销内容，故依照最高人民法院《关于执行〈中华人民共和国行政诉讼法〉若干问题的解释》(2000 年)第 57 条第 2 款第 2 项的规定，判决确认永嘉县房管局颁发给陈丽丽的第 00523 号房产权证违法。

判决后，各方当事人均没有提起上诉。

陈清原提起的第二个行政诉讼针对永嘉县房管局颁发给张军的第 00665 号房产权证。

陈清原诉称：钟慧与陈丽丽采取伪造虚假证明文件的手段骗取第 00523 号房产权证。此后，陈丽丽又与张军恶意串通，以低于市场的价格将房屋再次转手。永嘉县房管局未认真审查，凭无效的第 00523 号房产权证办理了房产转移登记手续，确认双塔路 7 幢 705 室房屋归张军所有，显然也是违法的。请求撤销该局颁发给张军的第 00665 号房产权证。

永嘉县房管局仍以房管部门在房产登记过程中只负责对证明材料的形式审查作为其答辩理由。

张军辩称：其通过正常的市场途径，在买受房屋前认真核对了陈丽丽持有的房屋所有权证，并确信陈丽丽系双塔路 7 幢 705 室房屋的合法所有权人后，才与她签订房屋买卖合同，并依合同支付了价款。因此，他取得讼争房屋的所有权不存在任何过错，也完全符合法律的规定。请求维持第 00665 号房产权证。

永嘉县法院经审理后认为：根据建设部《城市房屋权属登记管理办法》第 5 条规定，房屋权属证书是权利人依法拥有房屋所有权并对房屋行使占有、使用、收益和处分权利的唯一合法凭证。在张军和陈丽丽就双塔路 7 幢 705 室房屋发生交易及张军向永嘉县房管局申请办理房产转移登记时，陈丽丽持有的第 00523 号房产权证在形式上符合规定，可以作为房屋所有权凭证。永嘉县房管局根据该证结合张军和陈丽丽签订的房屋买卖合同等证明材料，给予办理房产转移登记手续并无不当。据此判决维持永嘉县房管局颁发给张军的第 00665 号房产权证。

陈清原提起上诉。二审法院经审理后驳回上诉，维持原判。

法律疑点

- 我国房产登记制度特点分析。
- 司法不提供救济有法律依据吗？
- 对房产登记行为的司法审查对象是什么？

法理研习

一、我国房产登记制度特点分析

近年来，出现了大量原告诉房产管理部门房产登记行为的行政诉讼案件，这些案件大部分派生于与房屋所有权纠纷有关的民事诉讼案件。当事人在民事诉讼中意识到产权证对他们造成不利影响后，自愿或在法院的引导下转而提起行政诉讼。出于拓宽行政诉讼案源考虑，法院大多开门受理。时至今日，受理房产登记行政诉讼案件已经成为司法惯例。事实上，在上述两个案例中，各方当事人在原告的诉权问题上并无争议。但争议却客观存在于理论和实务方面。

一些学者曾提出房产登记行为是否可诉的疑问，何兵先生认为："登记具有以下几项法律特征：(1)登记机关仅对当事人间的交易行为进行形式审查；(2)登记机关对于形式上合法的交易行为必须予以登记，不得将自己的意志加于当事人之间；(3)对涉及有争议的产权交易，登记机关无权作出裁决，应停止登记，待有权机关裁判后再行登记；(4)登记机关的登记行为并非行政授意行为；(5)产权登记是对私人之间的交易予以认可的行为。"他进一步分析："登记行为虽是一种行政机关的行为，但与我们通常所说的具体行政行为有质的不同，不应等同视之。"并且，"司法审查行政行为的主要目的在于防止行政机关滥用职权，而滥用职权的前提是行为者有选择的自由，无选择的自由即无滥用的可能"。言下之意，对无滥用职权可能的行为，司法没有审查的必要。最后，他引入日本、法国和我国台湾地区对不动产登记的相关规定，认为：因登记机关拒绝登记或错误登记而在当事人与登记机关之间产生的纠纷，可以赋予当事人行政救济手段。当事人之间或第三人对被登记的民事法律关系产生争议,应由当事人直接就民事纠纷进行诉讼。[1] 但上述理论方面的探疑并未引发争论和思考。[2]

另外的疑问来自司法机关本身。在历经数年的审判实践后,法官开始反思这样的问题:房产登记行政诉讼无疑大大增加了当事人的诉讼成本,占用了法院的审判资源,拉长了诉讼的时间,却似乎无法达到预期的定分止争目的——行政诉讼本身不能直接解决相关民事纠纷,反而,行政判决与相关的民事判决相互抵触的案例屡见不鲜。一些法官据此提出这样的疑问:房产纠纷通过民事诉讼途径解决原本是顺畅的,行政诉讼的介入反而成为民事审判的绊脚石。这样的诉讼有价值吗?

综合来看,对房产登记行为进行司法审查的疑问主要是围绕司法介入的必要性提出的。笔者通过对此类行为的特点、行政属性以及行政诉讼法及司法解释的相关规定这几方面,来解析其可诉性。

房产登记与民法中的物权概念有直接而密切的联系。物权概念可溯源至罗马法。通说认为,物权是指民事主体依法直接支配物而享受其利益的权利。它具有以下特性:(1)物权是一种"对世权"。即物权的权利主体总是特定的人,而义务主体则是不特定的人。任何人都负有不得侵犯他人物权的义务。(2)物权的客体是特定的独立之物。(3)物权的内容是对物的直接管领和支配。物权人实现其权利,不需要他人积极地为相应的协助行为。(4)物权具有独占性和排他性。即同一物上不能有内容互不相容的两个物权,同时,物权人行使物权排除他人的干涉。(5)物权具有追及效力和优先效力。[3] 基于物权的上述特性,物权的取得与变动只有经过一定的公示,使他人知晓,才能有效地避免其在今后受到侵害。

对于动产物权的存在和变动,现代国家原则上以占有和交付作为公示方法。这种方法简便有效,但容易遭到破坏,引发纷争。由于不动产通常涉及民事主体的重大利益,国家依法定程序将不动产物权的取得、丧失与变更情况记载于由专职机关掌管的、向公众公开的专门簿册上,以达到公示的目的。此所谓不动产登记。在我国,不动产登记包括房屋所有权登记、他项权利登记、集体土地所有权

〔1〕 何兵:《高永善诉焦作市影视器材公司房产纠纷案评析——从程序法角度》,载《行政法论丛》(第2卷),法律出版社1999年版。

〔2〕 需要说明,何兵先生的研究涵盖所有行政登记行为(包括婚姻、抵押、工商登记等)。而笔者仅着眼于房产登记问题,其他登记行为的相关法律问题不属于本文论及的范围。笔者有关房产登记的观点也不适用于其他登记行为。

〔3〕 郑立、王作堂主编:《民法学》(第二版),北京大学出版社1995年版,第154~155页。

登记、山林所有权登记、(国有、集体)土地使用权登记等。其中以房屋所有权登记最为常见。

在不动产登记的具体立法体例方面,世界各国的做法并不相同,大致可分为以下几种情况:

1. 契据登记制度

契据登记制度首创于法国,所以又称"法国式登记制"。它是指不动产物权的得丧变更,经当事人订立契据,即已生效。但非经登记,不得对抗第三人。登记机关在登记时,依照契约所载的内容,予以登记。这种登记制度的主要特点如下:(1)形式审查主义。登记官吏对于登记的申请,只进行形式上的审查,如申请登记的手续完备,即依照契据内容记载于登记簿。至于契据上所载权利有无瑕疵,则不予过问。(2)登记无公信力。即已登记的权利事项,公众不可信赖其为真实的权利状况。交易完成后,就第三受让人而言,对于早已登记的权利事项,如有人出面主张权利,应依实体法确定权利的归属。(3)登记与否由当事人斟酌决定,法律并无强制规定。

2. 权利登记制度

权利登记制度,又称德国式登记制。它是指不动产物权的得丧变更,仅有当事人意思表示一致尚不生效力,必须经过登记机关实质审查确定,并践行法定登记的形式始发生效力。其特点主要有:(1)登记要件主义。不动产物权的得丧变更,以登记为发生效力的必要条件。(2)实质审查主义。登记官吏对于登记的申请,有实质审查权,不仅审查申请必须具备的形式要件,对不动产权利变动的原因与事实是否相符,缴付文件瑕疵,均须详加审核,证明无误后方予登记。(3)登记具有公信力。公众可以信赖已经登记的权利,登记簿所记载的权利事项,对于善意第三人而言,在法律上有绝对效力。(4)登记采强制主义。

3. 托仑斯登记制度

托仑斯登记制的基本精神与权利登记制相同,但在细微处又有区别。主要特点如下:(1)任意登记。(2)实质审查主义。(3)登记具有公信力。(4)交付权利状书,为登记人应该享有的权利确定凭证。当第一次登记时,登记机关依权利状态制成权利状书一式二份,一份交存登记机关,以编成登记簿之用。登记人持存的权利状书实为登记簿的副本,其内容与登记簿完全一致。[1]

我国从 20 世纪 80 年代开始出台了一系列涉及房产登记的法律、地方性法规和规章,依颁布时间为序有:国务院《城市私有房屋管理条例》(1983 年,已废止)、《中华人民共和国城市房地产管理法》(1995 年)、《浙江省城市房屋产权产

---

[1] 参见温世扬、廖焕国:《物权法通论》,人民法院出版社 2005 年版,第 146 ~ 150 页。

籍管理条例》(1996 年)、建设部《城市房屋权属登记管理办法》(1997 年,已废止)。2007 年施行的《中华人民共和国物权法》(以下简称《物权法》)第二章第一节用 14 条规定了不动产登记的内容,国务院于 2015 年 3 月 1 日颁布《不动产登记暂行条例》,国土资源部于 2016 年 1 月 1 日颁布的《不动产登记暂行条例实施细则》,对不动产登记内容作了更为细致的规定。通过对上述法律、法规和规章的考察,可以发现我国的房产登记制度不同于上述立法例中的任何一种,而有自身的特点:

第一,登记是房产权属变更的生效要件。我国民法理论历来将物权行为的成立要件和生效要件分离。其中动产的交付和不动产的登记属于物权行为的生效要件。《民法通则》第 72 条规定,按照合同或者其他合法方式取得财产的,财产所有权从财产交付时起转移,法律另有规定或者当事人另有约定的除外。《城市房地产管理法》第 60 条则规定了登记是房地产取得、转让的要件。《物权法》第 14 条规定,不动产物权的设立、变更、转让和消灭,依照法律规定应当登记的,自记载于不动产登记簿时发生效力。第 15 条规定,当事人之间订立有关设立、变更、转让和消灭不动产物权的合同,除法律另有规定或者合同另有约定外,自合同成立时生效;未办理物权登记的,不影响合同效力。

第二,权属审核采实质审查主义。《城市私有房屋管理条例》第 6 条规定:城市私有房屋的所有人,须到房屋所在地房管机关办理所有权登记手续,经审查核实后,领取房屋所有权证。《城市房屋权属登记管理办法》则要求登记人在申请新建房屋登记时提供土地使用权证和所有批准文件,在权属移转房屋登记时提交原房屋权属证书以及相关的合同、证明等。《城市房屋权属登记管理办法》第 27 条规定:登记机关应当对权利人(申请人)的申请进行审查。凡权属清楚、产权来源资料齐全的……核准登记。《物权法》也沿袭了上述规定。[1] 根据上述规定,房管部门通过对"权属是否清楚"进行实质性审查后,才决定是否给予登记。另外,审核原则是和登记是否作为房产权属变更生效要件紧密相关的。如前所述,我国的房产登记是房产权属变更的生效要件,房管部门为慎重考虑,也应进行实质审查。

有人认为,由于法律规范没有为房产登记配置相应的调查职权,使房管部门

---

〔1〕 该法第 12 条规定:"登记机构应当履行下列职责:(一)查验申请人提供的权属证明和其他必要材料;(二)就有关登记事项询问申请人;(三)如实、及时登记有关事项;(四)法律、行政法规规定的其他职责。申请登记的不动产的有关情况需要进一步证明的,登记机构可以要求申请人补充材料,必要时可以实地查看。"

客观上无法进行实质性审查,而流于形式。[1] 凭此这一点,并不能说明房产登记属于形式审查。事实上,国家机关认定事实的手段和方法并不只主动调查一项。如法官在诉讼中采取的方式就是坐堂问案,但他同样能够查明事实,而绝非流于形式。房管部门不需要主动调查仍可完成实质性审查的职责。因为,登记人在房产登记时负有证明"权属清楚"的责任。房管部门在审核提交的材料时,只要发现申请登记的房产权源不清或者存在纠纷,即可暂缓登记或不予登记,待相对人补充证据或相关纠纷通过法定程序(如民事诉讼)解决后再行登记。

第三,房产登记带有强制性。建设部《城市房屋权属登记管理办法》第4条规定,国家实行房产登记发证制度;申请人应当按照国家规定到房屋所在地的人民政府房地产行政主管部门申请房屋权属登记,领取房屋权属证书。《城市房地产管理法》(1995年)第60条第2款也同样采取了"应当"的表述,说明申请房屋权属登记不仅是房屋所有权人的权利,同时也是他们的义务。《物权法》第9条更是规定,不动产物权的设立、变更、转让和消灭,经依法登记,发生效力;未经登记,不发生效力,但法律另有规定的除外。

第四,房产登记产生公信及其他效力。首先,房屋权属证书是权利人依法拥有房屋所有权并对房屋行使占有、使用、收益和处分权利的唯一合法凭证。在房产登记行为未被撤销之前,其他民事主体可凭借登记簿和房产权证的记载推定所有权人,并放心地与之交易。虽然我国曾一度将善意取得的标的物仅限于动产,但随着物权法研究的深入和房产交易市场的活跃,不动产方面的善意取得问题也得到了理论和实践方面的一致认可。其次,权能恢复效力。《房地产管理法》(1995年)第37条第6项规定,未依法登记领取权属证书的房地产不得转让。依此规定,房屋所有权人在没有经过初始登记之前,其对房屋的权能是受法律限制的。通过初始登记,所有权人才可以自由地占有、使用、处分房产。再次,确认效力。当房产发生交易,房管部门的登记行为是交易标的权属发生转移的必要条件。给予登记,产权发生转移;不准登记,产权的转移则无法完成。因此,房产登记的确认效力实实在在影响当事人的权利义务关系。最后,证明效力。当房产发生纠纷时,房产权证是证明房屋所有权归属的有力证据。在民事诉讼中,一方当事人能够出示房产权证意味着其拥有该房产已经得到国家的认可,这足以造成法官在心证上的倾斜。何况,在司法实践中,国家机关、社会团体依职权制作的公文书证的证明力一般大于其他书证。房产权证在诉讼中无疑具有相当大的证明优势。

---

〔1〕 参见王燕:《从一件权属登记行政案件看物权公示原则与公信原则的运用》,载最高人民法院行政审判庭编:《行政执法与行政审判》(总第7集),法律出版社2003年版,第159页。

通过上面的分析，房产登记不仅在民事法律关系中具有重要意义。这种行为在行政法意义上又应界定为行政行为。我国相关法律规范以行政职权的方式将房产登记交由县级以上地方人民政府房产管理部门行使。房管部门通过行使行政职权，对外实施能产生实际影响的房产登记，无疑符合行政行为的所有要件。

二、有关房产行政登记案件的诉权问题

笔者认为何兵先生关于司法无须为针对房产登记行政案件提供救济的认识是值得商榷的。

其一，房产登记虽然与传统意义上的行政行为有一定的区别，但二者在有行政权力存在这点上却无本质差异。行政权力不仅存在于房产登记行为，而且是独立的。房屋所有权关系属于平等主体之间的民事法律关系，房管部门不能通过房产登记行为赋予特定的民事主体房屋所有权。但这并不说明房产登记中的行政权力完全依附于民事权益。相反，房产登记虽然没有直接创设新的权利义务关系，但它的确认效力、权能恢复效力对特定民事主体就房产权的取得、变更、灭失等起到了关键性的作用。同时，房产登记具有国家担保的作用，经过登记的所有权人在一般情况下被推定是真实的。此种担保本身就具有独立的意义。一旦房产登记申请人以违法的手段获得房管部门的确认和担保，并因此侵犯了他人的权利，房管部门当然难逃其责（承担相应的行政赔偿责任）。在一个案件中，陈某利用一本房产权证伪造了六本假证，并持假证到同一房管部门先后办理了六次房产抵押登记，均获得核准。陈某凭此在五家银行骗取贷款上千万元。虽然陈某最后被判处刑罚，但其诈骗所得却早被挥霍、转移。对此，房管部门能说丝毫不承担行政责任吗？

其二，房产登记不是所谓的羁束性行政行为。如果房管部门及其工作人员仅仅简单而机械地做着“既来之则登之”的工作，像法国式不动产登记只不过是简单的事实记载，也不作为物权转移的生效要件。将这样的行为纳入司法审查实在没有必要。但我国的实际情况并非如此，房管部门及其工作人员掌握着相当大的自由裁量权。自由裁量权不仅存在于行政决定，还存在于行政程序和对不确定法律概念的解释等方面。如前所述，我国的房产登记采实质审查主义，审查的标准是“房屋权属清楚”“无产权纠纷”。而对于何为“房屋权属清楚”，相关的法律规范并无更为明确的解释，对此，全由房管部门及其执法人员自由判断。另外，国务院《不动产登记暂行条例》第 14 ~ 22 条规定了不动产登记的具体程序，其中赋予登记机关大量的程序选择裁量权。如第 19 条第 2 款规定，对可能存在权属争议，或者可能涉及他人利害关系的登记申请，不动产登记机构可

以向申请人、利害关系人或者有关单位进行调查。对启动主动调查程序的使用条件是否具备(可能存在权属争议或者涉及他人利害关系)的认定权,由登记机关裁量。既然有行政裁量权存在,则滥用权力就有可能。事实上,房管部门利用房产登记的行政权力恶意串通、徇私舞弊、玩忽职守等致使行政相对人的房屋所有权受到损失的情况并非少见。

其三,如果承认房产登记行为是能够产生实际影响的行政行为,则与该行政行为相关的争议当然属于行政争议。法院在现行行政诉讼法及司法解释的条文中,实在找不出不为与房产登记行为有法律上利害关系的人提供救济的依据。至于房产登记行为实际上是否侵犯原告的合法权益,这个问题应当通过实体审理解决。

对于来自实务的有关房产登记行政诉讼的现实必要性的疑问,笔者认为此类诉讼至少具有三方面的现实意义:(1)对自由裁量权的控制;(2)使相对人摆脱房产登记所产生的不利影响;(3)为追究房管部门因违法登记所要承担的行政责任做好铺垫(根据我国《行政诉讼法》及《国家赔偿法》的规定,相对人要么在行政行为被确认违法后才能提起行政赔偿,要么将行政赔偿请求附带在行政诉讼之中)。至于这种诉讼会否造成诉讼成本的提高,则属当事人的选择自由,不成为司法不提供救济的理由。

三、对房产登记行为的审理内容

虽然通过以上分析,将房产登记行为纳入行政诉讼受案范围在理论和制度上都不存在障碍,但实践中,当事人冲着基于房产权属以及相关行政争议的解决而向法院提起行政诉讼,行政诉讼对行政行为进行合法性审查的单一模式却在很大程度上不能满足上述诉求。一方面,就合法性审查而言,房产登记行为因历史等各方面原因在总量上存在大量的违法,笔者所在地区法院曾在 2010 ~ 2012 年对当地进行过专项房产登记司法审查统计,发现此类案件的实体败诉率(判决登记机关败诉的案件占进入实体审查的案件比例)居然高达七成以上。另一方面,法院在合法性审查之后,往往以民事纠纷方面的问题不属于行政诉讼审理范围而不予审理认定。由此,房产登记案件被戏称为“剥一层皮”的案件,即通过行政诉讼将争议房产基于登记的确定效力撤销,房屋权属进入未决状态。而由于民事权益的复杂性,尤其是房产基于历史、继承、拆迁、四至等方面的问题,原先已经稳定的所有权关系被推翻后,新的所有权关系却并非如期而至。最为典型的案件是,焦作影视器材公司诉焦作市房管局、高永善房屋登记案历时 18 年审判,一百多人次法官参与,产生三十多份裁判,居然还不能解决纠纷,已成为众多学者诟病行政诉讼的鲜活注脚。[1]

最高人民法院于2010年下发了《关于审理房屋登记案件若干问题的规定》(法释〔2010〕15号,以下简称《规定》),该司法解释对房屋登记的性质、司法审查的重点、对民事纠纷的一并解决等方面都做了拓展性的规定。根据该规定,关于司法审查涉及的以下问题可以明确:

1. 合理审慎标准

行政机关在房屋登记中的审查职责以合理审慎为标准。《规定》第12条规定:"申请人提供虚假材料办理房屋登记,给原告造成损害,房屋登记机构未尽合理审慎职责的,应当根据其过错程度及其在损害发生中所起作用承担相应的赔偿责任。"一般意义上,行政行为合法在事实方面的要求是"证据确凿",[2]亦即是要求行政机关取得的证据足以认定证明其作出行政决定所认定的事实。但这只能针对一般的依职权行政行为而言,在这类行政行为中,行政机关具有依法调取证据的职权,通过调查,行政机关形成自己独立的事实判断,如行政处罚便是如此。但房产登记行为涉及的事实部分并非依此逻辑。第一,房产登记依申请人之申请。申请人之申请自带事实判断,即该房产系申请人所有。为证明该事实,申请人根据法定要求向登记机关提交相关材料。第二,登记机关原则上不主动调查取证,而仅负责审核申请人提交的材料,如上述材料能够清楚无误证明登记房产确属申请人所有且无争议,则予以登记。反过来,如果材料只能反映房产"可能"属于申请人,或者申请人与第三方尚有争执,登记机关断无职权根据相关证据或自己调取证据,裁断该房产属于申请人方进而登记,如是,则逾越了司法权。第三,实践中存在登记申请人伪造证据骗取登记的情况。如某甲趁暂时保管某乙身份证及房产权证之机,以高端技术"克隆"产权证文本,并伪造身份证(将自己的照片移植到乙的身份证上)。真件完璧归赵后,某甲将房屋低价出卖给丙。房管局根据申请,凭上述伪造材料及买卖协议,将房屋所有权转移登记给丙。笔者曾对温州市房产登记案件进行过调研,据房产登记中心介绍,该中心在2009年共办理各类房产登记140000件,平均每个工作日约办理700件,负责收件的窗口按登记类别只有7个。也就是说,每个窗口平均每天须接收上百件登记(其中包括身份证、合同、权证等各类材料)。而出于各种目的造假欺骗

〔1〕 该案在当时引发热议,但在司法实践中此种情况实不少见。参见何兵:《高永善诉焦作市影视器材房产纠纷案评析——从程序法角度》、葛云松:《在行政诉讼与民事诉讼之间——高永善诉焦作市影视器材房产纠纷案评析》,载罗豪才主编:《行政法论丛》(第2卷),法律出版社1999年出版,第411页及以下。

〔2〕 《行政诉讼法》第69条规定:"行政行为证据确凿,适用法律、法规正确,符合法定程序的,或者原告申请被告履行法定职责或者给付义务理由不成立的,人民法院判决驳回原告的诉讼请求。"

的人几乎每天都有。接收材料的人员在高强度的工作环境下全凭现场辨认、察言观色来判断相关材料的真实性。如果因伪造技术高明,确使工作人员不能识假,而定在事后认其未尽审核职责,实有失公允。因此,《规定》第 12 条要求登记机关对登记事实应尽“合理审慎职责”。

在实践中,所谓“合理审慎职责”可进一步解读为:房屋登记机构工作人员秉承认真负责的态度,运用登记人员普遍具备的业务知识,在法定职权范围内充分利用现有技术手段,根据《物权法》第 12 条、《房屋登记办法》第 17 条至第 22 条以及该《办法》针对不同登记类型所作的具体规定,对房屋权属问题进行审核,决定是否登记。一般情况下,房屋权属的事实问题主要涉及以下方面:

(1)对房屋登记申请人的审查标准。在此方面,一是要求申请人必须到场签字,房屋登记机构工作人员应当当面确认办理登记系申请人的真实意思表示。二是在相关复议、诉讼中,登记材料上的签字经审查确系申请人所为的,则认定其已到场。即便当事人有证据证明没有亲自到场,只要登记材料上的签字真实,原则上认定系其本人申请登记。三是在相关复议、诉讼中,房屋登记材料上的签字经证实并非申请人所为,原则上认定当事人没有亲自到场办理登记申请。但房屋登记机构如有证据证明当事人冒充申请人到场骗取登记,且足以乱真的,可以认定已尽合理审慎的审查职责。

(2)对房屋登记材料的审查标准。一是登记机构应当要求申请人提供材料原件。申请人应在提交的材料上签字或盖章。因客观原因确实不能提供原件的,复印件应经原件保存单位确认与原件一致。二是登记机构工作人员应当运用本职业务知识和现有技术手段,仔细核查材料的真实性。如在事后的复议、诉讼中发现相关材料存在明显的伪造痕迹,则认定登记机构未尽合理审慎审查职责。三是申请人委托他人办理登记的,房屋登记机构应当要求相关人员亲自到场签署委托文件,或由相关人员出具经公证的委托书。四是有关部门就申请登记房屋相关事项作出的先前行政许可、审批行为,以及公证机关出具的公证文书,可以作为办理房屋登记的依据。但上述行政许可、审批行为和公证文书如存在重大违法或明显与事实不符等情形,房屋登记机构不能作为登记的依据。五是根据《房屋登记办法》第 30 条规定,申请房屋初始登记,应当提交建设用地使用权证明。建设用地使用权证明一般指土地使用权证书。

(3)对房屋共有情况的审查标准。房屋登记机构应当对申请登记房屋的共有情况尽充分注意义务。如申请登记材料不能反映共有情况,房屋登记机构应向初始登记的申请人和转移登记的受让人询问房屋是否为共有,并说明隐瞒事实的法律责任。上述询问经过和当事人的陈述应制作成书面记录,经当事人签字确认,归档保留。房屋出让方在《房屋登记办法》施行后办理登记的,其出让房屋时的共有情况以登记簿记载为准。出让方在《房屋登记办法》施行前办理登记的，房屋登记机构在办理转移登记时应对其共有情况进行审慎审查。

回归到本案，乍一看，本文所提的两个案例是自相矛盾的。似乎法院在前一个案件中对房产登记的审核原则采实质审查主义，在后一个案件中又采用形式审查主义。事实上，上述两个案件均运用了上述“合理审慎审查”的标准。首先，房产登记行为具有公信效力。“物权公信原则是指尽管物权真实状态与物权公示不一致，但当事人若信赖公示之物并依此进行交易的，则可以获得同真实物权状态一致的法律效果与法律保护。从法律效果上来看，此种功能有助于保护善意第三人，因此又被称为物权公示的公信力。”[1]对于一处房产，民事主体凭房产登记即可推定产权人是谁，并放心地与之进行交易。房产登记机关同样也可据此推定房产权人而无须追根溯源。再则，现代社会房地产市场日益活跃，房产交易越来越频繁。房产的流通、移转可能不止一次、两次，甚至不下十次。在这种情况下，如因以前某次房产权的取得存在违法或瑕疵而否定后来的房产交易，显然不利于保障交易安全。

钟慧未经丈夫陈清原的同意，私自将夫妻共有的房屋赠与女儿陈丽丽。永嘉县房管局接受登记申请后，在陈清原没有到场也无法确认“分书”上“陈清原”的签名系其本人所为的情况下给予登记，并将房产移转到陈丽丽名下，实未尽到合理审慎审查的职责。故该房产登记行为应当被确认违法。但当陈丽丽被获准登记并领取房产权证后，房产登记行为发生了公信效力。张军凭借房产权证推定陈丽丽为房产权人并与之交易、永嘉县房管局根据房产权证以及张军和陈丽丽到场确认的房产交易合同等材料再次办理房产转移登记，均不存在任何过错。表面上看，陈清原只打赢了一半的官司，其追回房产的目的并没有达到。但通过前一诉讼，他获得了向钟慧、陈丽丽索赔的权利。如在民事方面无法获得赔偿，陈清原甚至可以提起行政赔偿诉讼，要求永嘉县房管局承担行政赔偿责任——毕竟，其丧失房屋所有权系钟慧、陈丽丽的民事行为和永嘉县房管局违法的行政登记行为共同所致，没有该局的房产登记，钟慧和陈丽丽之间的“赠与”也就无法完成。

2. “先民后行”原则

房产登记案件原则上采取“先民后行”的原则。《规定》第 8 条规定：“当事人以作为房屋登记行为基础的买卖、共有、赠与、抵押、婚姻、继承等民事法律关系无效或者应当撤销为由，对房屋登记行为提起行政诉讼的，人民法院应当告知当事人先行解决民事争议……”该条一改原来行政和民事诉讼并行不合的做

---

〔1〕 温世扬、廖焕国：《物权法通论》，人民法院出版社 2005 年版，第 142 页。

法,认识到此类案件的纠纷根源在于民事权属,民事纠纷解决了,行政登记自然不在话下。但如果在理论上再深究一步,则需突破原先合法性审查与判决方式无缝对接的藩篱,而可在二者之间加入对现时法律关系存废的裁量,生发出多种组合。可能的情况包括:一是行政行为适法,并已对当事人的权益均予以妥当安排,行政法律关系完美呈现。二是行政行为违法,对当事人的实体权益造成实际侵害,行政法律关系存在瑕疵。三是行政行为适法,但内容错误,对当事人实体权益造成实际侵害。四是行政行为程序违法,但没有侵害当事人实体权益。五是行政行为违法,侵犯当事人实体权益,但涉及重大公共利益或第三人信赖保护利益等。上述梳理实难穷尽行政诉讼中公共利益和各方利益盘根交错的复杂关系,但足以说明法院除司法审查外,还应根据案件事实情况,认真梳理各种利益,进行充分慎重的利益衡量。

3. 司法审查目标的错误认识

在司法审查对象方面,房产权证仅仅代表房产登记完成后发给相对人的一个凭证,它是整个行政行为的载体而非全部。整个房产登记行为包括当事人申请、审核、记载于登记簿(档案)、颁发凭证。但从目前的情况看,法院在相当一部分案件中只把司法审查的目标对准发证而不顾其他。最高人民法院在相关案件的行政判决书中也将案由列为“颁发……房屋所有权证一案”,其判决结果也是“撤销……房屋所有权证”。[1] 这种错误认识不仅导致司法审查以偏概全,而且使单纯的发证行为也被纳入行政诉讼。国家为了统一房产权证格式,于1995年前后,在全国范围内启用新的《房屋所有权证》文本代替旧的文本。纯粹的换发房产权证并非新的房产登记,不发生任何法律后果。由于将房产登记行为等同于颁发房产权证,部分法院对此也予以受理审查。审理这类案件既无法律依据,也没有任何意义。

---

〔1〕 参见《最高人民法院(1999)行终字第19号行政判决书》,载最高人民法院行政审判庭编:《行政执法与行政审判参考》,法律出版社2000年版,第287页。

案例11　雅儒村委会诉安阳镇政府履行职责案

章禾舟

案　情

一、惠顾百姓的政策

浙江省瑞安市有一项惠顾百姓的征地政策:政府征用农村集体土地,除支付法律规定的安置、补偿费用外,还将已被征为国有的一部分土地返还(无偿划拨)给村集体作为额外补偿。返还地政策无疑极大地安抚了农民,使城市建设得以顺利进行。2001年,瑞安市安阳开发区征用了雅儒村约400亩耕地后,依政策返还给该村98亩国有土地使用权。

二、资产的再分配

政府原本是将土地返还给雅儒村作为集体资产的。但在村民眼中,农村集体的资产虽人人有份,却还只是"嘴边的肥肉"。为了使可期待的利益尽快转化为实际利益,雅儒村广大村民强烈要求村委会把返还地直接落实到每家每户,落袋为安。村委会顺应了这样的要求。但分配并不是一件容易的事:一则98亩国有土地不可能像打豆腐一样瓜分;二则村里每户的情况各不相同,分配份额也应有所区别。为此,村两委多次召集村干部和党员进行反复磋商,召开村民代表大会征求意见。经三易其稿,于2003年1月拟定了《上望雅儒村安阳新区返回宅基地分配政策征求意见建议稿(3)》(以下简称《建议稿》)。对于上述两个问题是这样解决的:先由村委会依城市规划统一在返还地上建造若干套房,将土地使用权转化为房屋所有权;再根据家庭人口、男女老幼的比例、对村集体所作贡献的具体情况,依照《建议稿》规定的标准,给每户打分。按分值的多少,确定分配的顺序和房屋面积的大小。《建议稿》出台后,村两委指派村干部挨家挨户征求意见,得到了大多数村民的同意。

三、少数人的意见

《建议稿》的一些内容引起了争议。《建议稿》规定:“每户的基准分数为10分”;“家有25周岁以上的未婚男性青年另加9分”;“18周岁以上不满25周岁的未婚男性青年另加7分”;“7岁以上不满18周岁的男性村民另加5分”;“违反计划生育政策生育的子女不加分”;“女儿户(两个以上女儿的)按一户10分计算”;“女性确实已结婚,户口尚未迁出的一律不给予补偿”;“本村外嫁已办理离婚手续的,户口已迁回本村待嫁的妇女给予20%补偿,子女不予补偿”等。在这里,分数代表着真正意义上的金钱,少数分数上不去的村民不同意了。这些人包括男丁不旺的、“家有小儿”的、出嫁女、出嫁后又离婚返乡的,等等。他们的反对意见虽然激烈,但终因寡不敌众,败下阵来。2003年3月,《建议稿》在雅儒村正式实施。

四、镇政府的作用

少数派想到了政府,他们相信政府会为他们主持公道的。2003年3月至4月,林候元等76人在一位法律工作者的指导下,向雅儒村所在的安阳镇政府先后递交了三份《要求履行法定职责的申请书》,要求安阳镇政府撤销《建议稿》或责令雅儒村委会改正,并公布宅基地的使用分配方案。由于涉及群体性纠纷,安阳镇政府不敢怠慢,于4月15日召集村干部、多数派和少数派的村民代表进行协商。其间,安阳镇政府明确向雅儒村干部指出,《建议稿》中的部分内容不符合男女平等原则,要求重新召开会议进行复议。但雅儒村委会根据多数人的意见,坚持原先的分配方案。无奈,镇政府书面通知林候元等人,其无权责令村委会改正分配政策。同年6月,林候元等76人以安阳镇政府为被告向法院提起行政诉讼,请求判令安阳镇政府履行法定职责,责令雅儒村委会改正《返回宅基地分配政策》并公布宅基地的使用方案。

五、诉讼

林候元等人认为,雅儒村委会在决定重大事项时没有经过村民大会讨论通过,《建议稿》侵犯了妇女、儿童的合法权益,根据我国《宪法》《妇女权益保护法》《未成年人保护法》《村民委员会组织法》的规定,乡镇政府对村民委员会的违法行为理应责令改正。

法院经审理认为,根据《中华人民共和国妇女权益保护法》(1992年,以下简称《妇女权益保护法》)第30条的规定,农村划分责任田、口粮田等,以及批准宅基地,妇女与男子享有平等权利;妇女结婚、离婚后,其责任田、口粮田和宅基地等,应当受到保障。因此,《建议稿》规定的"女性确实已结婚,户口尚未迁出的一律不给予补偿";"女儿户(两个以上女儿的)按一户 10 分计算";"本村外嫁已办理离婚手续的,户口已迁回本村待嫁的,人口给予 20% 补偿,子女不予补偿"等内容,违反了上述规定,侵犯了妇女的合法权益。根据《妇女权益保护法》第 50 条第 5 项的规定,划分责任田、口粮田等,以及批准宅基地违反男女平等原则,侵害妇女合法权益的,由其所在单位或者上级机关责令改正。因此,乡镇政府作为基层行政机关,对村民委员会侵犯妇女权益的违法决定应当进行改正。原告认为雅儒村委会的宅基地分配政策在制定程序上违反《村民委员会组织法》的规定,缺乏事实和法律依据。雅儒村委会在制定《建议稿》后,挨家挨户向该村村民出示,并征求了他们的意见,现雅儒村的宅基地分配方案也按《建议稿》执行,因此,应当认定已经公布宅基地的分配方案。原告仍要求被告履行责令雅儒村委会公布宅基地分配政策,不予支持。判决:(1)判令被告瑞安市安阳镇人民政府责令瑞安市安阳镇上望办事处雅儒村民委员会改正返还地分配政策;(2)驳回原告的其他诉讼请求。

法律疑点

- 判决依据何在?
- 法律怎样授予行政权?
- 少数派如何维护自己的权益?

法理研习

一、判决依据何在

法院审理不作为行政诉讼案件,主要看两个方面:一是法律是否规定行政机关拥有原告所诉求的职责(职权);二是在法定的职权框架下,是否发生了与法定要件相符的事实。在本案中,上述两方面的要素均未成立。

第一,1998 年颁布的《村民委员会组织法》第 3 条将村民委员会界定为"村民自我管理、自我教育、自我服务的基层群众性自治组织"。对于村委会和乡镇政府之间的关系,该法第 4 条也作了明确的规定:"乡、民族乡、镇的人民政府对村民委员会的工作给予指导、支持和帮助,但是不得干预依法属于村民自治范围内的事项。"很显然,村委会不是法律意义上的行政组织,乡镇政府并非村委会的"所在单位或者上级机关",村委会也不是乡镇政府的内设机构或下级部门。

由于历史原因和我国的行政习惯,村委会历来是基层乡镇政府领导的对象,村镇之间存在一种事实上的从属与领导关系。何海波博士曾对这种"变调的村—镇关系"进行过详细的分析。他认为,旨在增强村级组织独立性、保障村民自治的村委会组织法并没有根本改变乡、村关系。村委会很大程度上变为乡镇政府的"打工者",变成管理村民的"二政府",村民自治的"当家人"变为政府行政管理的"代理人"。这种关系在各地村委会组织法实施办法中隐约可见,在一些部门立法中,村委会的职责也被层层加码……与强化村委会义务的法律规定相比,乡镇政府对村委会实际上的控制更值得关注。农村改革后,乡镇对村级治理的影响方式主要有:行政干预、干部任职、财务监控、价值分配、支持协助、情感沟通。其中人事和财务控制又是最基本的控制。乡镇控制村委会的倾向导致了政府与村委会和农民关系的紧张,甚至出现了山东栖霞市 4 个镇 57 名"村官"因不满村党支部和镇党委、政府干预村委会行使职权,集体要求辞职的事例。〔1〕

实际上,变调的关系使双方都觉得别扭。不仅村委会和村民依法享有的自治权受到限制,乡镇"干预"同样需投入大量的成本。因此,一些明智的基层政府选择了回缩。至少从本案可以看出,在雅儒村委会的《建议稿》中明显存在歧视妇女等问题的情况下,安阳镇政府宁肯采取行政指导的方式,规劝、建议村委会改正,也不运用惯常的行政命令手段。

但法院的判决反而要求恢复这种变调的村—镇关系,以责令乡镇政府履行职责的方式"赋予"乡镇政府"领导"和干预村委会的职权。它为基层政府干预村民自治提供了依据。

第二,《妇女权益保护法》第 50 条第 5 项规定的事实要件是:划分责任田、口粮田等,以及批准宅基地违反男女平等原则,侵害妇女合法权益的情形。该条所谓的批准宅基地,是指农村居民为居住需要,申请批准使用农村集体土地。而本案所谓的《返回宅基地分配政策征求意见建议稿》则是雅儒村对因征地而获得的额外利益——国有土地使用权进行再分配的方案(村委会在文字方面显然没有经过仔细的斟酌)。两者是风马牛不相及的事。

因此,法院的判决在适用法律上是错误的。

二、法律怎样授予行政权

法治是我们力求实现的目标。而职权法定原则又是法治对于行政的基本要

〔1〕 参见何海波:《国家治理视角中的村民委员会》,载《行政法论丛》(第 5 卷),法律出版社 2005 年版,第 116 ~ 124 页。

求。威廉·韦德指出："法治有许多不同的含义和推论。它的基本含义是，任何事件都必须依法而行。将此原则适用于政府时，它要求每个政府当局必须能够证实自己所做的事是有法律授权的，几乎在一切场合这都意味着有议会立法的授权。否则，它们的行为就是侵权行为或侵犯了他人的自由。政府行使权力的所有行为，即所有影响他人法律权利、义务和自由的行为都必须说明它的严格的法律依据。"[1]随着行政权在各个领域的不断拓展，职权法定原则在一定程度上有所松动。但行政主体在实施干涉性行政行为时，还必须有明确、严格的法律依据。

法律规范通过两种方式对行政主体授予行政职权：一是组织法上的授权。即法律规范将某一方面的权力一揽子交由特定的行政组织，从而排除其他行政组织行使这方面的权力。如《中华人民共和国城市规划法》第9条规定：国务院城市规划行政主管部门主管全国的城市规划工作；县级以上地方人民政府城市规划行政主管部门主管本行政区域内的城市规划工作。二是行为法上的授权。法律规范在具体条款中设定特定的事实要件后，将相关行政行为的权力直接授予特定的行政主体实施。如《中华人民共和国村民委员会组织法》第22条第2款规定：村民委员会应当及时公布下列事项，其中涉及财务的事项至少每6个月公布一次，接受村民的监督……村民委员会不及时公布应当公布的事项或者公布的事项不真实的，村民有权向乡、民族乡、镇人民政府或者县级人民政府及有关主管部门反映，有关政府机关应当负责调查核实，责令公布……

无论组织法上的授权还是行为法上的授权，法律规范对授权的对象和内容均应当是明白无误的。只有这样，行政权力才能被有效地控制在法律框架之内，而不会被任意扩大。同时，行政主体才能分工明确，各司其职，而不会推诿扯皮。

判决生效后，安阳镇政府对雅儒村委会作出书面决定：责令其在60日内改正返还地分配政策。雅儒村委会对此置之不理。林候元等人指责镇政府执行司法判决不力，但镇政府理直气壮地说："我们已经不折不扣地履行了判决的内容，但法律和判决都没有给我们其他强制手段，我们无能为力。"村民们向法院申请执行，法院又以镇政府已经履行判决为由不予受理。

一场看似全面胜利的诉讼却落得如此尴尬的收场。林候元等人心有不甘，从此踏上信访之路……

三、少数派如何维护自己的权利

无独有偶，笔者发现一篇题为《村民自治与个体权利救济》的文章中记载的

---

〔1〕［英］威廉·韦德：《行政法》，徐炳等译，中国大百科全书出版社1997年版。

案例与本案惊人地相似:"1998年,内蒙古呼和浩特市孔家营村因发电厂扩建而被征用土地246981平方米,获得各项补偿费3469.76万元。村委会在发放了地上附着物补偿费后,决定将部分安置补助费也下发,并散发《征地安置费发放议案》,征求村民意见,部分村民提出不能给外来户发放安置费;经过党支部扩大会议讨论,村民委员会制定了补偿款发放办法。其中第1条规定:'户籍及本人都在孔家营村的村民每人发放8000元。'第2条规定:'凡户籍迁入孔家营村年满30年的享受村民待遇。'村中25户'外来户'大多在20世纪70年代户口就迁入该村,但因'入籍'不满30年而未能领取安置费,于是产生了强烈不满。被剥夺'村民资格'的村民向乡政府上访,西菜园乡、郊区政府有关领导核实了所反映的情况后,曾在1999年2月9日由郊区信访办和西菜园乡政府联合作出《关于孔家营村部分村民上访问题的处理意见》,认为'部分村民反映的问题是有道理的,他们落户于孔家营村多年,孔家营村对这些村民一直按当地村民同等对待。但考虑到孔家营村的实际情况,发放土地补偿款和当地土生土长的村民应有所不同,但不宜差距太大……按给当地土生土长的村民所发款数80%发给。'但村委会认为,《村委会组织法》第4条规定乡、镇的人民政府对村委会的工作只是一种指导关系,'不得干预依法属于村民自治范围内事项',上级政府的决定是对村民自治的非法干涉,所以拒不执行上级政府的决定。1999年4月15日,89名原告推选代表向呼和浩特市中级人民法院提起了诉讼,要求法院判令村委会给付原告土地安置费636600元。但是法院认为,村民与村委会之间不属于平等的民事主体,所生争议不属于民法调整范围,故裁定驳回起诉。原告已经向自治区高级法院上诉。"[1]

该文探讨了有关原告救济的问题。文章的作者首先认为"法官以双方不是平等的民事主体为由驳回起诉是正确的",既而阐述原告在民事诉讼、行政裁决和人大监督等方面均无可能获得救济。然后将视角转向了村民委员会的行政法地位。于是柳暗花明,"村民委员会在行使自治权过程中所实施的许多管理行为具有行政性质,应该被纳入'**公共行政**'范畴"。最终得出结论:"行政诉讼:最不坏的选择"。[2]

对于村委会在行使自治权过程中所实施的许多行为应该被纳入公共行政范畴这一命题,笔者表示赞同。当村委会和村民作为两个独立的主体因组织内的

---

〔1〕 参见章永乐、杨旭:《村民自治与个体权利救济——论村民委员会在行政诉讼中的被告地位》,载《行政法论丛》(第5卷),法律出版社2005年版,第141~178页。

〔2〕 参见章永乐、杨旭:《村民自治与个体权利救济——论村民委员会在行政诉讼中的被告地位》,载《行政法论丛》(第5卷),法律出版社2005年版,第141~178页。

公共管理产生了不对等的关系时，行政法有必要进行规制，引入行政诉讼也是可行的。但村委会履行村民自治职责的行为并不一定均属行政。

村民自治并非村民委员会自治。国家在乡村实行自治的内容主要包括农村集体财产的自主管理、使用和农村社区秩序的自我维护。根据《村民委员会组织法》的规定，涉及村民重大利益的事项以及制定、修改自治章程、村规民约必须经村民大会讨论。因此，自治权实际操控在全体村民手中。而村民委员会则是村民大会的执行机构，具体负责村民自治的相关事务。

村委会履行与村民自治相关的职责，存在两种情况：(1)根据全体村民的信托，"办理本村的公共事务和公益事业，调解民间纠纷，协助维护社会治安，向人民政府反映村民的意见、要求和提出建议"；"管理本村属于村农民集体所有的土地和其他财产，教育村民合理利用自然资源，保护和改善生态环境"；执行自治章程等。(2)配合、执行村民大会(或村民代表大会)讨论就特定事项通过的决议。在孔家营村案中，我们无法从作者的陈述当中得知村委会在制定"补偿款发放办法"前，是否经过村民大会(或代表大会)的讨论。但这项事实对村委会的行为性质却有至关重要的影响。

如果孔家营村委会制定"办法"系依自己的意志管理和处分集体所有的财产，则它是独立于村民集体的一个组织机构；它行使的是村民集体交托给它的公共权力；同时，它独立地站在"外来户"的对立面，两者形成了不对等的关系。这种关系应当被纳入公共行政范畴。而假设"办法"是村民大会讨论的结果，则村委会只不过是村民大会(或全体村民)代言人、传声筒，它没有权力将自己的意志添加到决议之中，无法对决议进行任何改变。那么，"外来户"的对立面已不再是村委会，而是"土生土长的村民"。社会公共行政是建立在特定的"人"的集合之下的，这些"人"为了自治之便，建立了自我管理的组织。组织因此在特定框架下获得了公共权力。集合中的个体在集合的框架之下如与行使公共权力的组织发生摩擦，就会产生行政上的争议。而当集合本身分化为两大阵营或多个阵营，公共权力赖以存在的框架被打破了，当自治权主体自身发生的纠纷通过自治已经无法处理时，司法当然有权介入。

孔家营村也好，雅儒村也罢，争执的焦点是共同财产的分配问题。对于这样的纠纷，通过民事诉讼途径完全能够解决。

案例12　信息公开申请和诉讼滥用的司法应对

——评"陆红霞诉南通市发改委案"

沈　岿

案　情

2013年11月26日,陆红霞向南通市发改委申请公开"长平路西延绿化工程的立项批文"。南通市发改委于11月28日作出通发改信复〔2013〕14号《政府信息公开申请答复书》并提供了通发改投资〔2010〕67号《市发改委关于长平路西延工程的批复》。陆红霞因不服南通市发改委的政府信息公开答复,向南通市港闸区人民法院提起诉讼。

原告陆红霞诉称:自己申请公开的是"长平路西延绿化工程",而被告公开的却是"长平路西延工程",内容完全不同。请求依法撤销被告作出的通发改信复〔2013〕14号《政府信息公开申请答复书》并责令重作。

被告南通市发改委辩称:(1)被诉答复适用依据正确、程序合法、内容适当、符合法律规定。被诉答复公开的《市发改委关于长平路西延工程的批复》包含原告申请公开的内容。(2)原告及其家人存在明显滥用政府信息公开申请权的行为,违背了《政府信息公开条例》的目的和宗旨,其行为不具有正当性。请求驳回原告的诉讼请求。

南通市港闸区人民法院一审查明:据不完全统计,2013年至2015年1月,原告陆红霞及其父亲陆富国、伯母张兰三人以生活需要为由,分别向南通市人民政府、南通市发改委等共提起至少94次政府信息公开申请,要求公开南通市人民政府财政预算报告、所拥有公车的数量等二十余项政府信息。在以上政府信息公开申请中,陆红霞、陆富国、张兰多次申请公开内容相同信息。在收到行政机关作出的相关《政府信息公开申请答复》后,三人分别向江苏省人民政府等复议机关共提起至少39次行政复议。在经过行政复议程序之后,三人又分别以政府信息公开答复"没有发文机关标志、标题不完整、发文字号形式错误,违反《党政机关公文处理工作条例》的规定,属形式违法;未注明救济途径,属程序违法"

等为由向南通市中级人民法院、如东县人民法院、港闸区人民法院提起政府信息公开之诉至少36次。

南通市港闸区人民法院一审认为:公民享有申请政府信息公开及提起行政诉讼之权。但根据《中华人民共和国政府信息公开条例》相关条款并结合原告提出申请的特征,认定其滥用获取政府信息权,并且违背诚实信用原则,以非正当目的起诉,同时构成滥用诉权。据此,在现行法律规范尚未对滥用获取政府信息权、滥用诉权行为进行明确规制的情形下,该院根据审判权的应有之义,结合立法精神,决定对原告陆红霞的起诉不作实体审理,并对今后原告的信息公开申请和行政诉讼严格审查。一审裁定驳回原告起诉。

陆红霞向南通市中院提起上诉,二审法院审理后裁定驳回上诉,维持原裁定。

法律疑点

- 如何认定或定义信息公开申请和诉讼的滥用?
- 陆案的司法进路和说理存在什么问题?
- 应对信息公开申请和诉讼滥用的制度路径是什么?

法理研习

"陆红霞诉南通市发展和改革委员会政府信息公开答复案"(以下简称陆案)于2015年7月6日获南通市中级人民法院二审生效裁定,很快就被刊载于《最高人民法院公报》(以下简称《公报》)2015年第11期。[1] 1985年创刊的《公报》所刊载的大量典型案例,有可能成为全国各级法院审理同类型案件的重要参考或借鉴的依据,是我国司法有限能动、弥补立法不足、保障法律统一实施的重要工具,是当下正在探索的案例指导制度的前驱,[2]是承继成文法系传统特点的中国法制一道亮丽的风景线。因此,陆案在《公报》上的"登堂入室",引起了学界和实务界普遍的关注。

---

〔1〕 本文对陆红霞案的评析,根据的就是《公报》上的案例版本,而非该案原始裁判。

〔2〕 参见胡云腾、于同志:《案例指导制度若干重大疑难争议问题研究》,载《法学研究》2008年第6期;杨建军:《"司法能动"在中国的展开》,载《法律科学》2010年第1期;王利明:《我国案例指导制度若干问题研究》,载《法学》2012年第1期。

更为重要的是,早在南通市港闸区人民法院对陆案进行一审裁判之后,该法院就于2015年2月27日召开新闻发布会,将此案与其他涉及陆富国、陆红霞父女的7起案件一并作为滥用获取政府信息权、滥用诉权的案件予以通报,并宣布"率先在全国对政府信息公开滥诉行为进行规制"。[1] 作为地方基层法院的港闸区人民法院,在行政诉讼中没有依法审查被诉行政行为,[2]反而审查起诉原告的一系列与本案无直接关联的行为及其动机,对其作出滥用权利的评定,并以此为由驳回其起诉。这一案例又得到《公报》的青睐,一跃成为具有潜在参考力、借鉴力的准用判例。其引发热议自然是在所难免的。

现实中,有些个人利用政府信息知情权、行政复议申请权、行政诉讼起诉权,通过大量的信息公开申请、复议和诉讼等行动,给行政机关、法院的正常运转和公共资源的使用造成过度的负担,既无助于政府信息公开立法目的的实现,更是造成另一种社会不公:滥用者消耗公共财产。这种现象虽然数量不多,但也并不罕见。[3] 陆案的裁判就是一种具有探索性的司法应对措施。鉴于其已经形成的影响和可能的示范意义,本文旨在对此案进行回顾,评点其在司法能动方面应当给予击节赞赏的地方,整理其存在的值得注意而警惕的司法进路和法律适用问题,进而讨论司法究竟应该如何妥适地应对信息公开申请和诉讼的滥用问题,以及未来可能有的更好的整体制度设计。本文对有关问题的研讨,将适时地对比和镜鉴域外的相关制度和学说,以求对中国问题和可能解决方案的理解和探究。因聚焦中国之故,域外相关制度和学说所嵌入的整体情境,无法于此进行系统比较分析。

一、陆案的司法能动及其可取之处

自2004年以后,《公报》登载的案例开始冠以"裁判摘要"。尽管当前的裁判摘要表现形态繁杂,问题不少,但基本是以抽象的方式,概括和抽取整个判决所采纳的原则或规则(可能包括原则或规则所适用的抽象事实而非本案

---

〔1〕 参见丁国锋:《法院:滥用获取政府信息权行为不予支持》,载《法制日报》2015年3月3日,第8版;蓝天彬:《94次申请信息公开后的"滥诉"之争》,载《东方早报》2015年3月5日,第A21版。

〔2〕 法院审理行政案件,对被诉的(具体)行政行为是否合法进行审查,是《行政诉讼法》(1989年)第5条和《行政诉讼法》(2014年修正)第6条都予以规定的行政诉讼基本原则。

〔3〕 参见经童金:《行政滥诉不利于和谐社会的构建》,载《江苏经济报》2013年10月16日,第B03版。另外,迄今为止,笔者并未发现对滥用信息公开申请、信息公开滥诉的权威数据统计,但确实在与部分行政官员、法官交流过程中,获悉一些非常典型的事例,如北京市有当事人明白声称其申请信息公开和提起相关诉讼的目的是创造吉尼斯世界纪录。

具体事实)。[1] 在对裁判摘要的性质与功能尚有认识分歧之际,鉴于《公报》案例仅具指导意义,故笔者倾向于将“裁判摘要”和“裁判文书”视为一体,发现和归纳其中的裁判理论和司法进路,从而为以后类似案例的处理、学理的研究提供参考。另外,陆案历经一审、二审,本文如无特殊需要说明的,则将一审、二审的法院论理作整体考虑。

《公报》中陆案的裁判摘要共有两个主题。一是定义知情权的滥用。“知情权是公民的一项法定权利。公民必须在现行法律框架内申请获取政府信息,并符合法律规定的条件、程序和方式,符合立法宗旨,能够实现立法目的。如果公民提起政府信息公开申请违背了《政府信息公开条例》的立法本意且不具有善意,就会构成知情权的滥用。”二是定义诉权的滥用。“当事人反复多次提起琐碎的、轻率的、相同的或者类似的诉讼请求,或者明知无正当理由而反复提起诉讼,人民法院应对其起诉严格依法审查,对于缺乏诉的利益、目的不当、有悖诚信的起诉行为,因违背了诉权行使的必要性,丧失了权利行使的正当性,应认定构成滥用诉权行为。”

在裁判文书部分,除了与这两个界定主题直接相关的内容以外,还值得关注与讨论的是司法对待政府信息公开申请权和诉权滥用的进路。这个进路主要集中在三个方面:第一,法院是否应该解决诉权滥用的问题;第二,法院是通过什么方式或途径发现和认定当事人滥用申请权和诉权的;第三,法院认定存在申请权和诉权的滥用之后,又是采取什么措施处理的。

综合观察陆案裁判,可以发现审理法院为解决其面对的信息公开申请滥用和滥诉难题,于法律空白之处趟出一条前进之路,可谓细致谨慎、小心翼翼,竭力为其实质上的“造法”提供正当性理据。

这一司法能动具有如下可取之处:

(一)申明知情权和诉权有滥用的可能和限制的必要

任何权利的行使皆有边界,越界往往意味着滥用。这一点似乎是不言自明的,不必通过法院之口郑重其事地予以申明。然而,《中华人民共和国政府信息公开条例》(以下简称《条例》)的颁布旨在确定和保障公民对政府信息的知情权,推动政府行政的透明、公开,更助于促进形成规范、廉洁的政府。立法者对以往在公民权利体系中严重缺位的知情权的重视,基本使其没有预想如何防范知

[1] 参见宋晓:《裁判摘要的性质追问》,载《法学》2010年第2期;马荣、葛文:《指导性案例裁判要点的类型与运用研究——以〈最高人民法院公报〉案例裁判摘要为原型的借鉴》,载《南京大学学报》(哲学·人文科学·社会科学)2012年第3期。

情权滥用的问题。[1] 类似地,我国《行政诉讼法》的最初制定(1989年)和第一次修正(2014年),也是更多聚焦于保障和扩充公民诉权,加强行政审判独立与公正,以缓解"立案难、审理难、执行难"现象,而如何解决已有的滥诉问题,则从未作为一项议题列入议程。[2] 鉴于此背景,陆案裁判申明知情权和诉权都有可能滥用,必须予以制约,实是弥补立法不足的可贵之举。

(二)宣告解决滥诉问题乃审判权的应有职能

陆案审理法院宣告,保障诉权和制止恶意诉讼、无理缠诉均是审判权应有之义。审判权是否当然地包含此项权能,尤其是立法未予明确的情况下,恐怕仁智所见不同。毕竟,从比较法的视野来看,域外针对滥诉的规制是有立法先行的,且立法规制也是因个别诉讼当事人的挑战而起。[3] 只是,一方面,即便有立法规制,其抽象语言形成的模糊不明之处也是需要通过执法部门(包括行政和司法)逐案提供细化路径和方案的。另一方面,更为重要的是,就我国当下情形而言,知情权和诉权在现实中的滥用已经使立法缺位的弊害凸显。《条例》何时修订或者升格为法律尚难预料,《行政诉讼法》又修法未久,依立法惯例不可能近期再行补正。

故而,如何解决政府信息公开申请和诉讼的滥用问题,成为直接面对挑战的行政和司法无法避免的任务,尤其是需要为此无益地消耗人力、时间、金钱等资源的公共机构。陆案的宣告,经《公报》登载,依惯例可视为得到最高人民法院的认可,至少意味着政府信息公开诉讼中的滥诉,司法可以逐步探索解决之道。由此,亦可为未来立法提供经验参考。

(三)提出认定知情权、诉权滥用需要考虑的事实因素

陆案审理法院结合该案具体情形,提出了一系列认定知情权、诉权滥用事实

---

[1] 相较之下,澳大利亚1982年制定的《信息自由法》(Freedom of Information Act 1982)第89K条至第89N条,都是有关纠缠申请者(Vexatious Applicant)的;英国2000年制定的《信息自由法》(Freedom of Information Act 2000)第14条也指向纠缠申请或反复申请的问题(Vexatious or Repeated Requests)。就时间节点而言,2007年颁布的《条例》,应该在其制定过程中有条件借鉴这些域外的经验。

[2] 相反,我国《民事诉讼法》2012年修正之际,是否对恶意诉讼进行立法规制倒成为一个重要议题。参见杨秀清、张力等:《〈民事诉讼法〉修改系列研讨会(三)会议实录》,载张卫平主编:《民事程序法研究》(第九辑),厦门大学出版社2013年版,第239~249页。

[3] 例如,英国1896年的《纠缠诉讼法》(Vexatious Proceedings Act)是为了解决Alexander Chaffers提起的48件讼案,诉讼对象有威尔士亲王、坎特伯雷大主教、下议院议长、下议院职员、不列颠图书馆受托人、上议院大法官和不胜枚举的法官等。澳大利亚的第一部立法是1927年的维多利亚州《最高法院(纠缠诉讼)修正法案》[Supreme Court (Vexatious Actions) Amendment Act 1927 (Vic)],就是特别针对Robert Millane提起的系列讼案。See Nikolas Kirby, When Rights Cause Injustice: A Critique of the Vexatious Proceedings Act 2008 (NSW), (2009), 31 Sydney L. Rev. 163, pp. 174–175.

的考虑因素，包括：申请或起诉数量众多、申请信息或诉讼请求内容相同或类似、申请信息或诉讼请求繁多而琐碎、申请明知不属于政府信息范畴的信息或已经知晓的信息、起诉明显缺乏诉的利益、信息申请或诉讼目的背离《条例》或《行政诉讼法》宗旨、起诉违背诚实信用原则、公共机构多次沟通仍执意申请或诉讼、公共资源的使用失衡等。而这些事实认定考虑因素，是与有些国家的经验极其相似的。

例如，在英国，关于《信息自由法》第 14 条中"纠缠申请"的解释适用，目前最重要的援引判例是 Information Commissioner v. Devon County Council & Dransfield［2012］。在该案中，Wikeley 法官提及认定"纠缠申请"需要考虑四个宽泛主题：(1) 申请对公共机构及其职员造成的负担；(2) 申请者的动机；(3) 申请的价值或严肃目的；(4) 申请对公共机构职员造成骚扰或困境。每个主题之下又有不少具体情形需要斟酌。并且，这些主题本身并不是穷尽的，也不是刻板公式化的清单。

而英国政府信息专员进一步将法院判例法体现出来的考虑因素写进其指南之中，例如，(1) 大量的申请和书信，致使公共机构耗费资源、分散精力，给其造成重大负担；(2) 公共机构对申请的处理使其严重偏离了核心职责的履行；(3) 书写冗长而繁细的申请、向公共机构多个雇员提交相同申请或者在收到答复前重复申请；(4) 申请已经获得和拥有的信息；(5) 申请的信息与公共机构早已同申请人议论过的事项有关；(6) 任何答复都不可能让申请人满意，只可能带来进一步的申请和书信；(7) 申请人在申请和书信中使用"有偏见的语言""高谈阔论的语气"或者"侵略性、谴责性和骚扰性的语气"等。[1]

陆案裁判既没有对滥用政府信息公开申请和诉讼给出精准的、必须严格遵循的定义，也没有指出具体的构成要件为何，而是间接提示认定滥申请、滥诉的考虑因素。在司法应对此类问题尚处起步探索阶段之际，这是一种开放的、经验的、试错的姿态，是值得肯定的。[2]

（四）综合判断申请和诉讼目的明显背离立法宗旨

陆案审理法院指出，当事人申请政府信息以及由此引发的诉讼，目的不是知

---

〔1〕 See Christopher Knight, Use and Abuse of the Freedom of Information Act, pp. 2, 4 – 5, http://www.11kbw.com/uploads/files/Use and Abuse of Foiack.pdf，最后访问日期：2016 年 5 月 5 日。

〔2〕 有论者认为，陆案审理法院是依据司法解释，参照《民事诉讼法》第 13 条规定的诚实信用原则，以民事诉讼诚实信用原则对滥诉的规制作为裁定的理论基础。由此，该论者建议对比民事滥诉和行政滥诉的相通之处，从而可以在陆案基础上总结出行政滥诉构成要件理论。这也是一种有价值的解读。参见梁艺：《"滥诉"之辩：信息公开的制度异化及其矫正》，载《华东政法大学学报》2016 年第 1 期。只是，陆案裁判摘要和文书的内容，并没有十分清楚地提及对民事诉讼法相关条款、对民事滥诉理论的参照。

情、了解信息,而是"向政府及其相关部门施加压力,以引起对自身拆迁补偿安置问题的重视和解决",所以,其背离了政府信息公开制度和政府信息公开诉讼的宗旨。其实,在原则上,以保障公民知情权为主要目的的政府信息公开立法,对申请人的动机和目的是中立的。申请人无论将其申请获得的政府信息用于何途,行政机关皆不应理会,更不能以申请人没有说明使用目的而拒绝公开。只要申请人的真实目的就是获悉相关政府信息,且这些政府信息是有一定客观价值的,那么,申请人获悉后如何用之,包括用以帮助解决其个人利益的诉求,[1]行政机关皆不应予以深究。就此而言,国务院办公厅《关于施行〈中华人民共和国政府信息公开条例〉若干问题的意见》(国办发〔2008〕第36号,2008年4月29日发布,以下简称《意见》)有关"行政机关对申请人申请公开与本人生产、生活、科研等特殊需要无关的政府信息,可以不予提供"的规定,是有悖《条例》立法精神的。

但是,这并不意味着行政机关和法院绝对无须考察申请人的动机和目的。若申请人的真实目的并不是为获悉其申请的政府信息本身,而是以申请政府信息以及提起后续的诉讼为手段,给公务机构的正常运转和有限资源的合理使用制造过度负担,[2]或者,在此基础上进一步迫使公务机构满足其在别的场合提出的与信息无关的利益诉求。这就可以视为构成信息公开申请的滥用。对这种"项庄舞剑式的"、制造麻烦的信息申请,需要根据一些事实(如反复提出相同或类似信息申请或诉讼请求、在已经获得信息的情况下再申请同一信息、无论是否获得其想要的信息都要提起诉讼、提起诉讼一定要走一审、二审、再审程序、申请人直接宣称其目的就是要增加公务机构负担等)予以推断。陆案裁判恰是在综合考虑当事人各种行为的基础上,对其不关心申请信息本身、意在增加公务机构负累以解决其他与信息无关的利益诉求的真实目的给出认定。这或许可以作为信息公开申请和诉讼中如何在有限范围内考虑当事人真实目的的一个范例。

以上分析即本文认为陆案裁判透露出来的司法能动可取之处。其中,第

---

〔1〕 例如,有当事人在其别墅被拆违后,为控告政府没有平等对待当事人和其他有着相同或类似情形的人,在一年多时间内,申请了386份信息公开,同时不服公开情况及复议结果,又接着提起了386起诉讼。参见谭君:《一年告官386次他为了什么》,载潇湘晨报网:http://www.xxcb.cn/event/guonei/2016-04-21/9054298.html,最后访问日期:2016年5月5日。

〔2〕 域外也有类似的主要目的是给行政机关添加负担的信息公开申请情形。例如,在加拿大安大略省,Riley先生从1993年早期到1994年12月9日,向4个警局递交了63个申请,申请的信息包括过去10年所有的拘捕、厕所清洁记录、UFO(飞碟)见证记录等。而其本人对这些信息没有真正的兴趣,只是给各警局制造麻烦。See Information and Privacy Commissioner of Ontario, Canada, IPC Order M-618/October 18, 1995, pp. 6, 15, http://www.ipc.on.ca/images/Findings/M-618.pdf,最后访问日期:2016年5月5日。

(一)、(二)项是宣告司法在法律空白之处“创制”的正当性,实际上是一种司法政策的表白。第(三)、(四)项则是在司法教义维度上的探索,在相当程度上可认为是对司法能动的节制。因为,需要综合考虑的事实因素、需要在极其有限范围内进行判断的申请人/原告的真实目的,是对司法“创制”反向制约,潜台词意味着法院不能随意认定申请和诉讼的滥用。对于以后遇到类似情形的法院而言,重要的不是前两项所宣示的司法政策,而是后两项所寓示的司法教义的探索方向和司法既能动又自我节制的原则。唯有如此,才可以忽略陆案法院能动背后无法确切知晓的动因,在中国当下的权力结构体制、行政诉讼环境、公民权利维护情状之下,在行政诉讼“受案难、审理难、执行难”的情况下,才有可能避免出现司法受行政压力或裹挟、以防范申请和诉讼滥用为名阻碍正当的信息公开申请和诉讼的问题。

二、司法进路和说理的疑问

陆案裁判虽有以上可予击节之处,但在其采取的司法进路以及具体问题的裁判说理方面,仍然存在有待商榷的地方。

(一)主动取证和审查原告行为

前文已经提及,新旧《行政诉讼法》都非常明确,法院行政审判以对被诉行政行为的合法性审查为核心。可是,陆案审理法院不但未审查被告作出的政府信息公开答复(这与其最终采取不作实体审理的立场有关,下文将就此讨论),反而主动向行政机关和其他法院收集原告以往提出申请和起诉的证据,审查原告行为是否构成滥用申请和诉讼。这就不免令人产生至少两点质疑:第一,法院主要审查原告行为,在现行的《行政诉讼法》上是否有依据;第二,法院超越本案事实、主动收集认定本案以外事实的证据是否合适。

似乎存在一种反质疑:既然要解决滥申请、滥诉问题,就不可能只限于本案的事实,如果不去调查本案以外事实,焉能判断当事人存在知情权和诉权滥用情形?对此,法院基于《行政诉讼法》和最高人民法院司法解释授予的调查取证权力,调取有关信息公开申请、行政诉讼的有关材料,有何不可?[1]

第一,判断原告是否构成信息公开申请和诉讼的滥用,并非一定要以了解其

---

〔1〕 陆案二审法院的裁判表明了这一立场:“修改前的《中华人民共和国行政诉讼法》第 34 条规定:人民法院有权向有关行政机关以及其他组织、公民调取证据。最高人民法院《关于行政诉讼证据若干问题的规定》第 22 条规定:对涉及国家利益、公共利益或者他人合法权益的事实认定的,人民法院有权向有关行政机关以及其他组织、公民调取证据。本案中,针对上诉人陆红霞是否存在滥用获取政府信息权、滥用诉权的行为,一审法院依职权调取陆红霞及其父亲、伯母有关信息公开申请、行政复议和行政诉讼的材料,符合相关法律、司法解释的规定。”

以往的信息公开申请和诉讼的历史为前提。申请和诉讼的数量较多,的确容易因其对公共机构造成频繁骚扰或不必要的过度负担而被认定滥申请和滥诉,但数量不是决定性因素。根据域外的经验,在申请政府信息公开领域,“极端的造成严重负担的一次性申请,也会纯粹基于成本理由而被判定构成纠缠申请”。[1]例如,一次申请有关20年前早已进行过细致调查的冤情申诉的信息。[2]澳大利亚政府信息专员发布的指南,同样提到一个特定的申请行动也会导致程序滥用。[3]信息公开申请的滥用可以如此认定,相应的诉讼滥用也可以这样认定。因此,有的论者断言信息公开滥诉的明显步骤之一是“集中的大量向行政机关申请信息公开”,[4]这个观点并不能覆盖全面。正是由于数量并非决定性的,法院调查与本案无关的事实也并不是必需的选择。

第二,必须承认,信息公开申请和诉讼滥用的多数情形与申请、诉讼的数量有关。在这些情形中,对当事人是否存在滥申请、滥诉的认定,确实有必要考虑其以往的行动。例如,在英国有论者指出,“在考虑一项申请是否无理纠缠时,不仅要审查该申请本身,也要审查它的背景和历史。一项申请单独地看是非常良善的,只有将其置于特定背景之中才会显示其无理纠缠的性质。这个特定背景包括申请人向该公共机构提出的其他申请(无论公共机构公开还是拒绝),这些申请的数量和主要内容以及申请人和该公共机构之间其他打交道的历史。”[5]

然而,必须考虑本案之前的当事人行动是一回事,由谁提出当事人存在滥申请、滥诉情形的主张并且由谁负责取证举证等则又是另一回事。在信息公开诉讼中,被告是处理信息公开申请的公共机构,被诉的对象是该机构处理申请的行为。在陆案中,如果被诉的公共机构相安无事,法院置被诉的行为于不顾并因为该公共机构在被诉答辩的一句声明“原告及其家人存在明显滥用政府信息公开申请权的行为”而主动为该辩护调取证据,并据此认定当事人有滥申请问题,这难免有损法院作为中立审判者的角色形象。

(二)事实认定考虑因素的裁判说理

陆案裁判所指出的认定知情权和诉权滥用可供参酌的一系列考虑因素,为

---

〔1〕 See Information and Privacy Commissioner of Ontario, Canada, *supra note* 13, at 3.

〔2〕 See Morag Cherry&David McMenemy, Freedom of Information and “Vexatious” Requests—the Case of Scottish Local Government, Government Information Quarterly 30 (2013) 257 - 266, p. 262.

〔3〕 See Office of the Australian Information Commissioner, FOI Guidelines, Part 12-Vexatious Applicant Declarations, Version 1.2, October, 2014.

〔4〕 参见郦东钧:《信息公开诉讼中滥诉问题研究》,载《法制与社会》2014年第5期。

〔5〕 See Christopher Knight, *supra note* 10, at 4.

司法进一步探索如何应对此类问题提供了基础。不过，审理法院在考虑这些因素时所进行的说理，使有些结论很难达到清楚和令人信服的程度。

1. 申请的信息相同、类似或者包罗万象

首先，虽然申请信息相同或类似可以作为认定申请滥用的一个考虑因素，但是“多次分别申请市、区两级人民政府年度财政预算报告、数十次申请城北大道工程相关审批手续等信息”，并不能清楚而充分地说明所申请信息之间的相同性或相似性。其次，申请的信息“包罗万象”这个过于模糊的措辞，本身不宜作为一个纠缠申请的指标。最后，其对应的信息事例，如“政府公车数量、牌照、品牌”和“拘留所伙食标准”，并不是无关紧要的“琐碎”信息。前者涉及“三公”[因公出国(境)经费、公务车购置及运行费、公务招待费]公开，[1]经费公开与实际支出是否相符，公车数量、牌照、品牌可以作为重要计算依据；后者看似细碎，普通人并不关心，但对于一个曾经被拘留的当事人而言，是涉及其切身利益的。[2]

2. 申请明知不属于政府信息范畴的信息

普通公民并不一定非常清楚所申请的信息是否属于《条例》所规定的政府信息范畴。因此申请不属于政府信息范畴的信息，原则上不在信息公开申请滥用的情形之内。陆案审理法院提出的这个认定滥申请的考虑因素，显然需要具备两个事实条件：一是信息不属于《条例》规定的政府信息范畴；二是原告明知如此却执意申请。但审理法院除了结论，并没有具体说明当事人申请的哪些信息属于此类信息，以及当事人又是如何明知这种情况，或者法院又是如何判断当事人是明知这种情况，而出于别的目的固执地请求公开的。就此问题，行政官员、法官屡次说明所申请信息不是政府信息而当事人坚持己见，并不足以认定当事人是故意“捣乱”。毕竟立法不能禁止对法律适用的不同理解。

3. 公共资源的不正当负担和浪费

陆案裁判认为，当事人数量众多的、固执恶意的申请和诉讼，已经造成行政和司法资源“在维护个人利益与公共利益之间有所失衡”。这也是认定其滥用申请和诉讼的一个考虑因素。根据域外经验，在一般意义上，滥诉会造成两大危害：一是有限而珍贵的司法资源浪费在无益的、错误构想的诉讼身上，对其他有

---

〔1〕国务院《关于深化预算管理制度改革的决定》(国发〔2014〕45号，2014年9月26日发布实施)明确要求：“加大‘三公’经费公开力度，细化公开内容，除涉密信息外，所有财政资金安排的‘三公’经费都要公开。对预决算公开过程中社会关切的问题，要规范整改、完善制度。”

〔2〕前注曾经提及加拿大 Riley 先生申请公开厕所清洗记录、UFO 见证记录等，可以借鉴理解何谓“琐碎”信息。

着真正案件等待审理的诉讼当事人不利;二是造成对方当事人的担忧和耗费。[1] 而在信息公开诉讼领域,滥用诉讼者的对方当事人同时还是履行公共职能的机构,其不仅会浪费司法资源,还会消耗被申请机构的资源,使被申请机构无法将有限资源更好地用于正当的职能履行。因此申请和诉讼对公共资源的负担,同样也是域外认定滥用申请和诉讼的主要考量之一。而且这种考量不是把公共资源的负担单独来看,而是考察负担与当事人目的之间的关系。若一项申请有着严肃而正当的目的,即便其可能给公共机构带来重大负担,也不应该被视为无理纠缠的。[2]

陆案审理法院不仅提到公共资源的负担,也在该负担与当事人“有效的行政与司法需求”之间的关系维度上考虑是否存在失衡。然而遗憾的是,法院并没有给出一个哪怕是较为简单的计算来说明当事人的申请和诉讼已经造成怎样的成本,使公共机构为其琐碎、无益的甚至不达终极目的不罢休的请求,分散较多的可用于正当目的的资源。尽管信息公开申请和诉讼的处理成本不容易计算,从事实务的公共机构也较少进行成本计算和记录,[3]但是一个大致的计算也胜过仅仅在数量众多与较大成本之间形成的直觉想象,也更能使法院裁判具备理性的说服力。

(三)驳回起诉+未来类似情形严格审查“三需要”

基于对当事人知情权、诉权滥用的事实认定,陆案审理法院作出了不作实体审理的决定,并宣告对于当事人今后再次申请类似的信息公开、再次提起类似的行政诉讼,均应对其是否出于“满足自身生产、生活、科研等特殊需要”(以下简称“三需要”)进行严格审查。最后,法院以驳回起诉的裁定审结此案。乍看上去,这似乎是法院在现行行政诉讼框架之下可以做的最好选择了。因为第一,若启动实体审理,势必意味着司法和行政资源消耗的开始;第二,既然不作实体审理,最适配的裁判类型就是驳回起诉;第三,为了防止当事人未来再度滥申请、滥诉,宣告对其以后类似行动将严格运用既有的“三需要”标准,审查其申请和诉讼的正当利益关联性。

不过,如此应对措施还是存在疑问。

首先,现行的最高人民法院司法解释将“三需要”作为实体审理阶段运用的

---

[1] See Nikolas Kirby, *supra note* 9, at 174.

[2] See Christopher Knight, *supra note* 10, at 4.

[3] 一份关于苏格兰信息公开的实证研究显示,在接受问卷调查并反馈情况的30个地方市政议会中,没有一个是有信息公开申请处理成本记录的。See Morag Cherry & David McMenemy, *supra note* 15, p.15.

标准，而非关于起诉条件的审查标准，对应的裁判方式是“驳回诉讼请求”。[1]若未来对当事人的类似情形，只是严格审查“三需要”，那么不仅仍然要启动实体审理程序，无法达到防止公共资源浪费的目标，并且与陆案的驳回起诉裁定出现不一致。

其次，“类似”申请和起诉应当如何理解？陆案裁判梳理了当事人一系列申请和起诉所显示的特征，而未来的“类似”情形指的也是这一系列申请和起诉吗？如此岂不是又会有再度的滥申请、滥诉在先，裁判在后？也许陆案当事人经此一役，很有可能被陆案裁判震慑住了，同时也知道法院不会再理会她了。再度的系列申请和起诉也许更多是在逻辑上，但理论研究不应忽视逻辑的可能性。假如“类似”申请和起诉不是指向系列的，而是指向个案的，那么“类似”现在的哪个申请、哪件起诉呢？

最后，申请的“三需要”标准并不符合《条例》保障知情权的宗旨，在一定程度上限制了知情权。[2]审查申请信息是否出于“三需要”，与审查申请信息是否根本不在意信息本身和/或信息公开的严肃价值，运用着两个不同的标准。如果当事人属于后一种情形，就像陆案审理法院那样通过诸多事实可以作出推断，那么其毫无疑问是不满足“三需要”标准的。但是，申请人不能说明本人的生产、生活、科研等特殊需要的，并不意味着其不在意信息本身或信息公开的严肃价值。[3]换

〔1〕 最高人民法院《关于请求公开与本人生产、生活、科研等特殊需要无关政府信息的请求人是否具有原告资格的答复》(〔2010〕行他字第193号)明确指出：“公民、法人或者其他组织认为行政机关针对政府信息公开申请作出的答复或者逾期不予答复侵犯其合法权益，提起行政诉讼，人民法院应予受理。申请人申请公开的政府信息是否与本人生产、生活、科研等特殊需要有关，属于实体审理的内容，不宜作为原告的主体资格条件。”最高人民法院《关于审理政府信息公开行政案件若干问题的规定》(法释〔2011〕17号，2011年8月13日施行)第12条规定：“有下列情形之一，被告已经履行法定告知或者说明理由义务的，人民法院应当判决驳回原告的诉讼请求：……(六)不能合理说明申请获取政府信息系根据自身生产、生活、科研等特殊需要，且被告据此不予提供的”。

〔2〕 在2016年5月21日的“2016行政指导案例中美研讨会”(浙江大学公法与比较法研究所、国家“2011计划”司法文明协同创新中心和美国耶鲁大学法学院蔡中曾中国中心共同主办)上，中国政法大学应松年教授和最高法院耿宝建法官皆已提到，《条例》修改建议稿已经明确将“三需要”的条款删除。若《条例》修改最终如此，陆案裁判中关于对信息公开申请和诉讼滥用者未来类似申请、类似起诉严格审查“三需要”的内容，就不可能成为司法应对信息公开滥诉的教义了。

〔3〕 此类事例不胜枚举。例如，上海市徐汇区政协委员严义明律师在2009年1月向国家发改委提交政府信息公开申请，要求公开“与4万亿已投资到位部分相关的、目前已经审批通过的具体投资项目名称，项目建议书、项目可行性研究报告、项目申请报告的具体内容，投资项目的预算资金金额、审批通过投建项目的原因(涉及国家秘密的除外)”三项信息。其在申请书结尾宣称：“本人申请政府信息公开，不是根本目的，根本目的是希望通过个人的行为能够唤醒公民的参与的权利意识，更多的公众能参与到社会生活的各个方面，进而推动政府执政能力的提升，最终实现国家政治、经济、文化的稳定、健康发展。”参见王思璟：《律师再督中央财政信息公开》，载《21世纪经济报道》2010年1月14日，第8版。

言之,后一标准的指涉范围小于“三需要”标准,并且更能体现对公民知情权最大限度的保障。

三、也许更好的司法应对

那么对于陆案,什么是可以选择的更好的司法应对呢?这个问题隐约地影响之前的评论,必须在这个阶段明确地给出答案。如果说陆案的裁判是应对信息公开申请和诉讼滥用的一个选择的话,就目前尚在探索的司法而言,另外设想一个或更多的备选方案,或许有助于未来更成熟、周全的司法进路和裁判理论以及未来整体制度的架构。

如前所述,陆案审理法院体现出一种有限的司法能动主义。在讨论备选的其他司法应对方案时,也需要基本延循或参照这一立场。在立法未进、整体制度未变的格局下,备选方案应该是尽可能利用现行立法、制度惯例给予司法/行政的装备,寻求司法/行政能动的突破,并将其可能受到的合法性(legitimacy)质疑降到最低。

另外,信息公开申请和诉讼的滥用,是两个相互独立但又经常捆绑在一起的行动和概念。下文有必要先行对二者的涵义及相互之间的可能关系,进行一定的梳理,此处备选的司法应对方法,只是针对类似陆案的情形而讨论和设想的,并未指向所有的信息公开申请和/或诉讼滥用的可能性。

(一)信息公开申请滥用和/或诉讼滥用的可能关系

首先,在政府信息公开领域,知情权滥用和诉权滥用是相互独立的行动和概念,二者并不必然地相生相随。政府信息申请人可能反复地、纠缠地提出信息公开申请,或者就琐碎的、缺乏严肃价值的信息提出申请,其目的不在于知情,而在于给公务机构制造麻烦、实施报复、发泄不满、纯粹做制度运行的试验,或者不断施加压力和成本,让公务机构满足其与知情无关的没有法律和情理依据的利益诉求等。然而,当事人不一定在此基础上进一步恶意提起政府信息公开的行政诉讼,这意味着其会构成知情权滥用,只是与诉权滥用无涉。于此之际,若无相关的诉讼进行,而从资源有效利用的角度出发,又确需对其予以限制的话,只能由面对申请的行政机关或者其他专门机构负责应对,而不是法院。

其次,实践中相对独立的政府信息公开的申请滥用和诉讼滥用又有可能经常纠结在一起,这可以从两个维度来观察。就当事人维度而言,其很有可能为了达到与政府信息知情没有实质性关联的目的,不仅滥用申请,更以种种理由,提起相关的诉讼请求,来增加制造麻烦、报复、发泄、制度试验、施加压力和成本以及实现其他不正当目的,从而同时构成诉讼滥用。就诉讼维度而言,在政府信息公开领域,申请滥用可以独立于诉讼滥用而存在,但诉讼滥用基本上不太可能离开申请滥用而存在。很难想象这样一种情形:当事人合法正当地申请政府信息公开,而在之后的诉讼中进行政府信息公开的滥诉。陆案就属于二者交织一起的常见情形。此时,应对的主体就可能牵扯行政机关、其他专门机构或法院。

最后,知情权的滥用和诉权的滥用并非一个是实体问题、另一个是程序问题,二者之间没有实体和程序的对应关系。原理上,诉权不同于起诉权,其包含程序和实体两个方面:程序方面是公民向法院请求解决纠纷、给予司法救济的权利,即"接近司法"的权利;实体方面是公民请求法院保护其实体上法律权益的权利。故诉权滥用并不是一个纯粹的程序问题。知情权这个概念在学理上尚未像诉权那样得到深入挖掘,但其同样有程序和实体两个方面:程序方面是公民向公共机构提出信息公开申请的权利;实体方面是公民从公共机构处获得其所需信息(除不应公开的以外)的权利。因此,知情权滥用也不完全是一个纯粹的实体问题。尽管在政府信息公开诉讼领域,知情权就是诉的利益本身,[1] 诉权的实体方面就是公民请求法院维护其知情权的权利,但是,由此认定信息公开知情权与诉权是实体和程序的关系是过于简单了。进一步而言,认为"知情权滥用是实体问题,法院处理适合用判决;诉权滥用是程序问题,法院处理应该用裁定"的观点,也同样不具有正当理据。

(二)陆案类似情形的更好的司法应对

基于上述分析,考虑到本文自始至终关注陆案裁判潜在的示范意义,故以下对备选的司法应对方案的设想,仍然针对的是与陆案事实类似的情形,即信息公开申请滥用和诉讼滥用交织的情形。这个方案具体包括以下内容:

1. 行政认定和处理先行,司法审查在后

信息公开申请和诉讼的滥用,不仅损耗司法资源,同样甚至更多地有损行政资源,扰乱行政的正常运作。因此,在研究司法应对的同时,不应放弃行政如何应对的问题,二者是必须有机联动的过程。否则,本应行政接手的难题,行政却若无其事地一股脑儿推给司法解决,司法就会像代人受过似地集中背负资源负担与合法性负担。

对于如陆案当事人那样滥用信息公开申请和诉讼的,被申请的行政机关应该首先承担起认定滥用事实的权能,主动收集有关当事人以前申请和/或诉讼以及其他相关言行的证据,在综合考虑各事实因素以后,作出当事人存在滥用情形的认定,并以此为由拒绝处理(不是拒绝公开)当事人的申请。若如此,当事人不服提起行政诉讼,法院就可以审查被诉的拒绝处理行为是否合法,进而审查被诉行为对滥用的认定是否有清楚而令人信服的证据支撑,也就是间接判断当事

---

[1] 参见李广宇:《政府信息公开判例百选》,人民法院出版社2013年版,第5~7页。

人是否存在滥用事实。

有必要指出的是，本文认为，在行政机关以当事人滥权为由拒绝处理其信息公开申请之前，若确实存在当事人滥诉的情形，该行政机关是可以（但不必须）进行调查和认定的。行政机关只是在收集更加充分的证据，证明当事人先前的信息公开申请和诉讼，已经足以显示其并非善意利用法律以达适当的知情目的，从而为其拒绝处理提供正当事实依据。这并不意味着行政机关在僭越法院的职权，或行政机关直接对滥诉进行处理。

与陆案裁判不同，这个司法进路与《行政诉讼法》的行政行为合法性审查原则相一致，又可以避免因主动调查取证而有悖于中立审判地位的嫌疑。唯一棘手的是，由于《条例》未明确授权行政机关以申请人滥用申请为由拒绝处理申请，在高调依法行政的当下，行政机关可能不愿意冒险被指责为违法限制知情权。但是，既然法院可以以立法宗旨、精神为圭臬，尝试创造性地填补立法空白，对滥用者的诉讼请求不作实体审理，行政机关又为什么不能有这样的担当呢？[1]更何况，陆案裁判已出，司法应对信息公开申请和诉讼滥用的示范已有，行政机关先行认定处理的知识压力和舆论压力或许减轻不少。[2] 最后，《条例》第5条规定："行政机关公开政府信息，应当遵循公正、公平、便民的原则。"行政机关面对个别人的非理性行为已经或可能导致的公共资源过度耗费，而不得采取任何有效措施，岂不有违对其他正当申请人的公正、公平吗？行政机关能动处理信息申请滥用行径的权能，也可解释为该条的应有之义。[3] 当然，如果未来的信息公开立法对行政机关和法院应对申请和诉讼的滥用有明确的规定、授权以及程序配置和衔接，则无须再担忧行政、司法能动的合法性质疑。

---

〔1〕 域外可资参考的、在立法空白处寻求突破的事例有很多。例如，加拿大安大略省信息与隐私专员在作出的令状中，如此阐述其在没有立法授权情况下的职责所在："如果我……承认我没有权力矫正我所认定的滥用情形，那我就不是在实现立法的目标，而是在阻碍它的实现。尽管本专员没有明示的权力处置程序滥用，但是我并没有打算做 Riley 滥用行为的代理人，并不打算持续耗费政府资源，以满足 Riley 的好奇心，容许他拿这个制度做试验，容许他使这个制度功能瘫痪。这会有违公共政策，并会使安大略省信息自由立法的实施名声扫地。" See Information and Privacy Commissioner of Ontario, Canada, *supra note* 13, at 16. 当然，必须指出，根据加拿大《安大略省信息自由和隐私保护法》（Freedom of Information and Protection of Privacy Act）第4条规定，安大略省信息和隐私专员是经省议会提名，由安大略省省督任命的立法机关的官员。

〔2〕 至于行政机关在对待信息公开申请时未以申请人滥用申请为由拒绝处理，是否可以在诉讼中以此为由请求法院调查、认定和裁判的问题，可以再研究。笔者倾向于否定答案，理由仍然是这是一个需要行政和司法联动共同应对的现象。

〔3〕 非常感谢成协中副研究员提醒笔者注意行政机关的能动处理权限在《条例》第5条的释义射程范围之内。

2. 展示司法对事实相关因素的可信认定

正因为对滥用的认定,牵扯在我国尚处萌芽阶段的知情权的保障和本就不易得到充分行使的公民诉权的保障,行政或司法机构,尤其是后者,就应该慎之又慎,应该充分显示裁判理性,方能体现其在知情权、诉权保护和公共资源有效利用之间的用心权衡。如前所揭,陆案裁判在提供应予考虑的事实因素并加以综合判断方面,已经做出非常有意义的探索,但是,仍然有支撑结论的事实描述不清、说理不足的地方。

司法对信息公开申请和诉讼滥用的认定,若要达到清楚和令人信服的程度,需要注意以下原理(根据前文,行政也同样):

(1)滥用的认定应该尽可能限制在很小的范围内。换言之,不宜轻易作出这样的认定,以知情权、诉权的保障为优先考虑。

(2)滥用的认定尚处起步探索阶段,立法、行政/司法实务和学界对此都未提供成熟的、有较多共识的概念界定。因此,滥用的认定不必执着于先给出精准完整的定义和构成要件,而后用三段论演绎推理的方法进行严格的涵摄。不过,大致上,可以从主观的动机目的和客观的滥用行为两个维度上进行考察。[1] 两个维度相对独立,又彼此牵连。主观动机目的或许可以从当事人言辞表达中透露,但更多的是以其行为表现为推断基础。

(3)在以上两个维度,滥用的认定必须综合考量和权衡一系列相关因素,任何一个或几个因素都不具有决定性意义。例如,数量多虽然是一个重要指标,但立法并没有对申请数量进行限制。给行政和司法的公共资源造成压力也是需要考虑的,可诚如英国信息专员所言,"行政机关应当允许来自申请人申请的一定程度的烦扰,因为这是信息公开工作的必然负担"。[2] 进一步,若数量多的主要原因不在于申请人,而在于公共机构主动公开不够、依申请公开总是推诿或"挤牙膏式"公开,那么,权衡之下,数量多、公共资源负担多或许就没有如此大的权重,以至于必须作出滥用认定。

(4)滥用的认定在每一个相关因素上的结论,都应该辅以证据可支撑的事实细节,而不只是给出结论本身。例如,申请的信息相同或类似,应当指出哪些信息是相同的或类似的;反复申请信息,应当指明哪些信息是反复在申请;申请已经获知的信息,应当说明哪些信息是申请人已经获知的;申请的信息是琐碎的、没有严肃价值的,应当明确究竟是哪些信息属于此范畴;申请导致公共资源

---

〔1〕 已经有论者提出构成要件的"两要件说"。参见梁艺:《"滥诉"之辨:信息公开的异化及其矫正》,载《华东政法大学学报》2016年第1期。

〔2〕 参见肖卫兵:《论政府信息公开申请权滥用行为规制》,载《当代法学》2015年第5期。

出现不适当的过度消耗，应当给出大致的成本计算，并应结合申请的信息公开的价值，说明为什么这个成本是不适当的过度等。

（5）滥用的认定不必在每个相关因素上的结论都指向同一方向，以上所说的权衡也包括在相反指向的结论之间进行，而在不同相关因素上得出相反指向的结论，是更具有可信度和说服力的。例如，英国信息专员曾经在其一项决定中，支持司法部针对一位律师的两份信息公开申请所作的纠缠申请认定。信息专员承认，申诉人提出申请的目的与一个潜在的真实问题有关，申请不是有意用来扰乱司法部的主要职能履行；但是，这必须与判断纠缠申请的其他指标进行权衡；而申诉人 5 年以来持续不断申请想要获得的信息，是正在进行的信息公开诉讼所要解决的问题，这就导致了在处理申诉人提出的问题上耗费了不成比例（disproportionate）的时间。[1]

3．驳回诉讼请求 + 未来严格审查“适当目的”

怎样的司法裁判才能达到阻止当事人再度滥用信息公开的申请和诉讼？由于本文设想的是行政先行认定、处理，当事人或许在行政过程结束后即不再申请和诉讼；若当事人不服提起诉讼，法院经审查行政提供的证据和理由，支持其对滥用的认定和处理，则就本案而言，作出驳回诉讼请求的判决即可。

然而，无论是陆案裁判不作实体审理的驳回起诉，还是此处备选的判决驳回诉讼请求，都会面临一个问题：如果当事人无视本案裁判已经显露的警示，执意再度提起申请和/或诉讼，本案裁判对其有何意义呢？陆案裁判设计的应对策略是，对类似申请和诉讼严格审查当事人的“三需要”，前文也已指出，这个策略存在程序审理与实体审理不一致、“类似”标准模糊、“三需要”审查可能过度限制知情权的缺陷。为克服这些缺陷，与此处的驳回诉讼请求裁判保持一致的是，可以在裁判中明确：若当事人再行提起信息公开申请和/或诉讼（无论是否“类似”），行政机关和法院可以严格审查其申请和诉讼是否有符合信息公开立法宗旨和精神的“适当目的”。当事人必须说服行政机关和/或法院相信，其申请和诉讼的目的是满足“三需要”，或者是将所申请的信息用于其他正当用途，或者是督促行政机关公开应该主动公开的信息，或者是其他适当目的。否则，行政机关可以继续对其申请拒绝处理，法院可以再行裁判驳回诉讼请求。在不涉及信息公开申请和诉讼滥用的场合，行政机关和法院原则上不应过多盘问申请信息公开的目的，因此，对滥用者未来申请和诉讼的“适当目的”进行严格审查，已经具有了惩戒先

〔1〕 See UK Information Commissioner’s Office, FOIA Decision Notice（Reference：FS50595496），14 December 2015. https://ico.org.uk/media/action-weve-taken/decision-notices/2015/1560374/fs_50595496.pdf，最后访问日期：2016 年 5 月 5 日。

前滥权的性质，但相比审查“三需要”，对知情权的保护又会更多一些。

4. 逐案解决路径存在的问题

只是，这样的应对策略或许可以克服陆案裁判的不足，但它与陆案裁判的一个共同不足在于对既定滥用者的未来申请和诉讼，不管是严格审查“三需要”还是“适当目的”，都是逐案解决的路径。若滥用者一个一个地再提申请和诉讼，甚至不是仅仅向本案行政机关申请不是仅仅在本案审理的法院管辖范围内起诉，逐案解决的路径仍然很难避免极端情形下对公共资源的消耗。是否有可能再进一步，将集中处理和逐案解决有机结合，给真正的恶意滥用者增加限制条件，使其知难而退或无法实现其恶意目的呢?

加拿大安大略省信息和隐私专员通过令状予以应对的事例，可反映出集中处理和逐案解决结合的思路。其在处理 Riley 先生的滥用申请和申诉时，根据加拿大安大略省《自治市信息自由和隐私保护法》(Municipal Freedom of Information and Protection of Privacy Act)第 43 条第 3 款的授权，制作了一个申诉处理令状，并针对 Riley 以往申请和申诉的情况，设定了一系列条件:[1](1)在令状发布之日起 60 日内，专员不会要求在《安大略省信息自由和隐私保护法》和《自治市信息自由和隐私保护法》适用范围内的任何机构处理 Riley 的任何信息申请以及由申请引发的申诉;(2)在这 60 日内，专员办公室不会处理 Riley 的任何信息公开申诉;(3)在 60 日期满以后的 1 年内，各机构联合集中处理 Riley 申请和/或申诉的上限是 5 件，每个机构单独处理 Riley 的申请和/或申诉的，一次处理 1 件，1 年最多处理 4 件……(5)在 60 日期满以前，Riley 可以向专员办公室提出书面请求，表明其希望在第 3 项规定的期限内得到处理的申请和/或申诉;(6)为了能够让专员办公室监督这些条件的执行，Riley 必须先向专员办公室提交申请，而后由办公室转交给申请书指定的机构;(7)本令状的规定不仅适用于 Riley 提出的申请和申诉，也适用于代表 Riley 的或者根据 Riley 指示行事的任何其他个人、组织或实体;(8)在 1 年加 60 日期满之时，Riley 和受本令状影响的任何个人或机构都可以向专员办公室申请变更本令状的规定，没有申请的，本令状规定可以一年年地延续效力……[2]

显然，这个令状是非常特殊的，是根据 Riley 以往的恶意纠缠专门为其量身定做的，较之本文讨论的陆案裁判以及此处设想的备选方案，对当事人的限制更多。但是，直觉上的印象是，如此应对策略方可解决上文担忧的固执的恶意滥用

---

〔1〕《自治市信息自由和隐私保护法》第 43 条第 3 款给了信息和隐私专员非常宽泛的裁量权，该条款规定:“根据本法，专员的令状可以设定专员认为适当的任何条件。”

〔2〕Information and Privacy Commissioner of Ontario, *supra note* 13, at 20.

者问题,也更能体现对不同当事人的合理裁量。只不过,若无立法明确授权,无论域内外,恐怕没有哪个属于立法、行政或司法的机构可以作出这样的决定。就此而言,若要让我国的法院以集中处理和逐案解决相结合的方式,对较为罕见的恶意滥权现象进行更有效的处理,必须仰仗立法的创制。

四、结语

本文的主题是关于信息公开申请和诉讼滥用的司法应对,但是,更好的司法应对必须镶嵌在一个更好的整体制度之中。这个制度应当至少:(1)体现知情权和诉权保障在优先考虑基础上与公共资源有效利用平衡的精神;(2)对申请和诉讼的滥用以及相应的处理,提供基础性的立法规定和授权;(3)建立行政、司法以及其他可能的权威机构有效联动的应对机制,包括但不限于被申请机构的先行处理、信息申请异议的集中处理(如有些国家的信息专员或信息申诉委员会)、信息申请处理或救济的司法审查等的分立和联动;[1](4)完善逐案解决和集中处理、行为机制和金钱机制[2]有机结合的应对制度,授予权威的集中处理机构(无论隶属于行政、司法抑或立法)针对不同滥用情形的裁量权。

可见,陆案裁判及其在《公报》上的刊登是一个好的开始,有更多的问题等待进一步的思考、研究和解决。开放的、反省的、多方案试错的、经验积累的司法应对,也只是刚刚开始。幸运的是,在中国当下公报案例和指导案例制度下,陆案裁判还没有达到具有约束力的判例地位,所以还有时间反思其不足,还有时间做出更好的司法应对,还有时间研究更多的相关问题。因此,当前并不适宜广泛推广陆案裁判,更适宜的是认真研究陆案裁判引发的问题。

---

〔1〕至于如何分立、如何有效联动,则可能有更多模式的制度设计方案,本文无意也无法在此展开。但是,确有必要提及的是,由于当下大量信息公开申请的出现,以及未来可能更多的出现,在法院之前,考虑一个集中处理信息公开申请异议的机制,是非常有价值的。

〔2〕由于研究旨趣和篇幅所限,本文未就制约信息公开申请和诉讼滥用可能采取的金钱机制(如信息申请收费、败诉费用等)展开讨论。参见肖卫兵:《论政府信息公开申请权滥用行为规制》,载《当代法学》2015年第5期。

案例 13　指导案例助推垄断改革

——以指导案例 5 号为分析对象

沈　岿

案　情

2007 年 11 月 12 日，原告鲁潍（福建）盐业进出口有限公司苏州分公司（以下简称鲁潍公司）从江西等地购进 360 吨工业盐。被告江苏省苏州市盐务管理局（以下简称苏州盐务局）认为鲁潍公司进行工业盐购销和运输时，应当按照《江苏省〈盐业管理条例〉实施办法》（以下简称《江苏盐业实施办法》）的规定办理工业盐准运证，鲁潍公司未办理工业盐准运证即从省外购进工业盐涉嫌违法。2009 年 2 月 26 日，苏州盐务局经听证、集体讨论后认为，鲁潍公司未经江苏省盐业公司调拨或盐业行政主管部门批准从省外购进盐产品的行为，违反了《盐业管理条例》第 20 条，《江苏盐业实施办法》第 23 条、第 32 条第 2 项的规定，并根据《江苏盐业实施办法》第 42 条的规定，对鲁潍公司作出了（苏）盐政一般（2009）第 001-B 号处罚决定书，决定没收鲁潍公司违法购进的精制工业盐 121.7 吨、粉盐 93.1 吨，并处罚款 122363 元。鲁潍公司不服该决定，于 2009 年 2 月 27 日向苏州市人民政府申请行政复议。苏州市人民政府于 4 月 24 日作出了（2009）苏行复第 8 号复议决定书，维持了苏州盐务局作出的处罚决定。

鲁潍公司诉称：苏州盐务局根据《江苏盐业实施办法》的规定，认定鲁潍公司未经批准购买、运输工业盐违法，并对鲁潍公司作出行政处罚，其具体行政行为执法主体错误、适用法律错误。苏州盐务局无权管理工业盐，也无相应执法权。根据原国家计委、原国家经贸委《关于改进工业盐供销和价格管理办法的通知》等规定，国家取消了工业盐准运证和准运章制度，工业盐也不属于国家限制买卖的物品。《江苏盐业实施办法》的相关规定与上述规定精神不符，不仅违反了国务院《关于禁止在市场经济活动中实行地区封锁的规定》，而且违反了《中华人民共和国行政许可法》（以下简称《行政许可法》）和《中华人民共和国行政处罚法》（以下简称《行政处罚法》）的规定，属于违反上位法设定行政许可和处罚，故请求法院判决撤销苏州盐务局作出的（苏）盐政一般（2009）第001-B号处罚决定。

被告苏州盐务局辩称：根据国务院《盐业管理条例》第4条和《江苏盐业实施办法》第4条的规定，苏州盐务局有作出盐务行政处罚的相应职权。《江苏盐业实施办法》是根据《盐业管理条例》的授权制定的，属于法规授权制定，整体合法有效。苏州盐务局根据《江苏盐业实施办法》设立准运证制度的规定作出行政处罚并无不当。《行政许可法》《行政处罚法》均在《江苏盐业实施办法》之后实施，根据《中华人民共和国立法法》（以下简称《立法法》）法不溯及既往的规定，《江苏盐业实施办法》仍然应当适用。鲁潍公司未经省盐业公司或盐业行政主管部门批准而购买工业盐的行为，违反了《盐业管理条例》的相关规定，苏州盐务局作出的处罚决定认定事实清楚，证据确凿，适用法规、规范性文件正确，程序合法，请求法院驳回鲁潍公司的诉讼请求。

江苏省苏州市金阊区人民法院于2011年4月29日作出（2009）金行初字第0027号行政判决书，认定苏州盐务局具有合法执法主体资格，但其适用《江苏盐业实施办法》，未遵循《立法法》第79条关于法律效力等级的规定，未依照《行政许可法》和《行政处罚法》的相关规定，属于适用法律错误，判决撤销苏州盐务局（苏）盐政一般（2009）第001-B号处罚决定书。

法律疑点

- 指导案例5号是否可以作为法院审查地方性法规合法性的依据？
- 上位法没有设定行政处罚、行政许可的事项，地方性法规、规章是否一定无权设定？
- 指导案例发布以后对法院裁判和/或立法、政策如何产生影响、产生什么影响？

法理研习

一、地方性法规是否“暗度陈仓”

最高人民法院（以下简称最高法院）于2012年4月9日发布的指导案例5号，即《鲁潍（福建）盐业进出口有限公司苏州分公司诉江苏省苏州市盐务管理局盐业行政处罚案》（以下简称5号案例），宣告的裁判要点有三：“（1）盐业管理的法律、行政法规没有设定工业盐准运证的行政许可，地方性法规或者地方政府规章不能设定工业盐准运证这一新的行政许可；(2)盐业管理的法律、行政法规对盐业公司之外的其他企业经营盐的批发业务没有设定行政处罚，地方政府规章不能对该行为设定行政处罚；(3)地方政府规章违反法律规定设定许可、处罚的，人民法院在行政审判中不予适用。”

其中，最令人不可思议却饶有趣味的是，此案并未牵涉地方性法规，〔1〕裁判理由也未提及地方性法规，〔2〕但是，裁判要点却超越本案事实情形，就盐业管理领域的工业盐准运证事项，提出了“地方性法规也不能设定”的规则。由于该规则与5号案例的事实没有直接相关性，其是否能够被各级、各地法院通过案件类比方法，广泛适用于“类似案件”的审理，〔3〕不免留有疑问。因为，在指导案例制度之下，司法活动的重点不在于对规则的解释，不在于解释“案件事实能否被法律规则所涵摄”，而在于判断待决案件与指导案例“在事实上是否具有类似性”。〔4〕

设若在5号案例公布以后出现的待决案件之中，盐业管理部门执法的依据是设定了工业盐准运证的地方性法规，而不是地方政府规章。这是否构成关键性的案件事实区别，以至于5号案例不能被参照适用于此类待决案件呢？案件类比方法的适用是将焦点聚集于案件事实的相似性，而非直接运用指导案例的结论(包括但不局限于裁判要点)。在指导案例中未出现的事实——执法依据是地方性法规，在待决案件之中出现了，而现行《行政许可法》框架之下的地方性法规和地方政府规章在行政许可的设定权限上是有差异的。仅就这一点而言，上述问题的答案似乎构成了关键性事实区别，并可得出5号案例不予参照的判断。但是，果真如此的话，该案例所含裁判要点提出的“地方性法规不能设定工业盐准运证”规则，岂不是毫无意义？该规则既与5号案例本身事实无关，又不具有未来的适用价值，最高法院岂不是在这里多此一举、白费工夫吗？

---

〔1〕 5号案例的核心问题是，被告苏州盐务局在查处盐业违法案件时适用的作为地方政府规章的《江苏省〈盐业管理条例〉实施办法》相关条款是否合法有效。该案并未触及任何地方性法规。

〔2〕 裁判理由指出：“根据《行政许可法》第15条第1款、第16条第3款的规定，在已经制定法律、行政法规的情况下，地方政府规章只能在法律、行政法规设定的行政许可事项范围内对实施该行政许可作出具体规定，不能设定新的行政许可。法律及《盐业管理条例》没有设定工业盐准运证这一行政许可，地方政府规章不能设定工业盐准运证制度。”

〔3〕 最高人民法院《关于案例指导工作的规定》(2010年11月26日，法发〔2010〕51号)第7条规定：“最高人民法院发布的指导性案例，各级人民法院审判类似案例时应当参照。”最高人民法院《关于发布第一批指导性案例的通知》(2011年12月21日，法〔2011〕354号)进一步指出应该“严格参照指导性案例审理好类似案件”。

〔4〕 参见陈兴良：《案例指导制度的规范考察》，载《法学评论》2012年第3期。

又或者,最高法院在5号案例裁判要点中提及地方性法规,纯粹是无心之举,没有去思量其是否可在未来作为"重要裁判规则、理念或方法",对类似案件的裁判起指导作用?〔1〕无心之举的猜测显然低估了最高法院遴选、审查、发布指导性案例的慎重性和周密性。必须注意的是,在5号案例审结之前,江苏省高级人民法院曾经向最高人民法院提交了《关于鲁潍(福建)盐业进出口有限公司苏州分公司诉苏州市盐务管理局盐业行政处罚及行政赔偿一案的请示报告》,最高人民法院在答复中已经明确"法律及《盐业管理条例》没有设定工业盐准运证这一行政许可,地方性法规或者地方政府规章不能设定工业盐准运证制度"。〔2〕不过,这个与5号案例裁判要点几乎一致的答复,只是就案说案,而没有在可以普遍影响其他类似案件审理的指导案例中呈现,其作用当然是受局限的。而5号案例审结以后、作为指导案例发布之前,审理该案的江苏省苏州市金阊区人民法院也只是聚焦于地方政府规章的合法性,并且以《行政诉讼法》关于"参照"规章的规定为基础,论证(兼带宣传)其不适用设定工业盐准运证的地方政府规章的正当性,〔3〕而未提及地方性法规问题。但是,5号案例发布之后,最高人民法院案例指导工作办公室就发表了更为详细的关于案例理解与参照的说明,其中将"关于地方性法规或地方政府规章能否设定工业盐准运证这一新的行政许可问题"专列出来予以释明。〔4〕由此足见,最高人民法院在5号案例中关于地方性法规不能设定工业盐准运证的裁判要点,绝不可能是草率随意、不假思索的。

再返回以上所提构成关键性事实区别的结论,其实它也是可争辩的。地方性法规和地方政府规章的许可设定权的确不同,可是,在上位法已经制定的情况下,二者都只能在上位法设定的行政许可事项范围内具体规定行政许可的实施,

---

〔1〕最高人民法院发布的《关于编写报送指导性案例体例的意见》提出:"裁判要点应简要归纳和提炼指导性案例体现的具有指导意义的重要裁判规则、理念或方法,应当概要、准确、精练,结构严谨,表达简明,语义确切,对类似案件的裁判具有指导、启示意义。"参见最高人民法院研究室《关于印发〈关于编写报送指导性案例体例的意见〉、〈指导性案例样式〉的通知》(2011年12月30日,法研〔2012〕2号)。

〔2〕参见最高人民法院《关于经营工业用盐是否需要办理工业盐准运证等请示的答复》(2011年1月17日,〔2010〕行他字第82号)。

〔3〕参见付国华、李向阳:《规章在行政审判中的参照适用》,载《人民司法》2011年第24期。

〔4〕参见最高人民法院案例指导工作办公室(执笔人:耿宝建、姚宝华):《指导案例5号〈鲁潍(福建)盐业进出口有限公司苏州分公司诉江苏省苏州市盐务管理局盐业行政处罚案〉的理解与参照》,载《人民司法》2012年第15期。

而不能增设行政许可。[1] 在这一点上，二者又没有实质性的差异。所以，假如指导案例与待决案件之间其他事实皆有相似性，只在被告执法依据上有地方性法规与地方政府规章之异，也可以认定其不构成关键性事实区别。若如此，5 号案例就可以得到参照适用，其裁判要点所提的“地方性法规不能设定工业盐准运证”规则就可体现其意义。

这样的争辩当然基于一种假设，即最高人民法院确认的指导案例裁判要点不会是毫无意义的。它可以拯救 5 号案例裁判要点涉及地方性法规的规则，不至于使其成为最高法院开具的空头支票。只是，即便如此，类似待决案件的审理法院还会面临另外一个问题，即如何对待违法设定工业盐准运证的地方性法规？换言之，5 号案例裁判要点关于违法设定许可和处罚的地方政府规章、法院不予适用的规则，是否也可以延伸适用于类似待决案件之中的地方性法规呢？如果按照 5 号案例裁判理由所述苏州盐务局“对盐业违法案件进行查处时，应适用合法有效的法律规范”的内在逻辑，那么，在类似待决案件之中出现了盐业管理部门依据违法创设工业盐准运证的地方性法规作出被诉行政行为的情形，法院似乎也应该拒绝适用该地方性法规，并判决盐业管理部门适用法律法规错误。

这是否意味着尽管 5 号案例事实本身并不牵扯地方性法规，裁判要点因此无须也的确没有宣告对设定工业盐准运证的地方性法规不予适用的司法立场，但是，最高人民法院实际上通过裁判要点预留了以后在待决案件中对付此类地方性法规的后招？

二、法律适用和行政审批的潜在意义

假如最高法院预留后招的判断是可以成立的，那么，其潜在的意义是巨大的，至少体现在两个重要方面：一是就长期以来关于法院如何适用法律以外其他法规范的问题进一步明确司法立场；二是解决在盐业管理领域普遍存在的对工业盐运输实施专门审批的问题。

由于《中华人民共和国行政诉讼法》（1989 年，以下简称《行政诉讼法》）第

---

〔1〕《行政许可法》第 16 条规定：“行政法规可以在法律设定的行政许可事项范围内，对实施该行政许可作出具体规定。……规章可以在上位法设定的行政许可事项范围内，对实施该行政许可作出具体规定。法规、规章对实施上位法设定的行政许可作出的具体规定，不得增设行政许可；对行政许可条件作出的具体规定，不得增设违反上位法的其他条件。”5 号案例在裁判理由中提及了裁判要点（1）背后的论理：“根据《行政许可法》第 15 条第 1 款、第 16 条第 3 款的规定，在已经制定法律、行政法规的情况下，地方政府规章只能在法律、行政法规设定的行政许可事项范围内对实施该行政许可作出具体规定，不能设定新的行政许可。”

52 条要求法院"审理行政案件,以法律和行政法规、地方性法规为依据",而第 53 条则规定法院可以"参照"国务院部门规章和地方政府规章,因此,有一种观点认为立法措辞在"依据"和"参照"上的不同意味着:法院可以审查规章是否符合上位法,并选择对违法规章不予适用;但法律、行政法规和地方性法规既然是法院判案之"依据",就不是法院审查和选择适用的对象。此观点在理论界与实务领域也是相当盛行的。[1] 那么,倘若当事人在诉讼中确实提出行政法规、地方性法规与上位法相抵触的问题,法院难道就能以"依据"为由而对此不做任何审查? 难道就可以径直适用该行政法规、地方性法规,而不管其内心实际是认同当事人主张的? 答案当然是否定的。否则,法院就违背了依法审判的宪法原则。[2] 基于"依据"和"参照"二分方法而认为法院对行政法规、地方性法规无审查和选择适用权的观点,也不会对上述问题持肯定回答。其通常会提出,遭遇此类争端的法院,可以按《中华人民共和国立法法》(2000 年,以下简称《立法法》)第 90 条的指示,[3]向全国人大常委会提出审查的要求或建议。[4]

然而,以上观点正在日益受到批评,且逐渐失去其在理论与实务中的市场。越来越多的论者倾向于法院有权对法规范的冲突进行评判并选择适用合法有效的法规范,而此种权力的正当性主要来源于两种勾连在一起的需求:其一,维护法制统一;其二,及时有效地解决法规范冲突以及相关的案件纠纷。[5] 尤其值得关注的是,司法实践已经突破对行政法规、地方性法规只是直接适用而不作审查、不行使选择适用权的观点束缚。就行政法规而言,或许还仅仅是地方法院打

---

〔1〕"从立法者的表见意思看,对于法律、行政法规和地方性法规应该作为审判依据直接适用,而规章则是在进行审查的基础上选择适用。这个意思被广大法律专家、学者和法官们普遍领会和接受,且运用于审判实践。"参见董皞:《论行政审判对行政规范的审查与适用》,载《中国法学》2000 年第 5 期。

〔2〕该原则的宪法基础是《宪法》第 126 条的规定,即"人民法院依照法律规定独立行使审判权"。

〔3〕《立法法》第 90 条规定:"国务院、中央军事委员会、最高人民法院、最高人民检察院和各省、自治区、直辖市的人民代表大会常务委员会认为行政法规、地方性法规、自治条例和单行条例同宪法或者法律相抵触的,可以向全国人民代表大会常务委员会书面提出进行审查的要求……前款规定以外的其他国家机关和社会团体、企业事业组织以及公民认为行政法规、地方性法规、自治条例和单行条例同宪法或者法律相抵触的,可以向全国人民代表大会常务委员会书面提出进行审查的建议……"

〔4〕最高人民法院副院长江必新大法官曾经指出,法院对不同的抽象行政行为有不同的司法权力,包括违法确认权、拒绝适用权、选择适用权、请求解释和确认权、要求审查权、司法建议权。其中,拒绝适用权可用于规章和规章以下的规范性文件,而对于行政法规,只能依据《立法法》行使要求审查权。参见江必新:《〈行政诉讼法〉与抽象行政行为》,载《行政法学研究》2009 年第 3 期。

〔5〕例如,参见董皞:《论行政审判对行政规范的审查与适用》,载《中国法学》2000 年第 5 期;周永坤:《论法官查找法律的权力》,载《法学》2004 年第 4 期;王贵松:《法院对法律冲突问题的应对:现状与前瞻》,载《法商研究》2010 年第 2 期。

破坚冰的开始,最高人民法院尚未明确表态。[1] 而针对地方性法规,不单是地方法院屡有审查和选择适用的实例,最高人民法院也曾经多次指示应当依据法规范的层次和效力或者《立法法》的规定加以正确适用。

例如,《立法法》出台之前,早在《行政诉讼法》实施未久的1993年,最高人民法院就已明确,"人民法院审理行政案件,对地方性法规的规定与法律和行政法规的规定不一致的,应当执行法律和行政法规的规定"。[2] 最高人民法院在审理民事案件方面也是相同立场,其于1999年宣布:"在处理各类民事案件时,对于国家法律、行政法规有规定,而地方性法规和各种规章中规定的内容……与法律、行政法规规定的基本原则和精神相抵触的,不能适用或者参照。"[3]同在1999年,最高法院行政审判庭在答复上海市高级人民法院请示时指出,地方性法规《上海市公证条例》与行政法规《中华人民共和国公证暂行条例》不一致,法院应当"选择适用"行政法规。[4] 在《立法法》施行之后的2003年,针对地方性法规《河南省盐业管理条例》与行政法规《食盐专营办法》不一致的问题,最高人民法院指出"人民法院在审理有关行政案件时,应根据《中华人民共和国立法法》第64条第2款、第79条第2款规定的精神进行选择适用"。[5]

可见,最高法院通过5号案例裁判要点宣告"地方性法规不能设定工业盐准运证",其实是再次申明了对地方性法规进行审查和选择适用的司法权力,是其以往较为一贯的立场的延续。正因如此,有论者在司法发展的基础上,阐述了法院审查和选择适用行政法规、地方性法规的正当性,并就如何审查和选择适用提出了技术性建议。[6] 也有论者对5号案例进行评析之后,指出法院不予适用法规范的依据只能是《立法法》第79条,而不是《行政诉讼法》第52、53条,不予适用的范围也就可扩大至行政法规、地方性法规,而不仅仅限于规章和规章以下

---

〔1〕 在上海市第二中级人民法院二审终结的"上海东兆化工有限公司诉上海市工商行政管理局静安分局行政处罚案"和北京市海淀区人民法院审结的"蔡霞诉北京教育考试院取消考试成绩决定案"中,法院拒绝适用与上位法抵触的相关行政法规。参见章剑生:《依法审判中的"行政法规"——以〈行政诉讼法〉第52条第1句为分析对象》,载《华东政法大学学报》2012年第2期。

〔2〕 参见《关于人民法院审理行政案件对地方性法规的规定与法律和行政法规不一致的应当执行法律和行政法规的规定的复函》(1993年3月11日,法函〔1993〕16号)。

〔3〕 参见《全国民事案件审判质量工作座谈会纪要》(1999年11月29日,法〔1999〕231号)。

〔4〕 参见最高人民法院行政审判庭《对〈关于审理公证行政案件中适用法规问题的请示〉的答复》(1999年8月16日,法行〔1999〕4号)。

〔5〕 参见最高人民法院《对人民法院在审理盐业行政案件中如何适用国务院〈食盐专营办法〉第二十五条规定与〈河南省盐业管理条例〉第三十条第一款规定问题的答复》(2003年4月29日,法行〔2000〕36号)。

〔6〕 参见章剑生:《依法审判中的"行政法规"——以〈行政诉讼法〉第52条第1句为分析对象》,载《华东政法大学学报》2012年第2期;崔文俊:《人民法院审理案件适用地方性法规问题的探讨》,载《天津商学院学报》2007年第4期。

的规范性文件。[1]

将5号案例裁判要点放在这样的历史背景之中观察,可以发现其在解决法院如何适用法律以外其他法规范问题方面的促进作用。在这个问题上,理论界、实务界一直以来存在各种分歧,5号案例裁判要点也不会就此画上句号。但是,其毫无疑问在推动观念和价值位序的转换。法制统一需要借助(但绝非完全依赖)法院的力量,法规范冲突的解决应当保证案件审判、纠纷解决的效率,这些观念正在渐渐地扩大认同范围,超过了与"泛行政化体制"(国务院的级别高于任何一级法院、地方性法规制定主体级别高于绝大多数法院)和"法院向同级人大负责体制"不无关联的法院不能审查行政法规、地方性法规合法性的传统认知。

5号案例裁判要点的潜在意义不止于一般的法律适用维度,更延伸至具体的行政审批改革维度。在盐业管理领域,为工业盐运输设定准运证的,不只是像5号案例事实中出现的地方政府规章,还包括许多地方性法规。在省、自治区、直辖市层级的地方性法规之中,为工业盐运输设定的行政许可/审批的形式或称谓是多样的,有"准运证"[2]"通行证"[3]"运盐证明"[4]"运输证明"[5]"放运证明""发盐凭证"[6]等,不一而足。但是,万变不离其宗,所有这些都意味着工业盐运输行为必须得到盐业主管部门的事先审批才是合法的,否则,行为人将面

〔1〕参见张旭勇:《"不予适用"的依据与参照适用范围——最高人民法院指导案例5号评析》,载《浙江社会科学》2013年第1期。

〔2〕《辽宁省盐业管理条例》第19条第3款规定:"国家总量计划指导下合同订货外的工业盐运输,在本条例发布之日起两年内,由省盐业主管机构核发准运证,承运人必须携带准运证运输。"《天津市盐业管理条例》第23条第2款规定:"在本市范围内运输或者从外地运进本市的纯碱、烧碱生产用盐以外的其他用盐,必须持有市盐业行政主管部门签发的准运证。"

〔3〕《湖北省盐业管理条例》第28条第1款规定:"省内企业发运的纯碱、烧碱用盐和其他用盐,必须持有省盐业行政主管机构开具的通行证。"《山东省盐业管理条例》第27条规定:"食盐和其他用盐的运输实行准运证制度;纯碱、烧碱工业用盐和按规定实行直供用盐的运输实行通行证制度。"

〔4〕《宁夏回族自治区盐业管理条例》第16条规定:"途经我区运输两碱工业用盐和其他工业用盐应当持有用盐单位所在地盐业管理机构出具的运盐证明;自治区内跨市县运输两碱工业用盐和其他工业用盐,应当持有购销合同复印件或自治区盐业管理机构签发的运盐证明。"

〔5〕《云南省盐业管理条例》第29条规定:"制碱工业用盐和其他用盐实行运输监督管理制度。需要制碱工业用盐和其他用盐的企业,应当向当地盐业行政主管部门进行登记,由当地盐业行政主管部门开具运输证明,运输证明随货同行。"

〔6〕《重庆市盐业管理条例》第24条第2款规定:"在本市范围内运输两碱工业用盐以外的其他工业用盐的,必须持有本市县以上盐业公司的发盐凭证;从本市运出或从市外运进本市的两碱工业用盐以外的其他工业用盐的,必须持有市盐业行政主管部门签发的准运证;市外途经本市运输两碱工业用盐以外的其他工业用盐的,应持有发运地省级盐业行政主管部门签发的放运证明。"

临行政处罚或强制措施。由于地方性法规的设定不在少数,[1]又披着地方代议机关(地方人大)的民主意志之外衣,若不能有效应对之,单单通过5号案例的参照适用,只是使违法设定的地方政府规章在具体案件中实际失效,就会导致制度混乱、有失公平的问题。

假如5号案例裁判要点确立的"地方性法规不能设定工业盐准运证"规则也能得以严格参照,在以后的类似待决案件之中,法院就可以行使选择适用权,像5号案例裁判要点那样,对违法的地方性法规不予适用。进而,在盐业管理领域,关于工业盐的运输就可以废除长期存在的行政审批,无论其是由地方性法规还是由地方政府规章创设的,从而实现统一、自由、公平的制度,甚至正是因为目前尚有如此众多的地方性法规设定工业盐准运证,我们才能理解最高人民法院为何如前文所述煞费苦心地将与5号案例无关联的地方性法规拽进裁判要点之中。

三、艰难破冰的开始

任何事物的潜在意义或价值并不一定能够必然实现。5号案例在案件事实之外跳跃了一步,向违法设定工业盐准运证的地方性法规发出警示,用意明显是整齐划一地革除由地方性法规、地方政府规章创建的工业盐运输审批制度。而这一意图是否能够通过指导案例制度得以完全的实现,在5号案例发布后2年的时段内,尚无法做出确定的判断。但是,已有的零星案件似乎隐约闪现5号案例助推制度转型的曙光。

5号案例发布后2个月,浙江省温州市中级人民法院在2012年6月19日同一天作出了两份行政判决。在两起案件中,某市盐务管理局针对温州某盐业进出口公司两次运输工业盐的行为,以没有取得准运证为由,依照《浙江省盐业管理条例》(2009年),分别作出了相应的没收罚款决定和查封扣押决定。盐业进出口公司向温州市乐清县人民法院提起行政诉讼,在两份一审行政判决中,法院都以该条例第24条的规定"省内跨市(地)、县(市、区)调拨的食盐、其他用盐的运输,应当持有省盐业主管机构或市(地)盐业主管机构核发的准运证"为依据,作出了支持被告的驳回原告诉讼请求判决。而温州市中级人民法院在二审时又都认为,"根据《中华人民共和国立法法》第79条的规定,法律、行政法规的效力高于地方性法规。法律及《盐业管理条例》没有设定工业盐准运证制度"。因此,某市盐务管理局以温州某盐业进出口有限公司无准运证运输其他用盐为由,扣押涉案盐产品和作出行政处罚决定,都违反了国务院《盐业管理条例》的规

[1] 根据"北大法律信息网·北大法宝数据库",截至2014年3月20日,在17个省、自治区、直辖市发布的盐业管理地方性法规之中,有11个明确规定工业盐运输需得到事先审批,占比64.7%。

定。于是，在两起案件中，温州市中级人民法院二审判决都推翻了乐清县法院一审判决，并确认被诉行政强制措施违法和撤销被诉行政处罚决定。[1] 尽管这两份二审判决书都没有提及5号案例，但是，从两个二审案件的审结日期、判决书中关于法律及《盐业管理条例》没有设定工业盐准运证的判断和措辞以及在同一天推翻两个一审判决来看，很难说其没有受到5号案例的影响。[2]

更值得一提的是，上引《浙江省盐业管理条例》第24条的规定已经由《浙江省人大常委会关于修改〈浙江省盐业管理条例〉的决定(2012)》(2012年9月28日公布，10月1日起施行)修改为“食盐运输实行准运证制度。调拨到省外的食盐的运输，应当持有国务院盐业主管机构核发的准运证。省内跨设区的市、县(市、区)调拨的食盐的运输，应当持有省盐业主管机构或设区的市盐业主管机构核发的准运证”。这就意味着，原先规定的“其他用盐”(含工业盐)准运证被废除了。虽然这一决定未予说明修改的理由，但谁也不能断言其与5号案例以及前述温州两个案例之间毫无关联。[3]

判决书明白记录5号案例作为证据由原告向法院提交，且原告以此作为支撑其主张的依据之一的，是由河南省中牟县人民法院审理的“郑州海王工业盐销售有限公司”为原告的两起行政案件。[4] 这两份判决书实为同一法院对同一行政案件的裁判，而在洛阳市中级人民法院的监督之下，结果却大相径庭。此案的基本事实是被告认定原告“违法营销工业盐”，并作出相应行政处罚。最初，在“海王19号案”中，中牟县人民法院认为，“最高人民法院发布第二批指导性案例(5号案例)中苏州盐务局作出处罚的依据是地方性规章，根据行政处罚法的规定地方性规章无权设定行政处罚，而本案被告作出处罚依据的地方性法规有权设定行政处罚。故原告提供的法律、法规条文、案例不适用于本案”。这个

---

[1] 参见“温州某盐业进出口有限公司与某市盐务管理局盐业行政处罚纠纷上诉案”[(2011)浙温行终字第180号]，“温州某盐业进出口有限公司与某市盐务管理局盐业行政强制纠纷上诉案”[(2011)浙温行终字第222号]。本文案例若非特殊说明，均引自“北大法律信息网·北大法宝数据库”。

[2] 两份判决都没有提及5号案例，或许是指导案例制度本身处于起步发展阶段使然。最高人民法院在要求各地法院参照或严格参照指导案例时，并未明确参照的具体含义，更未明确参照审理类似案件的判决书应该如何援引指导案例。不过，鉴于具有中国特色的指导案例不同于判例法国家中具有法律上拘束力的判例，基本共识是参照的法院不能直接援引指导案例作为判案依据。有论者建议指导案例可以在法院判决的说理部分得到援引，从而使判决具有较强的说理性。参见王利明：《我国案例指导制度若干问题研究》，载《法学》2012年第1期。由于学者建议尚未得到最高人民法院明确认可，地方法院不提及指导案例，也就不足为奇了。

[3] 本文初稿形成后，这一关联性已经在笔者与浙江省人大常委会工作人员沟通时得到求证。

[4] 参见“原告郑州海王工业盐销售有限公司诉被告中牟县盐务管理局不服行政处罚案”[(2012)牟行初字第19号，以下简称“海王19号案”]、“郑州海王工业盐销售有限公司诉中牟县盐务管理局不服行政处罚案”[(2013)牟行初字第72号，以下简称“海王72号案”]。

认定与前文曾经提及的将待决案件中出现地方性法规作为与5号案例不同的关键性事实而对5号案例不予参照的思路是一致的。这也是地方法院首次在判决书中讨论5号案例是否参照适用于待决案件。

法院进一步指出:“《中华人民共和国行政处罚法》第11条第1款规定地方性法规可以设定除限制人身自由、吊销企业营业执照以外的行政处罚。《河南省盐业管理条例》第19条第2款规定:未经批准,任何单位和个人不得进行盐的营销活动。第28条规定违反本条例19条规定的,由盐业行政主管部门责令停止违法行为,没收违法盐产品和违法所得,并处违法盐产品价值1倍以上3倍以下的罚款。《河南省盐业管理条例》作为地方性法规,与《中华人民共和国行政处罚法》的规定是一致的……故被告对原告作出行政处罚与上位法不相抵触,符合法律规定。”法院最终驳回了原告的诉讼请求,也就支持了被告关于原告未经批准营销工业盐是违法的认定。

中牟县人民法院的“海王19号案”判决经原告上诉后,被洛阳市中级人民法院裁定发回重审。中牟县人民法院重审结论即“海王72号案”判决完全倒向支持原告。判决书只字未提原告作为证据提交的5号案例,但其中的说理部分有三处值得关注。

其一,关于工业盐“运营”许可。“《中华人民共和国行政许可法》第14条第1款规定‘本法第12条所列事项,法律可以设定行政许可。尚未制定法律的,行政法规可以设定行政许可。’国务院《盐业管理条例》为行政法规,对工业盐的运营未设定行政许可;国家计委、国家经贸委《关于改进工业盐供销和价格管理办法的通知》在全国范围内放活了工业盐的供销和价格管理;最高人民法院《关于缪绿伟非法经营(工业盐)一案的批复》和最高人民法院《关于经营工业用盐是否需要办理工业盐准运证等请示的答复》对人民法院审理工业盐运营行政诉讼案件关于行政许可问题作出了司法解释;原告的营业执照登记了工业盐的经营范围,如果需要盐业主管部门行政许可,则是工商登记的前置程序,取得行政许可前不可能获取工商登记,证明原告具备经营工业盐的资格。”在这里,法院突破了仅仅适用于工业盐准运证的5号案例裁判要点,明确指出行政法规未设定“运营”行政许可,而只要企业营业执照范围包括经营工业盐,就无须再专门获得盐业主管部门的批准。

其二,关于地方性法规的选择适用。“被告对原告采取行政处罚依据的《河南省盐业管理条例》为地方性法规,与《行政许可法》、国务院《盐业管理条例》相比属于下位法,根据《中华人民共和国立法法》第79条‘法律的效力高于行政法规、地方性法规、规章。行政法规的效力高于地方性法规、规章’的规定,应当优先适用《行政许可法》和国务院《盐业管理条例》。”显然,法院的此番陈述同前文所揭 5 号案例裁判要点涉及的地方性法规选择适用规则是一脉相承的。

其三,关于所涉地方性法规条款的解释。在明确地方性法规选择适用规则之后,法院并未像前述温州案例那样指出被告适用的地方性法规条款与法律、行政法规相抵触,而是通过法律解释的方法,否定被告执法机关关于工业盐营销需要另外许可的认识。“被告适用《河南省盐业管理条例》第 19 条第 2 款‘未经批准,任何单位及个人不得进行盐的营销活动’对原告进行处罚,但是,该条第 1 款规定‘国家分配调入本省的食盐和省内制盐企业生产的食盐,统一由省盐业行政主管部门分配调拨。各级盐业公司应严格执行分配计划,不得擅自变更。’根据法律条文的逻辑关系,同一条文的后款往往是对前款解释,或者进一步说明,或者特别规定,故第 2 款中的‘盐’应当是指第 1 款中的‘食盐’,对工业盐不适用。”其实,《河南省盐业管理条例》第 3 条明确规定:“本条例所称盐或盐产品,是指固体氯化钠、液体氯化钠以及以氯化钠含量为主要成分的盐制品,包括食盐和工业用盐”。被告将第 19 条第 2 款中的“盐”理解为包括工业盐是合适的。法院从条款之间关系进行上述解释也是一种可接受的方法。只是,结合案件审理的历程来看,恐怕更为关键的不是法律解释,而是 5 号案例的辐射影响。

同一时期,中牟县人民法院审理的另外两起行政案件,也经历了类似的起伏。〔1〕 原告、被告、审理法院是与上述案例一致的,被诉行为则是行政强制措施,而不是行政处罚。中牟县人民法院在“海王 18 号案”中支持地方性法规、支持被告,上诉被洛阳市中级人民法院裁定发回重审,后在“海王 71 号案”中完全倒向原告,其历程同前两个案例也是如出一辙。而“海王 71 号案”判决书的说理部分,关于工业盐运营许可和地方性法规选择适用问题的陈述,同“海王 72 号案”几乎是一致的。

综上,至少可有以下结论:第一,案件判决的翻覆,无论是直接经中级人民法院改判还是经中级人民法院发回重审改判,折射出法院在对待类似问题上还存在不同认识;第二,指导案例可能还未被习惯于用在类似案件的判决说理部分,甚至还不如最高人民法院的个案批复,〔2〕但其影响显而易见;第三,在工业盐的运输、经营方面,5 号案例已经在悄然带动着制度的变革,《浙江省盐业管理条

〔1〕 参见“原告郑州海王工业盐销售有限公司诉被告中牟县盐务管理局不服行政强制案”[(2012)牟行初字第 18 号,以下简称“海王 18 号案”]、“郑州海王工业盐销售有限公司诉中牟县盐务管理局不服行政强制案”[(2013)牟行初字第 71 号,以下简称“海王 71 号案”]。

〔2〕 请注意“海王 72 号案”判决关于工业盐运营许可的陈述引用了最高人民法院《关于经营工业用盐是否需要办理工业盐准运证等请示的答复》。如前所述,这一答复实际上也是针对 5 号案例的,是最高法院在该案审结之前应江苏省高院请示而作。但是,在与浙江省人大常委会工作人员沟通时,其表示他们也知道该答复,只是认为该答复仅针对江苏的个案而言,没有普遍约束力,但 5 号案例成为指导案例之后,浙江省人大常委会就予以了高度重视。

例》的修订可见一斑。

四、在博弈漩涡之间助推

然而,5号案例的作用不宜放大,作为指导案例的局限是不可避免的。第一,由于是指导案例,其只能由审理类似案件的法院“逐案”参照,在个案审理中解决类似的问题,而不可能对制度整体变革采取决定性的措施。相比较之下,制度设计者的决策,像浙江省人大常委会修订《浙江省盐业管理条例》的决定,才是最终主导变革的推手之一。第二,即便是在审理类似案件的法院那里,对指导案例裁判要点所含的“重要裁判规则、理念或方法”,也会有不同的理解与认识,从而使指导案例的潜在作用难以得到充分发挥,或者需要更多的时间才能完全施展。

例如,在前述温州案例之后、浙江省人大常委会废除工业盐准运证之前,2013年7月31日,浙江省湖州市中级人民法院裁判了另一起涉及盐业行政处罚的上诉案件。在该案中,湖州某印染公司向温州某盐业进出口有限公司购买工业用盐用于印染加工。一审法院判定,“原告未经当地县级以上盐业主管部门批准而从本市外购进工业用盐”的行为违反了《浙江省盐业管理条例》第22条第2款的规定,即“食盐零售、食品加工用盐及使用其他用盐的单位和个人,应当从当地取得食盐批发许可证的企业购进盐产品。经县级以上盐业主管部门批准,也可就近从取得食盐批发许可证的企业购进盐产品。”由此,被告浙江省某盐务管理局作出行政处罚是合法的。湖州某印染公司上诉时提出,国家已取消了工业盐准运证和准运章,最高人民法院的批复和司法解释也曾经明确,工业盐已不再属于国家限制买卖的物品,对盐业公司以外的其他企业经营盐批发业务没有规定行政处罚。而浙江省某盐务管理局的上诉答辩称,国家有关部门是否取消准运证和准运章,国务院《盐业管理条例》是否设定工业盐准运证与本案行政处罚没有关联性,上诉人是因非法购买盐产品而被处罚。最终,湖州市中级人民法院维持一审判决的结论支持了被上诉人的主张。[1]

乍看起来,此案确与5号案例、前述温州案例存在较大区别:一者,其所涉条款是《浙江省盐业管理条例》第22条第2款,而非该条例设定工业盐准运证的第24条;[2]二者,涉案企业是非法购买工业盐,而不是运输工业盐。然而,仔细对比此案与“海王72号案”,却有一定的相似性。如上所述,“海王72号案”的

---

〔1〕参见“湖州某某印染有限公司与浙江省某某管理局盐业行政处罚纠纷上诉案”[(2013)浙湖行终字第21号,以下简称“湖州案”]。

〔2〕因为此案发生在浙江省人大常委会修订《浙江省盐业管理条例》第24条之前,故在分析此案时提及第24条是指未经修改的。

涉案原告是在“营销”工业盐，而不是纯粹的运输，法院判决也论及行政法规没有设立工业盐“运营”许可。湖州某印染公司未经批准的“购买”，其实也是一种经营行为。另外，“海王72号案”判决对《河南省盐业管理条例》相关条款进行了再解释，从而限缩了“盐”在该条款中的意义，否定了盐业主管部门一贯的理解及做法。湖州案所涉《浙江省盐业管理条例》第22条第2款从结构上看，采取类似的解释方法也是可行的。

可见，不同法院审理类似案件却形成不同结论，关键不在于案件之间究竟有多么的不同，而在于5号案例裁判要点尚未形成普遍的司法共识，甚至更在于长期以来围绕着经营垄断体制的利益纠葛与博弈。

5号案例在审结之后、被最高法院作为指导案例发布之前，已经对地方产生影响。江苏省盐城市及下辖滨海县的盐务管理人员曾经撰文描写：“滨海沿海工业园规模不断扩大，化工企业不断增多，工业盐需求量也在大幅度增加……因此，一些不法分子把这一较大的小额工业盐市场当作肥肉，想方设法，不择手段，紧盯不放……有的明目张胆，利用苏州市金阊区人民法院行政判决书(2009)金行初字第0027号对工业盐行政诉讼案件的判决结果，打着1995年国家计委、国家经贸委《关于改进工业盐供销和价格管理办法的通知》招牌，断章取义，在沿海工业园企业公开叫嚷工业盐已经放开……造成较大数量的私盐案件时有发生，严重破坏了滨海小额工业盐市场秩序的安全稳定。”〔1〕且无论此番措辞甚为严厉的叙事是否评价公正，其中所提苏州金阊区法院判决即为以后的5号案例，管中窥豹，可知该案对工业盐管理体制的冲击。

工业盐管理是整个盐业体制的一个组成部分。自从国家于1988年撤销轻工业部所属盐务总局以后，盐的生产企业全部下放地方，体制形式多样，但大多为国有企业，隶属各地方政府部门；而食盐专营企业从事食盐批发业务，通常挂盐务管理局牌子，可谓“一套机构、两块牌子”。我国现行的盐业专营制度是在各地方政府领导下，由政企合一的盐务局和盐业公司组织实行。二者控制流通，实行专营，垄断市场。各地盐务管理部门拥有执法队伍，利用手中的行政管理权控制生产、销售等各个环节，而且还支配盐业管理地方法规的制定。许多地方法规恢复了曾经被取消的准运证和准运章，强化了对工业盐的计划管理。〔2〕

盐业专营最重要的正当性理由在于保障碘盐供应，以消除碘缺乏病。缺碘

---

〔1〕 参见王绪林、段泽琪：《创新举措 从严监管 筑牢铜墙铁壁——从小额工业盐行政案件诉讼获胜看滨海局强有力的市场监管》，载《苏盐科技》2012年第3期。

〔2〕 参见石淑华：《中国现阶段反垄断问题研究——关于行政垄断的经济学分析》，福建师范大学2005年博士学位论文；许安拓：《盐业专营 百弊丛生》，载《中国改革》2006年第5期。

的自然环境会使人体因摄入碘不足，产生一系列疾病，特别是影响胎儿的智力发展。而我国又是一个碘缺乏病多发的国家，一半以上省份缺碘，碘缺乏病区人口占世界病区人口的近一半。经过长期努力，我国碘盐普及率一度达到95%，但西藏、青海、甘肃、新疆、海南等省区的碘盐覆盖还没有达标。据此，通过食盐专营普及碘盐供应，被看作关乎全民健康和可持续发展的重大问题。而加强工业盐的专营，又是巩固食盐专营及其成效的重要配套机制。因为，食盐专营市场受到各种土盐、劣质盐、非碘盐的大量冲销，有些地区的化工企业工业用盐运不达点、中途甩卖的现象非常严重。如果工业盐不实行专营，就会用工业盐即无碘盐当食盐销售，会冲击我国的碘缺乏病防治工作。有些地区碘盐覆盖达标后又出现滑坡，也被归咎于私盐的出现。依此观念和逻辑，甚至盐务管理机构与盐业公司政企合一的体制也是应对盐的价值低、执法力度小和动力不足问题而产生的，盐业公司负责私盐稽查，能在工作上有积极性，可以节省开支、方便工作，有利于保障碘盐供应。[1]

这些为盐业专营的正当性辩护并不是不容置疑的。其中，针对工业盐专营垄断，早在1994年，中国纯碱工业协会和中国氯碱工业协会就代表“两碱”行业发出取消工业盐专营的强烈呼声，指出工业盐专营垄断的根源还是在于国务院《盐业管理条例》规定的工业盐计划管理，其不利于下游行业的发展，也束缚了盐业自身的发展，不利于相关产业参与国际竞争。[2] 1995年以后，工业盐管理体制进行了一定的改革，但仍然阻力重重。不少地方政府拒不执行或曲解工业盐管理体制改革的精神，对工业盐改革解释为“两碱用盐”改革，工业盐仍然由盐业公司统一经营，凡与此相悖的交易会被盐务主管部门查处，并换汤不换药地用各种形式、名称替换工业盐准运证、准运章。[3] 这种状况一直延续到现在。甚至，一些取消工业盐通行证的地方，以2011年江苏一公司14000吨农药废渣盐流入全国12个省、市盐业市场案件为由，重新实行工业盐通行证。[4]

可是，有论者认为，“私盐”泛滥的根源恰恰在于高额的垄断利润。现在，各地盐业公司垄断销售的小工业盐，盐业公司可用3倍于出厂价的价格转手卖给用盐企业。无论是生产企业还是消费企业，都不希望被过多的中间环节加价而

---

〔1〕参见杜珂：《盐业改革不能冒进——访国家发改委经济贸易司副司长马占平》，载《中国改革》2006年第4期；武超一、左文祥：《巩固食盐专营必须加强工业盐管理》，载《中国井矿盐》2001年第4期。

〔2〕参见中国纯碱工业协会、中国氯碱工业协会：《强烈要求取消工业盐专营放开工业盐价格——纯碱行业、氯碱行业共同呼吁改革原盐垄断体制》，载《中国氯碱》1994年第5期。

〔3〕参见卢希：《如何处理政府、部门、企业之间的利益关系——工业盐管理体制改革步履维艰（下）》，载《中国经贸导刊》1999年第8期；卢希：《中国工业盐管理体制改革的现状和问题》，载《战略与管理》2000年第2期。

〔4〕参见《买盐办证在部分省市悄然实行》，载《江苏氯碱》2012年第3期。

减少利润或加大成本,"私下"购销自然难以禁绝。甚至出现盐业公司内部执法犯法倒卖"私盐",私盐贩子与盐业系统内部人员勾结贩私盐的现象。此外,盐业专营还是盐业领域腐败丛生的温床,盐业公司及其部分工作人员向生产企业索要回扣、红包以及巧立各种奖励名目。盐业公司还以是否经过其转手作为区分"合法公盐"和"违法私盐"的标准,有的会将罚没的私盐掺入食盐销售,而政企合一体制又让盐务管理部门疏于对此类违法犯罪行为的监控。在这样的专营体制之下,出现了垄断程度越大,价格越高,"私盐"就越泛滥;而"私盐"越泛滥,加强和扩大垄断经营的呼声就越大的现象。而真正实行盐业专营的目标——根除碘缺乏病,并没有得到完全实现。一些产盐大区反而"私盐"泛滥、缺碘疾病更加严重。例如,青海是产盐大省,但私盐占据了全省 1/3 的市场,患有碘缺乏症的人数就达 18 万人以上。[1]

在盐业专营制度上正反两方的声音由来已久,足见各方利益揪扯争夺之激烈,而所有这些又恰恰可以很好地解释为什么 5 号案例的潜在影响受到盐务管理部门的高度警惕,为什么在有些案件中盐务管理部门会强调待决案件与以往案例(包括但不限于 5 号案例)的不同,又为什么浙江省人大常委会只是修订了《浙江省盐业管理条例》涉及准运证的条款,而没有触及该条例第 22 条关于工业盐需从当地食盐批发企业购买、即便就近从外地食盐批发企业购买也需经过盐业主管部门的批准的规定。[2] 简言之,5 号案例只是在围绕着食盐、工业盐专营垄断的博弈拉扯之中注入了一股新的力量,继续推动着盐业垄断体制的改革,但其毫无疑问不可能起到决定性的作用。甚至 5 号案例内含的"重要裁判规则、理念或方法"对法院审理类似案件的指导作用,也会因为垄断体制的艰难改革而大打折扣。于如此漩涡之间,指导案例"同案不同判"现象也就在所难免。

---

〔1〕 参见许安拓:《盐业专营 百弊丛生》,载《中国改革》2006 年第 5 期;罗毅:《关于食盐专卖制度弊端的法律思考》,载《四川理工学院学报》(社会科学版)2007 年第 3 期。

〔2〕 浙江省人大常委会工作人员透露给笔者,因为 5 号案例只触及"准运证",而没有涉及其他审批,在盐业集团的要求之下,对《浙江省盐业管理条例》其他条款未予修改。

案例14　张晓华不服磐安县公安局限制人身自由、扣押财产行政案[1]

赵　鹏

案　情

一、基本案情

原告张晓华开办的东阳市湖溪晓华煤块粉碎厂与磐安县一家企业因为货款问题,产生了经济纠纷。1992年12月24日,被告磐安县公安局派员到义乌,以义乌市城中派出所调查暂住人口为名,将张晓华骗出家门,强行将其拉上警车,押送到磐安县安文派出所。当晚,被告向原告出示了拘传证。之后,被告又将事先写好的张晓华欠磐安县燃料公司货款的字条让原告签字,随后即派员到义乌市强行拉走张晓华承包厂里的原煤,抵作所欠货款。总共关押了12天后,才以取保候审为名释放了原告。原告张晓华不服被告限制其人身自由、扣押财产抵作货款的行为,向法院提起行政诉讼,请求撤销磐安县公安局限制人身自由、扣押财产的行政行为,返还财产并赔偿经济损失。被告则辩称自己行为属于刑事侦查行为,不属于行政诉讼受案范围,请求驳回诉讼请求。

二、争议焦点与法院裁判

本案争议焦点主要在于:被告浙江省磐安县公安局以查处诈骗等经济犯罪案件为名,限制原告人身自由、扣押财产并将原告财产抵作货款的行为属于刑事侦查行为还是行政行为,进而是否属于行政诉讼案件。

一审法院认定张晓华与磐安县燃料公司的纠纷属经济合同纠纷,不属诈骗犯罪,被告越权干预经济纠纷,以刑事侦查为名,限制原告张晓华的人身自由,扣押其财产,侵犯了张晓华人身权利和合法权益,属超越职权的行政行为。判决撤销被告作出的限制人身自由和扣押财产的行为,并判决被告返还扣押财产、赔偿

---

[1] 《最高人民法院公报》1994年第4期。

损失。

宣判后，被告不服提起上诉。二审法院认为，张晓华与磐安县燃料公司签有联营煤块粉碎加工协议，后因双方为原煤提价问题产生矛盾，致使协议终止履行。张晓华尚欠燃料公司部分货款属实，应当通过正当程序解决，但上诉人磐安县公安局以刑事侦查为名将被上诉人张晓华强行关押12天，侵犯了其人身权。嗣后，又强行拉走被上诉人的原煤，给磐安县燃料公司抵作货款，其行为属具体行政行为，应予撤销，并赔偿给张晓华造成的损失。一审法院的判决认定事实清楚，适用法律、法规正确，程序合法。判决驳回上诉，维持原判。

法理研习

一、刑事侦查行为不可诉

刑事侦查行为是指有侦查权的机关，主要包括公安机关、国家安全机关根据刑事诉讼法的规定，收集、审查证据，揭露犯罪事实，证实犯罪人，为起诉和审判作准备的诉讼活动。〔1〕公安机关在调查刑事案件中所采取的强制措施，如扣押、查封、冻结、没收财产、限制人身自由等，属于依法承担司法职能采取的刑事侦查行为，不具有行政诉讼的可诉性。〔2〕

（一）不可诉的法律依据

1.《中华人民共和国行政诉讼法》相关司法解释

根据最高人民法院《关于执行〈中华人民共和国行政诉讼法〉若干问题的解释》（以下简称《行政诉讼法司法解释》）第1条第2款第2项，公民、法人或者其他组织对公安、国家安全等机关依照刑事诉讼法的明确授权实施的行为不服提起诉讼的，不属于人民法院行政诉讼的受案范围。本条是对刑事侦查行为在行政诉讼受案范围中的明确排除，规定了公安、国家安全等机关依照刑事诉讼法明确授权实施的行为，不得提出行政诉讼，是刑事侦查行为不可诉的法律依据。

2.《中华人民共和国国家赔偿法》

对于公民合法权益受到刑事侦查行为损害时，可以通过申请司法赔偿进行救济，由此也间接规定了刑事侦查行为的不可诉性，公民无法通过行政诉讼的方式起诉公安机关，而只能在《中华人民共和国国家赔偿法》（以下简称《国家赔偿法》）的范围内申请司法赔偿。

---

〔1〕 参见陈兴良：《限权与分权——刑事法治视野中的警察权》，载《法律科学》2002年第1期。

〔2〕 参见马怀德、解志勇：《公安侦查行为行政可诉性研究》，载《求是学刊》2000年第3期。

具体而言,该法第17[1]、18条[2]分别规定了行使侦查、检察、审判职权的机关以及看守所、监狱管理机关及其工作人员在行使职权时,若出现侵犯公民人身权或财产权的情形,受害人则有权获得国家赔偿。这是对公民因刑事侦查行为合法权益受到损害时获得相应权利救济的明确规定,通过在国家赔偿中规定对受害人的救济,解决了在刑事侦查行为不可诉的法律规定下公民权利无法保障的问题。

3.《中华人民共和国刑事诉讼法》及相关司法解释

《中华人民共和国刑事诉讼法》(以下简称《刑事诉讼法》)第111条[3]规定了检察院对刑事侦查行为的监督职能,该条内容主要是对公安机关立案侦查的监督。当被害人认为公安机关应当立案侦查而未立案侦查时,可以向检察院提出要求寻求救济,根据此法的规定,可以从侧面看出公民对公安机关不予立案的行为不服时,受到损害的合法权益由《刑事诉讼法》进行保障。此外,根据《刑事诉讼法》的规定,可知"如果公安机关因判断失误或是出于刑事侦查以外的目的错立案、乱立案,不管是嫌疑人客观上是否构成犯罪以及公安机关在立案后实施的是不是真正的刑事侦查行为,一切由此引起的后果都可以由检察机关进行监督或由《国家赔偿法》来调整"。[4] 上述行为的救济措施仍只限于检察机关的监督和《国家赔偿法》的调整,行政诉讼未包含在内。

与此相关的是,由最高人民检察院出台的《人民检察院刑事诉讼规则》详细规定了检察院对公安机关刑事侦查行为的监督。该规则中的第十四章第二节专门规定了检察机关对侦查活动的监督,尤其是对于侦查活动的违法行为的进行

[1] 《中华人民共和国国家赔偿法》第17条:行使侦查、检察、审判职权的机关以及看守所、监狱管理机关及其工作人员在行使职权时有下列侵犯人身权情形之一的,受害人有取得赔偿的权利:(1)违反刑事诉讼法的规定对公民采取拘留措施的,或者依照刑事诉讼法规定的条件和程序对公民采取拘留措施,但是拘留时间超过刑事诉讼法规定的时限,其后决定撤销案件、不起诉或者判决宣告无罪终止追究刑事责任的;(2)对公民采取逮捕措施后,决定撤销案件、不起诉或者判决宣告无罪终止追究刑事责任的;(3)依照审判监督程序再审改判无罪,原判刑罚已经执行的;(4)刑讯逼供或者以殴打、虐待等行为或者唆使、放纵他人以殴打、虐待等行为造成公民身体伤害或者死亡的;(5)违法使用武器、警械造成公民身体伤害或者死亡的。

[2] 《中华人民共和国国家赔偿法》第18条:行使侦查、检察、审判职权的机关以及看守所、监狱管理机关及其工作人员在行使职权时有下列侵犯财产权情形之一的,受害人有取得赔偿的权利:(1)违法对财产采取查封、扣押、冻结、追缴等措施的;(2)依照审判监督程序再审改判无罪,原判罚金、没收财产已经执行的。

[3] 《中华人民共和国刑事诉讼法》第111条:人民检察院认为公安机关对应当立案侦查的案件而不立案侦查的,或者被害人认为公安机关对应当立案侦查的案件而不立案侦查,向人民检察院提出的,人民检察院应当要求公安机关说明不立案的理由。人民检察院认为公安机关不立案理由不能成立的,应当通知公安机关立案,公安机关接到通知后应当立案。

[4] 王贝贝:《公安机关非法越权干预经济纠纷案件研究》,载《法制博览》2015年第4期。

监督与纠正。例如，第二节中第566条规定："人民检察院发现公安机关侦查活动中的违法行为，对于情节较轻的，可以由检察人员以口头方式向侦查人员或者公安机关负责人提出纠正意见，并及时向本部门负责人汇报；必要的时候，由部门负责人提出。对于情节较重的违法情形，应当报请检察长批准后，向公安机关发出纠正违法通知书。构成犯罪的，移送有关部门依法追究刑事责任。"

最高人民检察院、公安部《关于刑事立案监督有关问题的规定（试行）》第6条亦作出类似规定："人民检察院经审查，有证据证明公安机关可能存在违法动用刑事手段插手民事、经济纠纷，或者办案人员利用立案实施报复陷害、敲诈勒索以及谋取其他非法利益等违法立案情形，且已采取刑事拘留等强制措施或者搜查、扣押、冻结等强制性侦查措施，尚未提请批准逮捕或者移送审查起诉的，经检察长批准，应当要求公安机关书面说明立案理由。"对于公安机关存在违法情形的刑事侦查行为，规定由检察机关进行监督，对于因违法侦查行为合法权益受到损害的公民获得救济的方式并未做其他规定，而是由检察院行使检察监督权保证公民合法权益不受违法刑事侦查行为损害。

（二）不可诉的理论根据

1. 刑事侦查行为属于司法而非行政行为

刑事侦查行为作为公安机关依照刑事诉讼法授权实施的行为，传统观点认为刑事侦查行为是具有司法性质的行为，是对司法权力的行使。[1] 公安机关在侦查活动中，既要收集对犯罪嫌疑人不利的有罪证据，又要收集对犯罪嫌疑人有利的无罪或轻罪证据，也是司法权中立性的体现。[2] 公安机关通过侦查活动收集、审查证据，揭露犯罪事实，并为最终案件审判的司法活动提供基础，创造条件。司法权通常意义上来讲是不能审判司法权的，[3] 这也是保障司法权威、确立司法公信力的要求。

2. 影响刑事侦查效率

除了上述基于刑事侦查行为性质不可诉的原因之外，将行政侦查行为纳入

---

[1] 参见谢佑平、万毅：《刑事侦查制度原理》，中国人民公安大学出版社2003年版，第183页。对于刑事侦查行为的性质，除有学者认为是司法权外，学界还有人认为应当是具有行政权性质的行为，参见姜涛、冯慧：《侦查权性质论略》，载《人民法院报》2001年4月23日，第B02版。另外陈兴良教授认为，"侦查活动为司法活动提供基础、创造条件尚不足以表明侦查活动本身具有司法性，只有在法官参与下的侦查活动才具有司法性。"参见陈兴良：《限权与分权——刑事法治视野中的警察权》，载《法律科学》2002年第1期。

[2] 参见姜勇：《论刑事侦查行为的界定及其可诉性问题——以刘某诉某公安机关行为违法案为例》，兰州大学硕士学位论文。

[3] 参见姜勇：《论刑事侦查行为的界定及其可诉性问题——以刘某诉某公安机关行为违法案为例》，兰州大学硕士学位论文。

行政诉讼的受案范围之内,会妨碍刑事侦查,影响刑事侦查的效率,不利于案件的侦破。这一理由是反对将刑事侦查行为纳入行政诉讼范围这一观点的重要原因之一。因为,如果犯罪嫌疑人利用行政诉讼而恶意拖延案件的进展,那么对于打击违法犯罪的效率将降低,并且在客观上会限制侦查活动的进行。[1]

而且,在刑事侦查活动中,涉及各种与违法犯罪活动有关的侦查机密,这些机密与案件能否侦破具有直接关联,一些侦查机密甚至会直接关涉到侦查人员的人身安全。公安机关在收集犯罪证据的刑事侦查行为中,尤其是初步掌握犯罪嫌疑人犯罪事实时,由于此时侦查行为被诉诸行政诉讼中,侦查活动中所涉侦查机密就有被泄露的风险,从而关涉整个刑事侦查活动的顺利进行,甚至影响最终案件的侦破。

二、以刑事侦查行为不可诉为由干预经济纠纷——例外可诉

在我国,公安机关承担两方面的职责:一方面为行政管理;另一方面具有查处刑事犯罪活动的职责。公安机关行使行政管理职能时,属于行政诉讼的调整范围,行政相对人对公安机关实施的行政行为不服的,有权向法院提起行政诉讼寻求司法救济;而当公安机关实施刑事侦查行为时,则是依据《刑事诉讼法》授权确定的行为,属于司法行为,只能通过《刑事诉讼法》中规定的检察机关进行检察监督或依据《国家赔偿法》的规定要求赔偿。[2] 但是在实践中,这一看似对公安机关行政行为与刑事侦查行为的清楚区分却容易被混淆。

如在本案中,公安机关借由调查原告合同诈骗罪,非法限制原告人身自由并扣押其财产,甚至在没有任何法律依据的情况下,直接将当事人的财产抵作货款。对于此类以刑事侦查为由非法越权干预经济纠纷的行为,不应当受刑事侦查行为不可诉的规定限制,合法权益受损害的当事人有权提起行政诉讼。下文将具体阐述此种行为的发生原因、具体表现、可诉法律依据及可诉原因,并在上述基础上分析法院的认定理由。

(一)非法越权干预经济纠纷的具体表现

公安机关非法越权干预经济纠纷具体表现主要有以下几种情形:(1)超越权限,直接插手一般经济纠纷案件,人为地将经济纠纷作为诈骗案件立案,借此为某一方当事人追款讨债,一旦追索回债务,案件即予撤销。(2)收受了一方贿赂或其他好处,在未予立案的情形下参与并帮助其追款。且在追款过程中,常伴以"如不还债,便作为诈骗案处理"的威胁,迫使归还欠款。(3)在未经任何法律

---

[1] 参见马怀德、解志勇:《公安侦查行为行政可诉性研究》,载《求是学刊》2000 年第 3 期。
[2] 孟昭阳:《论公安行政行为与刑事侦查行为的界定》,载《中国人民公安大学学报》2002 年第 3 期。

手续的情况下,随意冻结当事人的银行存款,或不当查封甚至扣押当事人的财物抵债。(4)乱用收审手段拘禁企业法人代表和有关经办人作“人质”,强行索还款物。(5)对当事人拷打虐待、逼迫“退赃”和承认“诈骗”。

本案中,被告磐安县公安局非法越权干预经济纠纷的行为主要体现为上述第1项和第3项,直接插手经济纠纷,人为地作为经济犯罪立案,并且逼迫原告张晓华承认诈骗,直接拉走货物冲抵债款。

(二)非法越权干预经济纠纷的原因

公安机关非法越权干预经济纠纷主要是出于以下几个原因:其一,由于实践中刑事侦查行为与行政行为存在难以区分的情形,而刑事侦查行为在行政诉讼中不可诉,故侦查人员人为模糊行为属性,将经济纠纷作为经济犯罪处理,这一点也是公安机关非法越权干预经济纠纷的最为重要的理由;其二,出于经济利益的驱动,提高办案效率,在收缴财产按比例返还制度下增加办案经费;〔1〕其三,办案人员素质不高,无法厘清经济纠纷与经济犯罪的界限;其四,受地方保护主义影响,为了保护当地当事人的利益,损害外地当事人的利益而越权干预经济纠纷。〔2〕

(三)非法越权干预经济纠纷可诉性的法律依据

关于公安机关以刑事侦查行为不可诉为由非法越权干预经济纠纷的行为,公安部相继出台了《关于公安机关不得非法越权干预经济纠纷案件处理的通知》〔3〕《公安部关于严禁公安机关插手经济纠纷违法抓人的通知》〔4〕《公安部关于严禁越权干预经济纠纷的通知》〔5〕明令禁止非法越权干预经济纠纷的规范性文件,将以刑事侦查为名行行政行为之实的行为定义为越权行政行为,为此类行为可诉性提供了法律依据。此后,公安部又通过发布《公安机关办理刑事案件程序规定》〔6〕和《公安机关办理经济犯罪案件的若干规定》〔7〕对相关问题进行了较为全面的规定,进一步规范了公安机关的刑事侦查行为,也确认了非法越权干预经济纠纷行为的违法性。

《刑事诉讼法》授权公安机关采取的行为主要范围如下:第一编第六章强制措施规定了公安机关有权采取拘传、取保候审、监视居住、拘留、逮捕等行为。第

〔1〕 参见张伶:《公安机关插手经济纠纷的矫治对策》,载《湖南公安高等专科学校学报》2009年第21卷第4期。
〔2〕 参见许超:《对公安机关越权干预经济纠纷的思考》,载《人民公安》1996年第6期。
〔3〕 〔1989〕公(治)字30号。
〔4〕 公通字〔1992〕50号。
〔5〕 公通字〔1995〕13号。
〔6〕 1998年公安部第35号令。
〔7〕 公通字〔2005〕101号。

二编第二章规定了公安机关有权采取的具体侦查行为，如第 113 条[1]规定，公安机关对现行犯或者重大嫌疑分子可以依法先行拘留，对符合逮捕条件的犯罪嫌疑人，应当依法逮捕；第 134 条[2]规定，为了收集犯罪证据、查获犯罪人，侦查人员可以对犯罪嫌疑人以及可能隐藏罪犯或者犯罪证据的人的身体、物品、住处和其他有关的地方进行搜查；第 139 条规定了公安机关在侦查活动中发现的可用以证明犯罪嫌疑人有罪或者无罪的各种财物、文件，有权查封、扣押。诸如前文所示，为公安机关"依照刑事诉讼法的明确授权实施的行为"范围。而刑事侦查行为不可诉的直接法律依据是《行政诉讼法司法解释》第 1 条第 2 款第 2 项的规定，这一条把不可诉的公安机关行为严格限制在"依照刑事诉讼法的明确授权实施的行为"范围内，一般主要是指刑事侦查行为。

对于这一项的理解，有学者认为"该款项既有受案上的排除功能，又有其扩张的作用。符合该规定行为的，是不可诉的，这是其排除功能；否则，公安机关行使职权中没有依照明确授权实施的行为，是可诉的，这是其扩张的作用"。[3] 所以，例如，公安机关没收财产这一行为，刑事诉讼法并未授权公安机关实施，那么则是可诉的。对于公安机关以刑事侦查为名非法越权干预经济纠纷的行为，结合前文对其具体表现的论述可知，其行为不符合刑事诉讼法所要求的法定实质要件，不属于授权范围内的情形。

（四）非法越权干预经济纠纷的认定标准

1. 本案一审法院认定理由分析

在本案中，被告浙江省磐安县公安局认为原告张晓华与案外人磐安县燃料公司之间的债权债务纠纷是合同诈骗，进而对原告采取了限制人身自由和扣押财产的行为。一审法院在认定过程中，直接援引公安部《关于公安机关不得非

---

[1] 《中华人民共和国刑事诉讼法》第 113 条：公安机关对已经立案的刑事案件，应当进行侦查，收集、调取犯罪嫌疑人有罪或者无罪、罪轻或者罪重的证据材料。对现行犯或者重大嫌疑分子可以依法先行拘留，对符合逮捕条件的犯罪嫌疑人，应当依法逮捕。

[2] 《中华人民共和国刑事诉讼法》第 134 条：为了收集犯罪证据、查获犯罪人，侦查人员可以对犯罪嫌疑人以及可能隐藏罪犯或者犯罪证据的人的身体、物品、住处和其他有关的地方进行搜查。

[3] 李云峰：《对公安机关以刑事侦查行为为名插手经济、民事纠纷行为受案问题研究——关于〈解释〉第 1 条第 2 款第（2）项的具体适用》，载《行政法学研究》2001 年第 2 期。

法越权干预经济纠纷案件处理的通知》第1条[1]和第2条[2]的内容,认为被告行为超出《刑事诉讼法》的授权范围,属于具体行政行为。这一认定理由不充分,存在逻辑不清晰的问题。

本案中被告对原告限制了人身自由并扣押了相应财产,而上述行为则是《刑事诉讼法》中授权公安机关进行刑事侦查的行为,只要存在合理怀疑和初步证据即可采取。至于是否真的存在刑事犯罪问题,还需要后续充分的证据进行证明,但是这并不意味着只要最后被认定为不构成犯罪,之前采取的《刑事诉讼法》授权范围内的行为即可以认定为干涉经济纠纷,这种推理存在由果溯因的逻辑错误。这种认定逻辑缺陷带来的问题是,日后可能只要因犯罪嫌疑人最终未被定罪,公安机关之前采取的行为都可能会认定为是超越职权或滥用职权的行政行为,进而陷入无休止的诉讼中,长此以往,会严重影响公安机关刑事侦查工作的顺利开展。

2. 二审法院认定理由分析

不同于一审法院认定理由的是,二审法院认为被告强行拉走张晓华的原煤抵作磐安县燃料公司货款的行为,是公安机关所采取的财产处理行为。而《刑事诉讼法》只规定了公安机关有权对可以证明有罪或无罪的财物进行扣押,并未授权公安机关有权对公民的财产进行处理,并且第139条第2款明确规定了公安机关"对查封、扣押的财物、文件,要妥善保管或者封存,不得使用、调换或者损毁"。行政机关超越职权的行为包括超越法定的管辖权力和超越法定的处理方式,本案中对于被告后续擅自将扣押的财物抵作货款的财产处理行为则正是属于超越法定处理方式的越权处理行为。

3. 法院认定非法越权干预经济纠纷的标准

结合对本案的具体分析,公安机关采取的行为是针对经济纠纷还是经济犯罪,首先,应当根据《刑事诉讼法》明确授权实施的行为范围进行判断,凡是超越《刑事诉讼法》规定的公安机关的管辖范围和使用条件等授权范围、均属于行政行为,可以纳入行政诉讼受案范围。其次,法院在认定过程中,对于刑事侦查和行政管理两种职能存在性质类似的行为,不能一概而论,尤其是对于犯罪证据不

---

[1] 《关于公安机关不得非法越权干预经济纠纷案件处理的通知》([1989]公治字30号)第1条:工作中,要注意划清经济犯罪与经济纠纷的界限,决不能把经济纠纷当作诈骗等经济犯罪来处理。一时难以划清的,要慎重从事,经过请示报告,研究清楚后再依法恰当处理,切不可轻易采取限制人身自由的强制措施,以致造成被动和难以挽回的后果。

[2] 《关于公安机关不得非法越权干预经济纠纷案件处理的通知》([1989]公治字30号)第2条:对经济纠纷问题,应由有关企事业及其行政主管部门、仲裁机关和人民法院依法处理,公安机关不要去干预,更不允许以查处诈骗等经济犯罪为名,以收审、扣押人质等非法手段去插手经济纠纷问题。

充分不认定为犯罪的案件，不得因此认定该刑事侦查行为是超出《刑事诉讼法》授权范围，侵犯公民合法权益的超越职权行政行为。最后，对于认定为超出《刑事诉讼法》授权范围认定属于行政行为的行为，则应当依据《行政诉讼法》有关超越职权、滥用职权的审查标准判断该行为是否违法。

案例链接

（一）基本案情[1]

原告戴文锋与第三人湖南天通置业有限公司签订了《承包协议》，该协议规定，原告戴文锋承包第三人湖南天通置业有限公司所属投资部，在两年承包期内，湖南天通置业有限公司提供人民币约8000万元给戴文锋，由其自主经营，戴文锋每年向湖南天通置业有限公司提供总投资额15%的利润，多余部分双方按照3:7的比例分成。2000年5月12日、25日、26日，被告长沙市公安局以陈小中、康铁成、张建辉涉嫌金融犯罪（洗钱罪）为由，分别发出（2000）004号、006号、009号协助冻结存款通知书，对原告名下账户资金共计1091万元进行冻结。原告以长沙市公安局冻结强制措施违法为由，提起行政诉讼，请求法院确认冻结强制措施违法，并判令被告赔偿其因违法行为造成的经济损失。

（二）争议焦点与法院判决

本案的争议焦点主要在于：被告以金融犯罪为由，对原告戴文锋采取的强制冻结措施是否属于刑事侦查行为，是否属于行政诉讼的受案范围。

一审法院审理认为被告在没有任何证据证实有犯罪事实存在的情况下，冻结非犯罪嫌疑人的账户资金一千余万元，不是刑事侦查行为，系滥用职权行为，理应停止并赔偿损失。判决撤销长沙市公安局（2000）004号、006号、009号协助冻结存款通知书的冻结强制措施。

二审法院认为，上诉人（本案被告）应当在其收到起诉状副本之日起10日内向一审法院提交其实施冻结措施时的事实根据和法律依据，以证明其行为的合法性。上诉人在法定期间内未向一审法院提交证明其实施强制冻结措施符合法律规定的相关证据，因而不能证明其作出的行为是依照刑事诉讼法明确授权实施的行为，一审法院依法受理并确认上诉人长沙市公安局实施的冻结强制措施行为违法并无不当。上诉人诉称“其实施冻结强制措施是刑事侦查行为，不属于行政诉讼受案范围”的理由不能成立；一审法院认定上诉人的行为系滥用职权亦属不当。故判决驳回上诉，维持原判。

---

〔1〕 中华人民共和国最高人民法院行政判决书（2000）行终字第9号。

（三）与“张晓华案”的差异分析

在“张晓华案”中，虽然被告磐安县公安局所采取的限制人身自由与扣押财产的行为具有法律依据，但是对于被告扣押财产后采取的以抵货款的行为，二审法院最终认定该行为超出了《刑事诉讼法》授权范围，不具有法律依据，故不属于刑事侦查行为。而在本案中，根据《刑事诉讼法》（修正前）第117条规定：“人民检察院、公安机关根据侦查犯罪的需要，可以依照规定查询、冻结犯罪嫌疑人的存款、汇款。”该条规定的内容为被告长安市公安局实施的强制冻结财产的行为提供了《刑事诉讼法》上的法律依据。

但是，需要提及的是，仅有法律依据，并不意味着被告的行为一定是依照《刑事诉讼法》作出的刑事侦查行为。在本案中，虽然被告长沙市公安局辩称其冻结戴文锋名下财产行为是基于刑事侦查的目的，且该行为有《刑事诉讼法》的明确依据，但是，由于在法定期间内，被告仅提供了刑事立案报告表和协助冻结存款通知书两份证据，并未提交任何有关证明该行为符合法律规定的证据，无法证明其作出的行为是依照刑事诉讼法明确授权实施的行为，因此将承担举证不能的败诉风险。

案例15　溆浦县中医院诉溆浦县邮电局不履行法定职责案[1]

赵　鹏

案　情

一、基本案情

1997年8月15日，湖南省卫生厅确认湖南省溆浦县中医院（以下简称中医院）是一所功能较全、急诊科已达标的二级甲等综合医院，具备设置急救中心的条件。同年12月8日，溆浦县卫生局指定县中医院开办急救中心，开通“120”急救专用电话（以下简称“120”急救电话）。县中医院向湖南省溆浦县邮电局（以下简称县邮电局）提交了《关于开通“120”急救专用电话的报告》，并经主管部门批示同意。同年12月13日，县邮电局为县中医院安装了“120”急救电话，并在《市内电话装拆移换机及改名过户单》上写明：12月16日安装完毕，装机工料费按3323280元计收。但是该电话一直未开通。1998年7月24日，县中医院向怀化市卫生局提出《关于请求设置“120”急救专用电话的报告》，该报告于第二天得到批准。7月27日，县中医院再次书面请求县邮电局开通“120”急救电话，县邮电局依然拒绝开通。县中医院认为县邮电局不履行“120”急救电话开通职责，致使县中医院购置的急救车辆和其他设施不能正常运转，造成经济损失。县中医院向湖南省溆浦县人民法院提起行政诉讼，请求判令被告县邮电局立即履行开通“120”急救电话的职责，并赔偿原告的经济损失。

二、争议焦点与法院裁判

本案的争议焦点为县邮电局开通“120”急救电话的行为是否属于履行行政职责，该行为是否属于行政管理活动。

溆浦县人民法院认为被告县邮电局是企业单位，不具有通讯管理的行政职

---

〔1〕《最高人民法院公报》2000年第1期。

能,不承担给原告县中医院开通"120"急救电话的法定义务,县中医院的诉讼请求不能成立,判决驳回县中医院的诉讼请求。

县中医院对溆浦县人民法院作出的驳回判决不服提出上诉,怀化市中级人民法院经审理认为:国有电信企业沿袭过去的做法行使行政管理职权时,应视为《中华人民共和国行政诉讼法》(1989 年,以下简称《行政诉讼法》)第 25 条第 4 款所指的"由法律、法规授权的组织"。邮电局执行 15 号文件时属于与被审查的医疗机构之间是特殊的行政管理关系,因此发生争议,引起的诉讼应当为行政诉讼。被上诉人县邮电局在接到上诉人县中医院的申请后拒不开通"120"急救电话,是不履行职责的错误行政行为,应当纠正。县邮电局为推卸责任而提出的县中医院申办不符合文件规定、自己已经履行了开通"120"急救电话的义务、不具备行政诉讼被告资格等辩解理由,均不能成立。

法理研习

一、公用企业行为纳入行政诉讼受案范围的法律依据与相关学说

(一)法律依据

根据《中华人民共和国邮政法实施细则》(以下简称《邮政法实施细则》)的规定,邮电部是国务院主管部门,省级的邮电管理局是地区邮政管理机关,而市、县邮电局是全民所有制的经营邮政业务的公用企业,经邮电管理局授权可以管理该地区的邮政工作。[1] 关于公用企业的界定,国家工商行政管理局于 1993 年颁布的《关于禁止公用企业限制竞争行为的若干规定》第 2 条指出,公用企业是指涉及公用事业的经营者,包括供水、供电、供热、供气、邮政、电讯、交通运输等行业的经营者。我国 1986 年《民法通则》规定了四种法人类型,分别为企业法人、机关法人、事业单位法人和社会团体法人,其中企业法人被明确规定为民法上的私法人。[2]

公用企业作为私法人,其行为不属于形式意义上的行政,与其他公民、法人、社会组织发生争议时,原则上应当适用民法上的规定来解决争议,实现权利救

〔1〕《中华人民共和国邮政法实施细则》第 2 条:中华人民共和国邮电部(以下简称邮电部)是国务院邮政主管部门,管理全国邮政工作。各省、自治区、直辖市邮电管理局(以下简称邮电管理局)是地区邮政管理机构,管理该地区的邮政工作。第 3 条:市、县邮电局(含邮政局,下同)是全民所有制的经营邮政业务的公用企业(以下简称邮政企业),经邮电管理局授权,管理该地区的邮政工作。

〔2〕《中华人民共和国民法通则》第 43 条:企业法人对它的法定代表人和其他工作人员的经营活动承担民事责任。

济。但是,最高人民法院《关于执行〈中华人民共和国行政诉讼法〉若干问题的解释》第20条第3款规定经法律、法规或规章授权,其他组织可在法定授权范围内实施行政行为,当事人不服,应当以实施该行为的组织为被告。[1]《行政诉讼法》(2014年)第2条第2款规定:"前款所称行政行为,包括法律、法规、规章授权的组织作出的行政行为"。

根据以上规定,公用企业作为私法人,若取得法律、法规、规章的授权,其在授权范围内所作出的行为,属于行政诉讼的受案范围。本案中,根据《中华人民共和国邮政法实施细则》的规定,市、县邮电局作为公用企业,经邮电管理局授权可以管理该地区的邮政工作。与此类似地,还有《铁路法》第3条第2款规定,"国家铁路运输企业行使法律、行政法规授予的行政管理职能"。

(二)相关学说

行政是国家的一种职能,形式意义上的行政是根据行使国家职能的机关来区分国家职能,国家机关可以分为立法机关、行政机关和司法机关,立法职能是立法机关的活动,司法职能是司法机关的活动,行政职能是行政机关的活动。此种分类无论活动本身的性质如何,一律根据机关的性质区别国家的职能。实质意义上的行政则是从国家职能的性质来界定行政的概念,认为行政是国家职能的一种,区别于立法、司法等国家职能。任何拥有公共权力的单位或个人,基于公共利益的目的,就一定范围内的公共事务进行管理的行为,都是行政。

本案中,鉴于公用企业的行为虽然原则上属于民事行为,但获得法律、法规授权后可以从事行政管理活动的特征,因此,应当具体分析被诉的行为是否属于实质意义上的行政。而学界对于实质意义上的行政,包括以下几种界定方式:[2]

1. 消极说

"消极说",又称"扣除说""除外说""控除说"。该说基于权力分立的观点,认为行政是除国家立法、司法之外的国家机关或者公共行政组织进行的活动。在此种思路下,有一些学者进而提出将国家行为中的统治行为(或称政府行为)排除于行政概念之外。"消极说"对于行政概念的界定虽然简明,但有以下缺陷:(1)该定义方法建立在行政、立法及司法的区分基础上,须就立法及司法的

[1] 最高人民法院《关于执行〈中华人民共和国行政诉讼法〉若干问题的解释》第20条第3款:法律、法规或者规章授权行使行政职能的行政机关内设机构、派出机构或者其他组织,超出法定授权范围实施行政行为,当事人不服提起诉讼的,应当以实施该行为的机构或者组织为被告。

[2] 参见翁岳生:《行政的概念与种类》,载翁岳生主编:《行政法》(上册),中国法制出版社2009年版,第2~9页;参见应松年主编:《行政法与行政诉讼法》,中国政法大学出版社2011年版,第5~7页。

定义加以明确，才能界定行政概念的范围；(2)无法解释各国家权力之间交互重叠的灰色区域的性质；(3)立法与司法之外的国家行为是否均属“行政”，统治行为是否应当排除于行政之外；(4)该说未能从正面定义行政，实质上没有给出行政的定义。

2. 积极说

由于“消极说”存在的缺陷，无法直接说明行政的性质及内容，有的学者尝试从正面对行政加以定义，该说被称为“积极说”或“本质说”。学者有以下几种定义：(1)行政是指在政府之下，国家机关或者其他公权力主体于个别事件中所为创设或消除若干新事物之行为；(2)行政是实现国家公益的国家行为；(3)汉斯·J. 沃尔夫将行政形容为一个“庞大的服务企业”，强调其功能并非仅止于满足社会上的需求，而是履行确保自由、规制社会、协调衡平及稳定社会等任务。在此基础上，他提出实质意义上的行政是指“具有多样性、附有条件或仅是目的取向，亦即于此范围内，受到外在的规律，仅有部分计划且自我参与重要公共事务的实施与形成，而其成员则被指派为处理此等事务的管理人”；(4)日本学者田中二郎认为“近代国家之行政是在法之下，受法之规制，并以现实具体、积极实现国家目的为目标，所为的整体上具有统一性之继续、形成的国家活动”。积极说的缺陷在于：或者过于简明难以完整揭示行政的实质，或者因为太过抽象而难以理解。

3. 综合说

有学者试图将“消极说”和“积极说”二者结合，先从“消极”的观点，将国家作用中的立法行为、政府行为、引导国家的计划行为、军事国防行为及司法等排除于行政概念之外；再从“积极”的角度，将行政界定为“执行权的机关及其所属特定权利主体，在法律约束之下本于既定的目标，基于自我责任而以具体措施持续地处理公共任务者”。但该说仍旧无法避免消极说与积极说的缺点。

4. 特征表述说

鉴于以上各种学说存在的缺点，德国学者 Ernst Forsthoff 提出“行政只能加以描述，而无法予以定义”。德国学者毛雷尔认为行政具有以下特征：(1)行政是一种社会塑造活动，以社会共同生活为标的，处理公共团体及团体中人群的事务；(2)行政以公益为取向；(3)行政是主动的针对将来的塑造活动；(4)行政以具体措施规范个别事件，并使其目的于特定事务中予以实现。

二、本案裁判思路及分析

(一)法院的裁判思路

本案中，一审法院从形式行政的角度作出判断：法院认为邮电局的性质是企业法人,作为非行政机关,邮电局的行为不属于行政管理活动。邮电局在市场经营活动中与相对方产生的争议应当受到民法及其相关法的调整,本案不属于行政诉讼的受案范围。相反,二审怀化市中级人民法院从以下三个方面进行分析,用以论证原被告之间存在行政管理关系:

一是体制转轨的背景分析。邮政和电信初步分离,一些电信部门逐渐成为企业法人,但是由于电信行业的特殊性,国有电信企业仍然是有线通讯市场的单一主体,国家对电信方面的行政管理工作,仍然要通过国有电信企业实施。因此,国有电信企业沿袭传统行使行政管理职能时,应视为“由法律、法规授权的组织”。

二是开通“120”急救电话体现出的公益性。开办“120”急救中心是一项公益事业,15 号文件对“120”急救电话的开通作出了限制并给予明显不同于企业营利行为的优惠政策,体现政府支持举办此项公益事业的行政意志,也表明政府对此项事业进行统一规范和管理的态度。为了维护行政管理相对人的合法权益,监督由法律、法规授权的组织依法行政,将其列为行政诉讼的被告,适用行政诉讼法解决其与管理相对人之间的行政争议,有利于化解社会矛盾、维护社会稳定。

三是从事实上推定原被告之间是不平等的法律关系。15 号文件下发给地、市和县级的卫生行政主管部门以及邮电局,表明政府要通过这些职能部门对“120”急救电话的开通实施行政管理。邮电局在执行 15 号文件时与县中医院之间不是平等的民事关系,而是特殊的行政管理关系。

通过上述分析,法院认为,安装“120”急救电话类似于一个依申请的行政行为,县中医院作为申请人提出申请并满足法定的申请条件时,县邮电局拒绝履行开通职责属于不履行法定职责。

(二)认定公用企业行为是否属于“行政”的裁判标准

1. 与行政的相关性

基于电信行业的基本性质,在长期的计划经济体制下,邮电部作为电信专业的管理与经营部门,具有垄断企业和部门主管的双重性质,在改革开放后,中央政府在作为全社会公共福利当然代表的同时,工业主管部门越来越显示出其以追求自身利益最大化为目标的“经济人”的基本特征。特别是主管基础设施产业的工业主管部门,无论是邮电,还是电力、铁道等部门,都具有强烈的部门垄断和政企合一的性质。[1] 在经济体制转型时期,“原政府主管部门转变或改建而

---

〔1〕 参见王鸥:《中国电信业的发展与体制变迁(1949—2000)》,中国社会科学院研究生院 2001 年博士学位论文。

成的行政性公司大量出现,由于这些公司所处的过渡位置和管理的需要,故法律、法规往往授权其履行某些政府职能,例如,由电力工业部改组的中国电力工业总公司,仍然行使一部分行政职权,是一个授权组织"。[1] 本案中的法官并没有找到将县邮电局认定为授权组织的法定依据,实际上只是就这一行业的经营管理与行政难以剥离而将县邮电局开通"120"急救电话的行为认定为一种行政活动。

2. 相关行为体现的公益性

在本案中,开办"120"急救中心、开通"120"急救电话的行为具有典型的公共服务特性,法官从实质行政的角度出发,将公益性作为认定该行为具有行政性的一个判断标准。"公益性,是指在目的上行政行为是为了实现国家和社会公共利益。行政管理活动是一种以社会公共事务为对象的活动。"[2]公益概念在各种类型的国家中都扮演着极其重要的角色,尤其在以依法行政为核心的现代法治国家里,法律的制定、执行皆以公共利益的实现为终极目标。[3] "以公共利益为本位的利益关系,是行政诉讼产生和存在的前提","以公共利益为本位的利益关系,决定着行政诉讼的任务",[4]维护公共利益、促进公共利益的最大化是国家的基本目标。公益性具有价值上的优先性,行政行为应当保证行政主体代表的社会公共利益。行政行为的服务性是民主行政的体现和要求。人民设立政府,用税收来维持政府的运作,其目的就在于获得公共服务,获得安全、自由、秩序等公共物品。[5] 可见行为具有的公益性、公共服务性是判断公用企业的某一行为是否为行政活动的重要因素。

3. 关系的不平等性

行政关系是指"行政主体行使行政职权和接受行政法制监督而与行政相对人、行政法制监督主体所发生的各种关系以及行政主体内部发生的各种关系",[6]行政关系主要包括行政管理关系、行政法制监督关系、行政救济关系和内部行政关系四类。行政管理关系是行政关系中最主要的一部分,行政管理关系有两个重要特点:一是关系的双方只能是行政主体和行政相对人;二是行政主体在关系中占主导地位。民事关系被认为是平等主体之间的财产关系和人身关

---

〔1〕 张树义主编:《行政法学》(第二版),北京大学出版社 2005 年版,第 87 页。

〔2〕 石东坡:《行政行为及其特征的再探讨》,载《法学论坛》2000 年第 1 期。

〔3〕 参见城仲模:《论行政法上之公益原则》,载城仲模主编:《行政法之一般法律原则(二)》,台湾三民书局 1997 年版,第 153 页。

〔4〕 叶必丰:《公共利益本位论与行政诉讼》,载《中央政法管理干部学院学报》1995 年第 6 期。

〔5〕 参见罗豪才、湛中乐主编:《行政法学》(第二版),北京大学出版社 2005 年版,第 108 页。

〔6〕 姜明安主编:《行政法与行政诉讼法》(第六版),北京大学出版社、高等教育出版社 2015 年版,第 18 页。

系。在我国行政法发展的早期,人们看到高权行政、管制行政体现出的单方面性,认为在行政过程中双方当事人的地位是不平等的。在现代行政发展中,传统行政存在的"命令—服从"模式已经为双方当事人之间的互动与平衡模式所取代,双方在法律地位上是平等的。由于行政主体所享有的行政优益权以及国家强制力的保障,使行政主体在这一关系中的主导性在外观上表现为双方的不平等。这种外观上的不平等是由行政的目的决定的,尽管双方之间的权利义务是不对等的,但在法律地位上是平等的。

除上述法院提出的标准外,还可从以下几个方面进行判断:

其一,有限的裁量权。邮电局作为企业法人,在从事日常的市场经营活动时,能够自由选择经营活动的相对方,通过协商,秉承意思自治的原则确定各方的权利义务。但是,根据15号文件的规定,只有已经通过卫生主管部门审查、满足相应条件的医院才能有开通"120"急救电话的资格。县邮电局的审查属于形式审查,经过审核满足条件的医疗机构提出申请的,县邮电局应当为其开通急救电话。审查—开通这一行为过程,显然是县邮电局履行职责的过程。是否能够遵循意思自治的原则来完成该行为,可作为区分民事活动与行政活动的考量因素。

现代行政追求依法而行,但并不意味着法律应当将行政行为的每一个步骤、每一个细节都予以严密的规范,行政机关在执行法律时往往有一定的自由裁量权。但这种裁量权多是方式、程度上的裁量,法律或者实践对行政行为的幅度、范围予以限制。有限的行政裁量权与民法上的意思自治有本质区别。

其二,单方意志性。行政行为的单方意志性是在传统行政法上的一个特点,也是目前绝大多数情形下行政行为的一个特点。这种单方性既表现在公权力主体依职权进行的行为中,如行政处罚、行政强制等;也表现在公权力主体依行政相对人提出申请而实施的行为,如行政许可行为。传统行政法上,行政主体根据法律规定自行决定是否实施某一行为,无须与对方协商后再做决定。随着现代行政法的发展,出现了需要双方意思表示一致的行政合同行为,但是即使在行政合同行为中,也不乏行政单方意志性的体现,如单方变更、解除合同权利;现代行政越来越强调行政相对方的参与性,要求行政行为的作出要听取相对人的意见,但最后起决定作用的仍然为享有行政权能的主体。单方意志性仍然是行政行为的基本特征。[1]

其三,强制性。强制性是行政行为的一个特点,行政行为是行为主体行使公权力的行为,公权力的行使以国家强制力作为保障。行政行为的强制性与单方

〔1〕 参见罗豪才、湛中乐主编:《行政法学》(第二版),北京大学出版社2005年版,第110页。

性是紧密联系的。一般情况下,相对方如拒不履行行政处理决定,享有公权力的一方可以依法强制其履行或申请人民法院强制执行。现代行政行为多种多样,尽管不是所有行政行为都具有强制性,如给付型行政,但是在履行行政管理职能、规范社会秩序的过程中,强制性依然是行政行为顺利进行的保障。

案例链接

(一)基本案情〔1〕

1997 年 11 月 20 日 19 时 10 分,副业公司的驾驶员孙家福驾驶牌照号码为苏 L10789 的桑塔纳轿车,沿南京机场高速公路由南向北行驶时,突然发现前方路中有过往车辆失落的 2m ×1.2m 平方米防雨布一块,因避让不及,车辆撞上路东护栏,致使车壳变形、发动机损坏、轮胎脱落、后备箱钢圈撞毁。该事故造成一人死亡、三人受伤。南京市公安局交通警察支队机场高速公路大队于 1997 年 12 月 12 日下达道路交通事故责任认定书,认定该事故为意外事故。1998 年 10 月,副业公司履行工伤赔偿义务后,以高速公路管理处收取车辆通行费后未履行保障道路安全畅通的义务,导致自己遭受巨额财产损失为由,向南京市雨花台区人民法院起诉,要求高速公路管理处赔偿损失 231129.25 元。

(二)争议焦点与法院裁判

本案是一起典型的公有公共设施致害案件,争议焦点为高速公路管理不善致害赔偿责任属于民事赔偿责任还是行政赔偿责任。南京市雨花台区人民法院审理后认为高速公路管理处因收费与副业公司之间形成了有偿使用公路的合同关系。高速公路管理处却因疏于巡查而未能发现并清除该路障,属于未履行其应尽职责与合同义务。高速公路管理处应当对这次事故给副业公司造成的直接经济损失承担赔偿责任。高速公路管理处以其向副业公司收取车辆通行费的行为是行政管理行为,二者之间是行政关系,不是合同关系等为由上诉到南京市中级人民法院。南京市中级人民法院经审理认为原审判决认定事实清楚,证据确实、充分,适用法律正确,判处适当,应予维持。

(三)本案法院的裁判思路

南京市中级人民法院通过对高速公路管理处的主体性质进行分析,认为高速公路管理处与交费人之间形成了民事合同关系,本案应当由高速公路管理处承担民事赔偿责任。

---

〔1〕《最高人民法院公报》2000 年第 1 期。

1. 高速公路管理处的主体性质

高速公路管理处为事业单位法人,其事业法人登记证上登记的职责或服务范围包括路政管理、公路养护、规费征收和经营开发,经费来源为自收自支。依据《中华人民共和国公路法》(1998 年)第 8 条和第 57 条规定,公路管理机构除了负责公路养护,经县级以上地方政府交通主管部门决定,可以依法行使公路行政管理职责。依据《事业单位登记管理暂行条例》第 15 条第 1 款规定"事业单位开展活动,按照国家有关规定取得的合法收入,必须用于符合其宗旨和业务范围的活动",高速公路管理处有权在其业务范围内,以自己的名义依法开展活动并取得收入。高速公路管理处作为事业法人,根据江苏省交通厅的委托授权和事业单位法人登记证核准的范围,不仅有在南京机场高速公路上代行路政管理和规费征收的行政权力,也有为解决自己经营活动所需经费向过往车辆收取车辆通行费的权利。因此,高速公路管理处既有可能作为行政行为的作出主体,也可以作为民事主体。

2. 高速公路管理处征收车辆通行费的行为性质

高速公路管理处在实施行政行为时,必须以委托机关江苏省交通厅的名义实施,由此形成行政管理相对人与江苏省交通厅之间的行政关系。高速公路管理处以自己的名义对高速公路实施日常经营管理,其基于对高速公路的经营管理向过往车辆收费。根据权利与义务一致的原则,高速公路管理处在享有收费权利的同时,有依照《中华人民共和国公路法》第 43 条的规定履行保障公路完好、安全、畅通的职责和义务。被上诉人副业公司履行了交纳车辆通行费的义务以后,即享有使用高速公路并安全通行的权利。高速公路管理处与副业公司之间因收支费用的行为而形成了有偿使用高速公路的民事合同关系。高速公路管理处在收取费用后未能及时清除路上的障碍物,导致副业公司的车辆在通过时发生严重的交通事故,是不履行保障公路安全通畅义务的违约行为。法院在认定双方为合同关系后,根据合同的相对性原则,认为高速公路管理处应当向副业公司进行先行赔偿,但有权向遗落防雨布的第三人进行追偿。

公共行政的发展为行政机关以外的社会组织承担行政权能提供了可能,本案与"溆浦县中医院诉溆浦县邮电局不履行法定职责案"的被告皆不是典型的行政机关,且没有法律、法规与规章的明确授权,但其在个案中的行为又体现出明显的社会管理行为或者公权力行为的特征,这导致司法实践中在认定此类行为属于民事活动还是行政管理活动的问题上产生诸多争论。

在"溆浦县中医院诉溆浦县邮电局不履行法定职责案"中,法官采用了实质标准认定县邮电局开通"120"急救电话的行为属于行政活动,双方形成了行政管理关系;在高速公路赔偿案中,法官从形式行政的角度判断高速公路管理处收取车辆通行费的行为是一种市场经营活动,原被告双方形成了民事合同关系而不是行政管理关系,适用民事诉讼解决纠纷。比较两个案件,法官在作出判决时可能存在以下因素的考量:

(1)行为体现的公益性。邮电局为一般用户开通电话时,通过为用户提供开通电话服务获得相应的经济利益,该行为是平等主体之间的市场交易活动,应当受到民法、合同法的调整;根据15号文件规定,只有已经通过卫生主管部门审查、满足相应条件的医院才能有开通资格,可见主管部门确定某一家医院能够开通"120"急救电话是一种公共资源的分配活动。县邮电局为医院开通"120"急救电话是为了医院能够顺利地提供急救服务,有利于当地居民获得便捷及时的急救服务,这一行为具有典型的公共服务特性,体现了行政追求社会公益的目的。

高速公路管理处向过往车辆征收通行费的行为是自身为了实现正常的运营管理而实施的经营性活动,尽管作为事业单位法人,高速公路管理处并不以营利为目的,但作为自收自支的事业单位法人,其征收通行费所体现的公益性相较开通"120"急救电话的行为显得十分微弱。

(2)权利救济的可能性。如果将县邮电局开通"120"急救电话的行为认定为一般用户开通电话的民事活动,由于县邮电局与县中医院尚未缔结合同,邮电局并不负担开通义务。即使认定县邮电局存在缔约过失责任,其救济也非常有限。这就导致公共资源未能实现合理分配,损害该地区全体居民的公共利益。通过将该行为认定为行政管理活动,通过行政诉讼予以解决,法院能够直接依法责令县邮电局履行开通职责,有利于公共利益得到及时的维护。

"东山镇副业公司诉南京机场高速公路管理处"一案属于公有公共设施致害赔偿案,但我国《国家赔偿法》尚未对公共设施致害赔偿作出规定,尽管学界存在"公法说""私法说"的争论,但在法律没有明确规定的情况下,与现行的国家赔偿范围和赔偿标准相比较,对受害人而言,民事赔偿同样可以实现有效的救济。

(四)相关理论争议

1. 肯定的观点:公有公共设施致害应当纳入国家赔偿范围[1]

(1)现代行政及救济的发展所需。现代行政从权力行政转向服务行政,行政活动不仅包括行使权力的行政行为,也包括提供服务的行为和行政事实行为。国家为保障人民福祉,提供公共服务,公民有权利用公有公共设施以及从政府得到福利给付。如果政府怠于履行这种义务或者未尽合理注意义务,即构成不作

---

[1] 参见马怀德、喻文光:《公有公共设施致害的国家赔偿》,载《法学研究》2000年第2期。

为违法，由此给利用者造成的损害，国家应当承担赔偿责任。所以，国家不仅要对违法行使公权力造成的损害负责赔偿，也要对公有公共设施设置、管理未尽到安全注意义务而造成的损害负责赔偿。

(2)公有公共设施利用关系是行政法律关系。从法律关系的角度，利用者与设置、管理者之间是公有公共设施利用关系，并非平等的民事合同关系。尽管很多设施以特许、合同或委托的方式交由具备资格、能力的企事业单位或其他组织管理、维护，也收取一定费用，但该费用是非营利性的规费，目的是养护、修缮公共设施，不能由此改变其法律关系的性质。

此外，公有公共设施并不因设置、管理者的性质而改变其自身的性质，由此产生的赔偿责任不应由设置、管理公有公共设施的行政机关或特许法人、企事业单位承担。设置、管理者只是被委托者，由国家选任、受国家监督而实施行为，故他们只能作为赔偿义务机关，最终的赔偿责任应由国家承担。由设置、管理者承担致害责任会使此类非营利部门承受沉重的经济负担。

(3)有利于保护受害者的合法权益。由国家承担公有公共设施致害的赔偿责任有利于原告获得实际的赔偿，如果适用《民法通则》，向设置管理者索赔，很可能因设置管理者财力有限而使赔偿判决成为一纸空文，但国家赔偿的经费有国库作后盾，能够使公民的损害赔偿落到实处。

2. 否定的观点：公有公共设施致害不应当纳入国家赔偿范围

(1)适用民事赔偿对受害人更为有利。民事赔偿与国家赔偿没有天然的优劣之分，公共设施损害赔偿并不是在普通侵权法中就必然受到更多限制，一旦纳入国家赔偿就能脱胎换骨。具体而言，民法没有全面涉及公共设施，的确有漏洞，但这个问题可以通过修改民法来解决，并不一定要将公共设施致害纳入国家赔偿范围；从国外立法例和判例看，公共设施致害赔偿的归责原则并非严格的无过错原则，而我国民法采取过错推定原则。根据现行国家赔偿和民事赔偿的范围和标准，国家赔偿多采用抚慰性的赔偿标准，其目的不在于对受害人进行充分和完全的赔偿。国家赔偿多限于赔偿直接损失，根据《国家赔偿法》计算方式和标准，各类赔偿金都有最高数额限制；民事赔偿的目的在于使受害人获得与其损失相等的赔偿。与国家赔偿相比，适用民事赔偿的规定，受害人可获赔偿不仅包括直接损失，还包括间接损失、精神损失，民事赔偿数额远高于行政赔偿数额。[1]

(2)将公有公共设施致害纳入国家赔偿范围缺乏法律依据。公路等公有公

〔1〕 参见周云帆：《也谈公有公共设施的损害赔偿——与马怀德、喻文光先生商榷》，载《西南民族学院学报》2002年第6期。

共设施致害情形并未纳入国家赔偿范围之内。我国《宪法》第41条第3款[1]和《国家赔偿法》第2条第1款[2]仅原则性地规定了公民有取得赔偿的权利而没有明确将公路等公有公共设施纳入国家赔偿的范围和体系之中,受害人不能依行政诉讼获得国家赔偿和救济。[3]

(3)将公有公共设施致害纳入国家赔偿范围并非通行做法。在世界范围内,除了日本、韩国以及我国台湾地区外,并不存在将公共设施纳入独立的"国家赔偿法"调整范围的通行做法和发展趋势。即便在公法和私法二元划分的德国,国家赔偿的请求权依据依然是《民法典》第839条和《基本法》第34条。

(4)公共设施的设置与管理现状的要求。当前,公共设施的设置与管理复杂多样。很多公共工程由地方政府自筹资金建设并管理,与国家并无关系。公共设施的设置、管理很多是由公司或事业单位进行的,资金来源和运转也完全脱离了国家财政。即便存在行政特许,受特许人也多为自负盈亏。如果受特许人赚钱归自己,而由国家负责赔偿,这并不公平。

---

〔1〕《宪法》第41条第3款:由于国家机关和国家工作人员侵犯公民权利而受到损失的人,有依照法律规定取得赔偿的权利。

〔2〕《国家赔偿法》第2条第1款:国家机关和国家机关工作人员行使职权,有本法规定的侵犯公民、法人和其他组织合法权益的情形,造成损害的,受害人有依照本法取得国家赔偿的权利。

〔3〕参见钱锋:《南京机场高速公路致害赔偿案的法律分析》,兰州大学2012年硕士学位论文。

案例16　深圳秦深投资股份有限公司不服中华人民共和国科学技术部不予受理科技项目申请一案

赵　鹏

案　情

一、基本案情

2014年2月20日，科技部在其官方网站上公告了《科技部关于发布国家重点基础研究发展计划（含重大科学研究计划）、国家高技术研究发展计划、国家科技支撑计划2015年度项目申报指南的通知》（以下简称《2015申报通知》），同时附有《国家重点基础研究发展计划和重大科学研究计划2015年项目申报指南》（以下简称《2015申报指南》）作为通知附件。

2014年4月5日，秦深公司在《2015申报通知》中指定的国家科技管理信息系统上，按照该系统要求的格式填写了申请973计划的涉案项目申请书，并提交成功。4月23日，秦深公司打印纸质的项目申请书后向科技部邮寄。2014年5月12日，科技部做出不予受理秦深公司项目申请的决定（以下简称被诉决定），并发送至秦深公司在国家科技管理信息系统的账户中。该决定的内容为："深圳秦深投资股份有限公司：今年国家重点基础研究发展计划和重大科学研究计划项目申报受理工作已经结束。你单位申报的《海水蓄能电站》项目由于不符合申报要求第3款第3项和第7项的相关规定，根据第4款第6项第3条，项目形式审查不合格，不予受理。感谢你单位对国家重点基础研究发展计划（以下简称973计划）工作的支持。"

秦深公司不服该决定，向北京市第一中级人民法院（以下简称一审法院）提起行政诉讼，请求法院撤销被诉决定，责令科技部受理涉案项目申请并重新作出书面回复，引发本案争议。

二、争议焦点与法院裁判

本案争议焦点在于，被诉决定是否属于人民法院行政诉讼的受案范围。法院认为，《中华人民共和国科学技术进步法》第 10 条第 1 款、第 11 条第 1 款规定，国务院领导全国科学技术进步工作，制定科学技术发展规划，确定国家科学技术重大项目、与科学技术密切相关的重大项目，保障科学技术进步与经济建设和社会发展相协调。国务院科学技术行政部门负责全国科学技术进步工作的宏观管理和统筹协调；国务院其他有关部门在各自的职责范围内，负责有关的科学进步工作。根据《国家科技计划管理暂行规定》，科技部在国家科技计划管理中的主要职能有：(1)确定计划项目并优选项目承担者；(2)确定计划项目经费额度，并根据合同或任务书确定的额度和时限下达经费。《国家重点基础研究发展计划管理办法》第 2 条第 1 款、第 6 条规定，973 计划是以国家重大需求为导向，对我国未来发展和科学技术进步具有战略性、前瞻性、全局性和带动性的基础研究发展计划。

科技部负责 973 计划的组织实施，主要职责是：(1)制定 973 计划发展规划；(2)制定实施细则及相关管理规定；(3)组建 973 计划专家顾问组、领域专家咨询组和重大科学研究计划专家组；(4)编制年度工作计划，发布申报指南；(5)建立备选项目库，负责项目申报受理、评审评估、立项、结题验收等工作；(6)负责计划实施过程中的调整、协调、监督等工作；(7)建立国家科技计划管理信息系统。

由此可知，被诉决定是科技部行使上述法律和规范性文件赋予的法定职责，对涉案项目申请书进行审核后所作的处理决定。该决定内容为不予受理涉案项目申请，导致涉案项目无法进入 973 计划的评审评估等程序，进而使秦深公司丧失了获得项目立项及经费支持的机会。因此，被诉决定是具有国家行政职权的机关所作行政行为，对秦深公司的合法权益产生了实际影响，且不属于《中华人民共和国行政诉讼法》第 13 条、最高人民法院《关于执行〈中华人民共和国行政诉讼法〉若干问题的解释》第 1 条第 2 款所明确排除于人民法院行政诉讼受案范围之外的行为。被诉决定属于人民法院行政诉讼的受案范围。

法理研习

一、关于科技计划项目合同法律性质的争议

因科技计划项目合同产生的纠纷适用何种法律程序解决取决于合同性质，

而目前法律以及理论学界对于合同的法律性质并未有明确的界定，为此，有必要作理论探讨。

（一）科技计划项目合同的现行法律规定

我国关于国家科技计划以及国家科技计划项目管理的部门规章数量众多，包括《国家科技计划项目管理暂行办法》《国家科技计划管理暂行规定》《国家科技重大专项管理暂行规定》等。这些规范基本上都是立足于国家科技计划的管理，包括科技计划项目立项、项目实施管理、项目验收各阶段、项目承担者的义务责任等内容。但是，关于国家科技计划项目合同的规范条款则比较少，集中体现在《国家科技计划项目管理暂行办法》以及《国家科技计划管理暂行规定》中。《国家科技计划项目管理暂行办法》规定了国家科技计划项目合同或者任务计划书的签订方式以及合同或者任务书的内容。[1]《国家科技计划管理暂行规定》的相关内容有涉及科技计划项目的承担者违反合同的责任和义务，[2]但是规定模糊而且笼统，仅涉及项目承担者一方的责任。无论是上述规定还是其他与科技计划项目有关联的规范都没有就国家科技计划项目合同的性质作出明确规定。

（二）相关学说

对于科技计划项目合同的性质问题，法律并没有给予明确的界定，学界对这一问题存在民事合同与行政合同之争。

目前，我国学术界关于行政合同与民事合同的区分标准主要有三种观点：(1)参照法国20世纪80年代以前的行政合同理论，以行政合同必有一方当事人是行政主体、行政机关签订合同是为了实施行政管理、行政主体享有优益权作为识别行政合同的标准；[3](2)主张采用“目的说”，即以是否为完成特定行政管理目标为标准区分行政合同与民事合同；[4](3)主张借鉴德国，提出可依据两个标准区分行政合同与民事合同，一是形式标准，即行政主体作为合同一方当事人；二是实质标准，即是否引起行政法律关系的发生、变更和消灭。[5]根据上述学说，国内学者对于科技计划项目合同性质的讨论主要围绕行为主体、行为内容、行为目的来论证，并形成了两种学说：

1. 民事合同说

支持民事合同说的学者的理由主要有三点：一是合同的直接目的不是执行

〔1〕《国家科技计划管理暂行办法》第19～26条。

〔2〕《国家科技计划管理暂行规定》第20条。

〔3〕肖芳：《略论我国行政契约的认定标准》，载《兰州学刊》2002年第5期；李煜生：《行政合同制度的比较反思与重构》，载《南京社会科学》2003年第7期。

〔4〕杨欣：《论行政合同与民事合同的区分标准》，载《行政法学研究》2004年第3期。

〔5〕应松年主编：《行政法学新论》，中国方正出版社2004年版，第241～242页。

公法规范;二是合同中并不包含有作出行政行为或者其他主权性职务行为的义务;三是合同并不针对公民公法上的权利义务。有学者以我国《合同法》中的建设工程合同为例,国家重大建设工程合同虽然应当按照国家规定的程序和国家批准的投资计划、可行性研究报告等文件订立,但其仍然被规定为民事合同。[1]王利明教授也表达了对行政合同的怀疑态度,他认为:"行政合同究竟如何定义,其规范的对象是什么。恐怕仍是个值得探讨的问题。即使存在行政合同,是否要由合同法调整。亦不无疑问。"[2]

2. 行政合同说

支持行政合同说的学者提出,"实践中普遍将科研合同混同于一般技术合同,统一纳入《技术合同法》等有关法律法规中予以调整,这种做法既缺乏理论依据,又在实际运作中产生诸多问题。实质上,科研合同具有一般的行政合同性质"。[3] 应松年教授在其主持起草的《行政程序法》(试拟稿)第7章"行政合同"第162条列举的9种行政合同中就包括了"行政机关委托完成的科研课题"。[4] 具体而言,认为科技计划项目合同属于行政合同的理论主要包括:

首先,科技计划项目合同主体为科研行政管理部门与科研项目承担者,科研行政管理部门在科研项目管理过程中作为行政主体行使职权。在选择项目承担者以及与项目承担者签订合同以及履行合同的整个过程中,科研行政管理部门拥有一定的行政性质的权力,如单方变更合同内容以及监督权,其与科研项目承担者的法律地位是不平等的。

其次,科技计划项目合同具有公益性以及公共性。科研项目是分配科技资源的一种方式,科技资源包括科技人力资源、科技财力资源、科技物力资源、科技信息资源以及科技组织资源等内容。科技计划项目合同的最终目的是有效地实施国家科技计划,提升我国的科学技术水平,建设创新型国家,这决定了我国科技计划项目合同内容的公益性,其与普通民事合同的私益性是不同的。国家科技计划项目合同中科研行政管理部门一方订立合同的行为是履行行政职责的要求,科研项目承担者承担科技计划项目合同会受到管理部门公权力的影响,双方并不是完全平等的。此外,科技计划项目合同项目承担者在履行合同中要受到

---

〔1〕 谭启平、朱涛:《论国家科技计划项目合同的私法属性及制度构建》,载《现代法学》2013年第2期。

〔2〕 王利明:《合同的概念与合同法的规范对象》,载《法学前沿》(第二辑),法律出版社1998年版,第6页。

〔3〕 郭润生、邬帅莉:《论科研合同及其法律规范化》,载《科学技术与辩证法》1998年第4期。

〔4〕 应松年:《"行政程序法(试拟稿)"评介》,载《政法论坛》2004年第5期。

科研行政管理部门的监督,[1]其有权处理项目承担者在履行合同中的违规、违纪以及违反协议的行为,[2]如果出现重大变化导致合同无法正常实施时,管理部门可以提出调整或终止建议。[3] 科技计划项目合同中,管理部门拥有行政优益权,科研项目承担者公法上的权利义务会受到影响,双方并不是平等的民事主体,因而可以得出科研行政管理部门与科研项目承担者之间签订的合同具有行政属性,并不属于民事合同。

最后,持"民事合同说"的学者认为科技计划项目合同是通过招投标的方式签订,[4]这种方式是典型的民事合同签订方式,这一点也不足为凭。科研项目的招标依相关规定,不同情形采取公开招标或者邀请招标的形式。[5] 他们认为项目合同的缔结与民事合同的订立程序吻合,可以适用民事合同法律规范。但仅仅以订立合同的方式来证明科技计划项目合同属于行政合同未免太过草率。为了追求效率,行政合同当然可以采取招投标的方式订立。如特许经营协议,《行政诉讼法》及其司法解释都明确规定了特许经营协议属于行政合同。[6]《基础设施和公用事业特许经营管理办法》规定了特许经营协议应当通过招标、竞争性谈判等竞争方式选择特许经营者。[7] 也就是说采取招投标的方式订立合同并不是民事合同的专利,行政合同也可采取此种方式。

---

〔1〕 参见《中央财政科技计划(专项、基金等)项目管理专业机构管理暂行规定》第12条:对项目实施和经费使用情况进行监督评估,开展对参与项目立项、过程管理和验收等咨询评审专家履职尽责情况的监督。

〔2〕 参见《中央财政科技计划(专项、基金等)项目管理专业机构管理暂行规定》第13条:受理各方对项目管理和实施中承担单位、参与人员和专家的申诉和举报;受理相关单位或个人对项目申请、立项和验收等决定的异议、申诉以及对专业机构工作人员在项目管理中的违规、违纪行为的投诉;按相关政策规定及时处理反馈,并开展信用记录工作。

〔3〕 参见《中央财政科技计划(专项、基金等)项目管理专业机构管理暂行规定》第14条:在任务委托期间,出现重大变化导致任务无法正常实施时,及时向部际联席会议办公室和相关部门报告,提出调整或终止建议。

〔4〕 《国家科技计划项目管理暂行办法》第7条:项目指南和优先领域已明确项目目标和任务,并符合招标投标条件的,应当依据《科技项目招标投标暂行管理办法》中的相关规定执行。

〔5〕 参见《中华人民共和国招标投标法》第10条。

〔6〕 参见《行政诉讼法》第12条:人民法院受理公民、法人或者其他组织提起的下列诉讼:……(十一)认为行政机关不依法履行、未按照约定履行或者违法变更、解除政府特许经营协议、土地房屋征收补偿协议等协议的;《关于适用〈中华人民共和国行政诉讼法〉若干问题的解释》第11条:……公民、法人或者其他组织就下列行政协议提起行政诉讼的,人民法院应当依法受理:(一)政府特许经营协议;(二)土地、房屋等征收征用补偿协议;(三)其他行政协议。

〔7〕 参见《基础设施和公用事业特许经营管理办法》第15条:实施机构根据经审定的特许经营项目实施方案,应当通过招标、竞争性谈判等竞争方式选择特许经营者。特许经营项目建设运营标准和监管要求明确、有关领域市场竞争比较充分的,应当通过招标方式选择特许经营者。

三、科技计划项目纠纷司法裁判的两种路径

北京市高级人民法院在秦深公司诉科技部一案的判决书中明确了该争议属于行政诉讼受案范围并提出了判断的具体标准。该案例是具有指导意义的,至少在中央科技计划项目申请争议上能够适用行政诉讼予以解决。但是,对于如何解决科技计划项目合同履行阶段的争议,立法与司法并未给予明确答复,这是当前理论与实务界应重点关注的。为了解决这一问题,有两种解决路径可供选择:

(一)路径一:适用双阶理论,即行政与民事诉讼程序先后适用

双阶理论是指将一个生活关系纵向拆解为不同阶段,分别适用不同性质的法规范学说。即在选择科研项目承担者与科研项目合同履行阶段分别适用不同性质的法律规范,具体来说,选择科研项目承担者阶段适用行政法规范并由行政诉讼程序解决争议,科技计划项目合同履行阶段适用民事法律规范并由民事诉讼程序解决争议。适用双阶理论解决科技计划项目争议的前提是承认科技计划项目合同属于民事合同。

明确双阶理论下前后两个阶段的关系是正确适用法律规范解决纠纷的前提。我国台湾地区学者程明修在《公私协力法律关系之双阶争讼困境》中提到双阶理论下前阶段行政处分对后阶段契约效力之影响的四种理论:〔1〕一是前阶段行政处分因后阶段契约缔结而“终结”。早期有德国学说主张,双阶法律构造下前阶段之行政处分,可能因为后阶段契约之缔结而“终结”,同时也就不会在科研行政管理部门与相对人之契约关系中继续产生影响。〔2〕二是行政处分系契约生效要件,当行政处分不存在或者被废弃,契约亦随之失效。〔3〕三是行政处分乃契约之“交易基础”。〔4〕四是前阶段之行政处分可以构成后一阶段契约之“原因”(cause)或法律上“原因”(rechtsgrund)。因此当行政处分被废弃后,即会形成契约之法律上原因灭失,也因此会产生后续有无已受领之给付,得否请

---

〔1〕 程明修:《公私协力法律关系之双阶争讼困境》,载《行政法学研究》2015年第1期。

〔2〕 转引自 Vgl. Karl-Otto Henze, Verwaltungsrechtliche Probleme der staatlichen Finanzhilfe zugunsten Privater, Diss. Heidelberg, 1954, S. 81 ff.

〔3〕 参见林明锵:《营建法学研究》,台湾元照出版有限公司2006年版,第147页;林家祺:《政府采购行政诉讼——诉之利益理论与实务》,台湾新学林出版股份有限公司2009年版,第302页;陈敏:《行政法总论》,台湾新学林出版股份有限公司2011年版,第668页;Hartmut Maurer, a. a. O. (Fn. 4), § 17 Rn. 19。

〔4〕 参见林明锵:《营建法学研究》,台湾元照出版有限公司2006年版,第147页;Manfred Zuleeg, Die Rechtsform der Subventionen, 1965, S. 69;Hartmut Maurer, a. a. O. (Fn. ②), § 17 Rn. 19。

求返还之讨论。[1] 根据我国台湾地区学者的理论，在论证双阶理论是否可以适用于科技计划项目合同纠纷解决时，应首先明确行政行为与后阶段的缔约行为之间的关系如何。

由于科研行政管理部门管理科研项目的争议解决是否适用双阶理论存在研究空白，可以通过学界对于法律关系较为相似的政府采购合同能否适用双阶段理论的探讨来分析论证。例如，严益州从实然和应然角度论证政府采购合同应当适用双阶理论。他认为我国政府采购应区分为公私法性质不同的两个阶段：第一阶段是决定阶段，针对采购人是否向供应商采购货物、工程或服务。这一阶段涵盖发布采购文件到最终中标、成交的全过程。采购人是以公权力主体的身份实施采购，其行为属于公权力行为，那么第一阶段法律关系的性质当属公法。政府采购的第二阶段是履行阶段，针对采购人如何向供应商采购货物、工程或服务。这一阶段涵盖中标、成交之后到合同履行完毕之前的全过程。《中华人民共和国政府采购法》（以下简称《政府采购法》）第43条明确规定"政府采购合同适用合同法"，所以政府采购合同应当被认定为民事合同。[2] 对于采购合同争议，何海波教授的观点是分阶段解决争议，由于采购合同履行引起的争议，适用民事诉讼是正当的，政府采购多通过合同方式来进行，双方通过达成合意进行买卖行为。采购合同缔结引起的纠纷可以适用行政诉讼，因为政府采购合同毕竟是使用公共资金的行为，与一般的民事合同有别。供应商或者采购代理机构由于在政府采购活动中有违法行为，根据《政府采购法》被处以罚款等行政处罚的，当然可以提起行政诉讼。[3] 同样，学者吴志光指出，《政府采购法》将采购申诉审议委员会对申诉所为的审议判断视同诉愿决定，立法者显然将政府采购合同缔约前采购决定程序的相关争议定位为公法性质，同时对于政府采购合同的履约或验收争议则定位为私法上的争议，应循民事争讼途径解决……就此立法意旨似有采取所谓"二阶段理论"模式的意图。[4]

政府采购合同的法律关系与科技计划项目合同法律关系相似，学者们对政府采购法律关系的讨论也同样适用于科技计划项目合同法律关系。在科研行政管理部门选择科研项目承担者阶段，由于这一行为并不涉及科技计划项目合同中的内容，其属于公权力行政中的单纯高权行政，因而发生争议时适用行政诉讼

[1] 参见林明锵：《营建法学研究》，台湾元照出版有限公司2006年版，第147页；Hartmut Maurer, a. a. O.（Fn. ②），§17 Rn. 19。

[2] 严益州：《德国行政法上的双阶理论》，载《环球法律评论》2015年第1期。

[3] 何海波：《行政诉讼法》，法律出版社2013年版，第133~134页。

[4] 吴志光：《科研行政管理部门公告行为之法律性质及其救济途径——兼评最高行政法院91年度裁字第238号裁定》，载台湾《法令月刊》2004年第6期。

法,科技计划项目合同履行阶段的争议则适用民法规范。

(二)路径二:科研行政管理部门与科研项目承担者之间的纠纷统一适用行政诉讼程序解决

双阶理论在逻辑上可以自洽,但是实际操作可能存在一些弊端,特别是它将一个统一的生活关系分割成两个法律关系,适用不同的救济途径。但是生活关系的阶段是难以截然划分的,如科技计划项目合同中,处于第二阶段的科技行政管理部门单方监督管理和合同变更权本应适用民法规范调整,但却往往被认为是第一阶段的公法问题,不同阶段之间的权利义务存在交叉,难以清晰地划定界限。再如,第一阶段的瑕疵对第二阶段的影响难以判别。在合同缔结后,如果第一阶段作出的行政行为被宣告无效或被撤销,那么第二阶段的合同无效、可撤销,还是不受影响? 这些问题都是适用双阶理论时无法逾越的问题,所以一个生活关系要尽量统一在一个法律关系中,适用特定法律原则,避免造成法律内部逻辑的混乱。[1]

新《行政诉讼法》第 12 条第 1 款第 11 项[2]明确规定行政协议案件属于行政诉讼受案范围,《关于适用〈中华人民共和国行政诉讼法〉若干问题的解释》(以下简称《适用解释》)第 11 条同时明确了行政协议的概念,凡是行政机关为实现公共利益或者行政管理目标,在法定职责范围内,与公民、法人或者其他组织协商订立的具有行政法上权利义务内容的协议,属于《行政诉讼法》第 12 条第 1 款第 11 项规定的行政协议。而科技计划项目合同是科研行政管理部门为实现公共利益,在法定职责范围内,与项目承担者协商订立具有行政法上权利义务内容的合同,符合《适用解释》中对行政协议的定义。由此,因科技计划项目合同引发争议的,属于行政诉讼法受案范围。

新的行政诉讼法及司法解释加强了对行政协议的规定,明确了行政协议的概念,扩大了行政协议范围,这是国家立法与司法机关针对当前行政协议案件增多的现状的应对措施。除此以外,新《行政诉讼法》规定了行政协议案件的判决方式等内容。比如,《行政诉讼法》第 78 条规定,被告不依法履行、未按照约定履行或者违法变更、解除行政协议的,人民法院判决被告承担继续履行、采取补救措施或者赔偿损失等责任。这是新行政诉讼法对行政协议案件判决方式的详细规定。《适用解释》同时规定了审理行政协议案件的适用规范、判决方式以及

〔1〕 严益州:《德国行政法上的双阶理论》,载《环球法律评论》2015 年第 1 期。

〔2〕 《行政诉讼法》第 12 条规定:“人民法院受理公民、法人或者其他组织提起的下列诉讼:……(十一)认为行政机关不依法履行、未按照约定履行或者违法变更、解除政府特许经营协议、土地房屋征收补偿协议等协议的。”

程序。值得一提的是,《适用解释》规定了在审理行政协议案件时,在某些情况下可以适用民事法律规范的规定。比如,第12条规定公民、法人或者其他组织对行政机关不依法履行、未按照约定履行协议提起诉讼的,参照民事法律规范关于诉讼时效的规定。第14条规定人民法院审查行政机关是否依法履行、按照约定履行协议或者单方变更、解除协议是否合法,在适用行政法律规范的同时,可以适用不违反行政法和行政诉讼法强制性规定的民事法律规范。这一规定可以有效缓解当前行政协议法律规范欠缺的问题。上述规定为法院在审理行政协议案件时提供了更加详细的适用法律依据。

综上所述,对科技项目申请争议以及项目合同履行争议可以统一理解为行政协议缔结和履行中的争议,从而适用行政诉讼程序解决。

案例 17　甘露不服暨南大学开除学籍申请再审案*

段小京

案　情

一、被开除学籍后，走上维权之路

2005 年，暨南大学华文学院语言学及应用语言学专业 2004 级硕士研究生甘露，在参加现代汉语语法专题科目的撰写课程论文考试时，提交了《关于"来着"的历时发展》的考试论文，任课老师发现该论文是从互联网上抄袭的，遂对其进行批评、教育后，并要求重写论文。但甘露第二次向任课老师提供的考试论文《浅议东北方言动词"造"》，又被任课老师发现与发表于《江汉大学学报》2002 年第 2 期《东北方言动词"造"的语法及语义特征》一文雷同。为此，暨南大学就甘露违纪事件进行调查。2006 年 6 月 2 日，暨南大学华文学院向暨南大学学生违纪处理委员会办公室建议给予甘露开除学籍的处分。6 月 15 日，暨南大学学生违纪处理委员会召开会议，决定给予甘露开除学籍的处分，并将给予甘露开除学籍处分的意见提交校长办公会议进行讨论。6 月 19 日，暨南大学召开 2006 年第 16 次校长办公会议，会议决定同意给予甘露开除学籍的处分，并制作了暨学(2006)33 号《关于给予硕士研究生甘露开除学籍处分的决定》(以下简称开除学籍决定)，对甘露作出开除学籍处分。6 月 21 日，暨南大学将处分决定送达给赵小曼。6 月 23 日，暨南大学又通过特快专递 EMS 将开除学籍决定寄送给甘露。2007 年 6 月 11 日，甘露以暨南大学作出的开除学籍决定没有法律依据及处罚太重为由，向广州市天河区人民法院提起行政诉讼，请求撤销暨南大学作出的开除学籍决定并承担案件诉讼费。

---

* 最高人民法院再审：(2011)行提字第 12 号，合议庭成员：郭修江、段小京、耿宝建；2011 年 10 月 25 日生效。

二、争议问题凸显，双方各持己见

本案基本事实清楚，双方当事人对以下事实无异议：甘露在研究生第一学期修读学位课程“现代汉语语法专题”，该学期课程考试形式为撰写课程论文，其先后两次上交给任课老师的课程论文均存在抄袭情形。

本案争议焦点在于：双方当事人对学期课程论文抄袭行为的性质及其法律后果各持己见。即在校研究生在完成必修专业课程考核过程中提交的课程论文中存在的抄袭行为，是否属于《普通高等学校学生管理规定》（以下简称 2005 年《普通高等学校学生管理规定》）第 54 条第 5 项和《暨南大学学生管理暂行规定》第 53 条第 5 项规定所指的剽窃、抄袭他人研究成果、是否属于情节严重的行为。

甘露认为，其先后两次上交的学期课程论文存在抄袭现象属实，该课程考试形式是以撰写课程论文方式进行的开卷考试，抄袭他人论文的行为违反了考试纪律，应按违反考试纪律的规定给予处分。这种抄袭行为并不是 2005 年《普通高等学校学生管理规定》第 54 条第 5 项和《暨南大学学生管理暂行规定》第 53 条第 5 项规定所称的“剽窃、抄袭他人研究成果”的违纪行为。

暨南大学则认为，学期课程论文作为研究生修读课程的考试形式之一，也是研究生在学习期间研究成果的一部分，研究生理应严格认真对待。甘露连续两次抄袭行为已经严重违反了《高等学校学生行为准则》、2005 年《普通高等学校学生管理规定》以及《暨南大学学生管理暂行规定》，丧失了作为一名学生所应有的道德品质，应按照《暨南大学学生违纪处分实施细则》进行处理。即便如申请人所述，其行为属于考试作弊行为，而根据 2005 年《普通高等学校学生管理规定》第 54 条第 4 项的规定“由他人代替考试、替他人参加考试、组织作弊、使用通讯设备作弊及其他作弊行为严重的”，仍然可以给予申请人开除学籍处分。

三、历经四级法院审判，最高人民法院作出最终结论

本案经一审、二审法院审理判决后，又因甘露申请再审，历经广东省高级人民法院审判监督程序和最高人民法院再审。

广州市天河区人民法院以（2007）天法行初字第 62 号行政判决维持了开除学籍决定。广东省广州市中级人民法院终审判决认为，在适用法律方面，暨南大学根据法律授权制定了本校的学生管理规定，并依照该规定对甘露作出开除学籍决定，并无违反法律、法规和规章规定。但在 2005 年《普通高等学校学生管理规定》第 54 条已对开除学籍情形作出规定的情况下，暨南大学在开除学籍决定中没有引用该规定不妥，但该瑕疵不足以影响开除学籍决定的合法性。故广州市中级人民法院作出行政判决：驳回甘露上诉，维持原判。针对甘露向广东省高

级人民法院提起的再审申请，广东省高级人民法院作出(2010)粤高法行监字第6号通知，驳回了甘露再审申请。随后，甘露向最高人民法院申请再审。

最高人民法院经审查后认为原生效判决可能存在适用法律错误的情形，以(2010)行监字第1023号行政裁定提审了本案。

最高人民法院认为，高等学校学生应当遵守《高等学校学生行为准则》、2005年《普通高等学校学生管理规定》，并遵守高等学校依法制定的校纪校规。学生在考试或者撰写论文过程中存在的抄袭行为应当受到处理，高等学校也有权依法给予相应的处分。但高等学校对学生的处分应遵守2005年《普通高等学校学生管理规定》第55条规定，做到程序正当、证据充足、依据明确、定性准确、处分恰当。特别是在对违纪学生作出开除学籍等直接影响受教育权的处分时，应当坚持处分与教育相结合原则，做到育人为本、罚当其责，并使违纪学生得到公平对待。违纪学生针对高等学校作出的开除学籍等严重影响其受教育权利的处分决定提起诉讼的，人民法院应当予以受理。人民法院在审理此类案件时，应依据法律法规、参照规章，并可参考高等学校不违反上位法且已经正式公布的校纪校规。《暨南大学学生管理暂行规定》第53条第5项规定，剽窃、抄袭他人研究成果，情节严重的，可给予开除学籍处分。《暨南大学学生违纪处分实施细则》第25条规定，剽窃、抄袭他人研究成果，视情节轻重，给予留校察看或开除学籍处分。暨南大学的上述规定系依据2005年《普通高等学校学生管理规定》第54条第5项的规定制定，因此不能违背2005年《普通高等学校学生管理规定》相应条文的立法本意。2005年《普通高等学校学生管理规定》第54条列举了7种可以给予学生开除学籍处分的情形，其中第4项和第5项分别列举了因考试违纪可以开除学籍和因剽窃、抄袭他人研究成果可以开除学生学籍的情形，并对相应的违纪情节作了明确规定。其中第5项所称的“剽窃、抄袭他人研究成果”，系指高等学校学生在毕业论文、学位论文或者公开发表的学术文章、著作，以及所承担科研课题的研究成果中，存在剽窃、抄袭他人研究成果的情形。所谓“情节严重”，系指剽窃、抄袭行为具有非法使用他人研究成果数量多、在全部成果中所占的地位重要、比例大，手段恶劣，或者社会影响大、对学校声誉造成不良影响等情形。甘露作为在校研究生提交课程论文，属于课程考核的一种形式，即使其中存在抄袭行为，也不属于该项规定的情形。因此，暨南大学开除学籍决定援引《暨南大学学生管理暂行规定》第53条第5项和《暨南大学学生违纪处分实施细则》第25条规定，属于适用法律错误，应予撤销。一审、二审法院判决维持，显属不当，应予纠正。鉴于开除学籍决定已生效并已实际执行，甘露已离校多年且目前已无意返校继续学习，撤销开除学籍决定已无实际意义，但该开除学籍决定的违法性仍应予以确认。甘露在最高人民法院再审期间提出的其在原审期间未提出的赔偿请求,依法不予审查。

学者质疑

2012年第7期《最高人民法院公报》将"甘露案"作为典型案例公布后,引起了学界不少的质疑。苏州大学法学院施立栋在《立法原意、学术剽窃与司法审查——"甘露案"判决论理之检讨》一文中指出:"'甘露案'是首个由最高人民法院审理的高校行政诉讼案件。该案法官通过诉诸'立法原意',对作为开除学籍决定构成要件的'剽窃、抄袭他人研究成果'这一概念作了限缩解释。但是,由于未遵循法律解释方法适用的基本位阶,回避了运用历史解释方法面临的多重操作困境,判决混淆了著作权法和学术规范判定剽窃行为所应采取的不同标准,其论证理由值得商榷。而隐藏于判决理由背后、实际支配了法官整体判案思路的内在考虑,也无法经受起法解释技术的进一步拷问。'甘露案'判决在论证说理过程中存在的上述瑕疵,预示着其难以作为一个适格的典型案例,为下级法院审理同类案件提供指导力。"又如,左明在其《左氏评析——〈甘露不服暨南大学开除学籍决定案〉》一文中也表达了对判决的质疑态度:"判决书中'情节严重,系指剽窃、抄袭行为具有非法使用他人研究成果数量多、在全部成果中所占的地位重要、比例大,手段恶劣,或者社会影响大、对学校声誉造成不良影响等情形',此解释至少明显遗漏了常人都可以发现的一种情形:剽窃、抄袭的次数或频率,缺乏说服力。法官在适用法律裁判案件之时对法律进行解释,天经地义。能够清晰明确地将自己的解释表达于裁判文书之中,更是法官的应尽义务。这样的解释能否经得起他人的推敲将直接决定个案公正和司法体制的良性运行……本案给人留下了一个很不好的遐想:学术权威与法院里的法官存在某种微妙关系。在无理之处强夺理:课程论文的抄袭是考试作弊,而不是抄袭。这听起来就很刺耳的结论,是凭借权威而不是足够的理性作出的生硬裁判。"

法律疑点

- 在校研究生在完成必修专业课程考核过程中提交的课程论文中存在的抄袭行为,是考试违纪行为,还是学术不端行为?最高人民法院判决认为在校研究生提交课程论文,属于课程考核的一种形式,其中存在抄袭行为,属于考试违纪行为,不属于2005年《普通高等学校学生管理规定》第54条第5项规定的学术不端情形。该判决有法律依据吗?

- 高等院校的校纪校规是否可以作为合法性审查依据？最高人民法院认为，人民法院审理高校教育行政案件，可“参考”校纪校规，但不能依据校纪校规。如校规校纪与法律法规规章明显抵触，或者存在显而易见的错误，法院不应支持。最高人民法院的观点有法理支持吗？

法理研习

一、抄袭他人论文行为的性质及其法律后果

高校在校学生抄袭他人论文一般出于两种目的：一是在校学生参加学校教育教学计划规定的课程和各种教育教学环节（课程）的考核中，为了考核过关，采取抄袭他人论文为自己使用的方式完成考核论文；二是学生为完成学位论文或者公开发表的研究成果，采取抄袭、篡改、伪造等手段将他人论文为自己使用。同为抄袭，因二者的行为目的不同，导致承担的法律后果也不相同。虽然2005年《普通高等学校学生管理规定》第54条对在校研究生参加必修课程考核时提交的抄袭他人的课程论文违纪行为的定性并不是很明确，但却以行为人行为目的为依据，在该条款第4项和第5项中分别列举了考试违纪和剽窃、抄袭他人研究成果两种情形。由此可以确定，2005年《普通高等学校学生管理规定》已将“考试作弊”和“剽窃、抄袭他人研究成果”界定为完全不同性质的两种行为。其中，“剽窃、抄袭他人研究成果”属于学术不端行为，应承担更为严重的法律后果。本案主审法官耿宝建在判例中是这样分析的：甘露提交论文是课程考试的一种方式，其抄袭行为在本质上仍然是考试作弊，属于违反考试纪律的行为。就“剽窃、抄袭他人研究成果”的规定而言，从其独立于“考试作弊”成为单独规范的行为来看，其主要是对学生的“学术活动”的规范，不属于对“考试行为”的规范条款，要求学生提交的考试论文虽然有学术的成分，但主要的还不是“学术活动”，不能等同于剽窃、抄袭他人作品而以自己名义公开发表的学术不端行为。因此，从甘露行为的性质上来看，主要应当属于以“剽窃、抄袭他人作品”为手段的考试违纪行为，而根据《暨南大学学生违纪处分实施细则》第24条规定，违反考试纪律，累计两次以上（含两次）因考试作弊受到处分，给予开除学籍处分。因此，暨南大学适用《暨南大学学生管理暂行规定》第53条第5项规定作出的开除学籍决定存在定性不准、适用法律不当之处。

在本案审理中，最高人民法院为精确理解立法本意，专门就甘露抄袭他人论文行为是否属于2005年《普通高等学校学生管理规定》第5项“剽窃、抄袭他人

研究成果,情节严重"的规定情形与教育部进行了沟通。教育部对此作出明确解释:2005 年《普通高等学校学生管理规定》第 54 条规定,学生有该条所列举情形之一的,学校可以给予开除学籍的处分。其中第 5 项所称的"剽窃、抄袭他人研究成果"系指:高等学历教育各层次学生在毕业论文、学位论文或者公开发表的学术文章、著作,以及所承担科研课题的研究成果中,存在剽窃、抄袭他人研究成果的情形。"情节严重",系指"剽窃、抄袭"行为具有非法使用他人研究成果数量多、在全部成果中所占的地位重要、比例大,手段恶劣,或者社会影响大、对学校声誉造成不良影响等情节。具体标准由高等学校在制定实施细则中确定并明示。在校研究生提交课程论文属于课程考核的一种形式。其中如存在抄袭行为,不属于第 54 条第 5 项规定的行为,而应视为学生违反考核纪律或者作弊,适用 2005 年《普通高等学校学生管理规定》第 16 条的相关规定。

鉴于该案件反映出的法律适用问题以及近年学术不端行为的新情况,教育部在 2017 年修订的《普通高等学校学生管理规定》中,吸收了最高人民法院判例的观点,专门对学生参加的课程考核与学术不端行为作出了明确界定,并对"开除学籍"的条件作出了详细规定。2017 年《普通高等学校学生管理规定》第 13 条规定:"学生应当参加学校教育教学计划规定的课程和各种教育教学环节(以下统称课程)的考核,考核成绩记入成绩册,并归入学籍档案。考核分为考试和考查两种。考核和成绩评定方式,以及考核不合格的课程是否重修或者补考,由学校规定。"对学生违反考核纪律或者作弊行为的惩戒,在第 18 条第 2 款中作出了明确规定:"学生严重违反考核纪律或者作弊的,该课程考核成绩记为无效,并应视其违纪或者作弊情节,给予相应的纪律处分。给予警告、严重警告、记过及留校察看处分的,经教育表现较好,可以对该课程给予补考或者重修机会。"第 51 条规定:对有违反法律法规、本规定以及学校纪律行为的学生,学校应当给予批评教育,并可视情节轻重,给予警告、严重警告、记过、留校察看和开除学籍的纪律处分。第 52 条第 5 项和第 8 项列举了开除学籍处分的情形:"学位论文、公开发表的研究成果存在抄袭、篡改、伪造等学术不端行为,情节严重的,或者代写论文、买卖论文的""屡次违反学校规定受到纪律处分,经教育不改的。"由此,2017 年《普通高等学校学生管理规定》对学生违纪情形的规范更为具体明晰,为学校行使管理和处分权提供了必要的上位法依据。

二、校纪校规是否可以作为合法性审查依据

根据《中华人民共和国行政诉讼法》规定,人民法院审理行政案件,应依据法律法规、参照规章。依照法律适用规则,人民法院审理高校行政案件,在依据法律、法规和参照规章的同时,可以"参考"高等学校不违反上位法且已经正式

公布的校纪校规。为什么校纪校规不能“依据”和“参照”适用？理由很简单：高等学校校纪校规是学校制定的行为规范，属于规范性文件。规范性文件来源于规章，规章的上位法则为法律、法规。规范性文件形式与内容是否与其上位法相一致，是其合理合法存在的条件。因此，高等学校制定的校纪校规，无论是程序内容还是实体内容，都不应超越上位法规定的标准，校纪校规不能作为人民法院审理行政案件的直接依据。案件所涉校纪校规是否符合法律、法规、规章的规定，需要人民法院进行合法性审查，只有符合上位法规定的规范性文件，才可在审判中“参考”适用。如果校纪校规与法律法规规章明显抵触，或者存在显而易见的错误，就不能作为人民法院裁判时可引用的依据。

实践中，高等学校在制定规范性文件时，往往会根据自己的教学理念和教学特色制定相关内容，并对学生提出“诚信”要求。但因所依据的规章存在“过于原则”和“可操作性不强”等缺陷，导致学校制定的规范性文件，特别是涉及有关学校“处分权”内容，往往高出上位法标准。如2005年《普通高等学校学生管理规定》虽然对纪律处分的种类、开除学籍的情形作了规定，但较为原则，可操作性不强。在这种情况下，有些高等学校为提倡守规矩、讲诚信的主流价值观，维护学校正常的教学、科研秩序和保障考试公平公正，会作出比规章规定更为严厉的校纪校规。客观地说，高等学校超出规章的授权制定严厉的处罚条款情有可原。仅就考试作弊行为而言，中国高校学生考试作弊现象确实比较严重，诚信频亮警报。原因虽然复杂，但国家法律对考试作弊行为的惩罚力度不够确实是其中一大因素。在许多国家，考试作弊的行为后果一般是作弊者承担不起的。有些国家将学生考试作弊认定为违法行径，需要依法承担刑罚后果；有些国家将考试作弊认定为对国家安全造成威胁，会面临监禁或高额罚款的处罚；多数国家对学生在考试中舞弊或者论文抄袭行为规定了最轻开除学籍的处罚；等等。可见，我国对学生考试作弊行为的处罚力度确实逊色于许多国家。但是，高等学校的教学理念和规范性文件必须符合我国的法律、法规和规章，校纪校规必须经得起法院的合法性审查，如果校规校纪与法律法规规章明显抵触，法院不能给予支持。

关于“校纪校规是否可以作为合法性审查依据”问题，最高人民法院的判决从三个层次作了全面阐述：第一，高等学校学生应当遵守《高等学校学生行为准则》、2005年《普通高等学校学生管理规定》，并遵守高等学校依法制定的校纪校规。高等学校对学生的处分应遵守2005年《普通高等学校学生管理规定》第55条规定，做到程序正当、证据充足、依据明确、定性准确、处分恰当。人民法院在审理此类案件时，应依据法律法规、参照规章，并可参考高等学校不违反上位法且已经正式公布的校纪校规。第二，暨南大学开除学籍决定援引《暨南大学学生管理暂行规定》第 53 条第 5 项和《暨南大学学生违纪处分实施细则》第 25 条规定的上位法依据为 2005 年《普通高等学校学生管理规定》第 54 条第 5 项规定,需符合 2005 年《普通高等学校学生管理规定》相应条文的立法本意。第三,2005 年《普通高等学校学生管理规定》第 54 条第 4 项和第 5 项分别列举了因考试违纪可以开除学籍和因剽窃、抄袭他人研究成果可以开除学生学籍的情形,并对相应的违纪情节作了明确规定。其中第 5 项所称的“剽窃、抄袭他人研究成果”,系指高等学校学生在毕业论文、学位论文或者公开发表的学术文章、著作,以及所承担科研课题的研究成果中存在剽窃、抄袭他人研究成果的情形。所谓“情节严重”,系指剽窃、抄袭行为具有非法使用他人研究成果数量多、在全部成果中所占的地位重要、比例大,手段恶劣,或者社会影响大、对学校声誉造成不良影响等情形。甘露作为在校研究生提交课程论文,属于课程考核的一种形式,即使其中存在抄袭行为,也不属于该项规定的情形。

相关法律及政策

2017 年《普通高等学校学生管理规定》

第十三条 学生应当参加学校教育教学计划规定的课程和各种教育教学环节(以下统称课程)的考核,考核成绩记入成绩册,并归入学籍档案。考核分为考试和考查两种。考核和成绩评定方式,以及考核不合格的课程是否重修或者补考,由学校规定。

第十八条第二款 学生严重违反考核纪律或者作弊的,该课程考核成绩记为无效,并应视其违纪或者作弊情节,给予相应的纪律处分。给予警告、严重警告、记过及留校察看处分的,经教育表现较好,可以对该课程给予补考或者重修机会。

第五十一条 对有违反法律法规、本规定以及学校纪律行为的学生,学校应当给予批评教育,并可视情节轻重,给予如下纪律处分:(一)警告;(二)严重警告;(三)记过;(四)留校察看;(五)开除学籍。

第五十二条 ……(五)学位论文、公开发表的研究成果存在抄袭、篡改、伪造等学术不端行为,情节严重的,或者代写论文、买卖论文的;(八)屡次违反学校规定受到纪律处分,经教育不改的。

2005 年《普通高等学校学生管理规定》

第十六条 学生严重违反考核纪律或者作弊的,该课程考核成绩记为无效,并由学校视其违纪或者作弊情节,给予批评教育和相应的纪律处分。给予警告、严重警告、记过及留校察看处分的,经教育表现较好,在毕业前对该课程可以给予补考或者重修机会。

第五十四条 学生有下列情形之一,学校可以给予开除学籍处分……(四)由他人代替考试、替他人参加考试、组织作弊、使用通讯设备作弊及其他作弊行为严重的；(五)剽窃、抄袭他人研究成果，情节严重的。

《暨南大学学生管理暂行规定》

第五十三条　学生有下列情形之一，给予开除学籍处分……(五)剽窃、抄袭他人研究成果，情节严重的。

《暨南大学学生违纪处分实施细则》

第二十五条　剽窃、抄袭他人研究成果，视情节轻重，给予留校察看或开除学籍处分。

案例18 魏永高、陈守志与安徽省来安县人民政府收回土地使用权行政批复纠纷行政裁定书案

李年清

案 情

一、基本案情

2010年8月31日，安徽省来安县国土资源和房产管理局向来安县人民政府报送《关于收回国有土地使用权的请示》，请求收回该县永阳东路与塔山中路部分地块土地使用权。9月6日，来安县人民政府作出《关于同意收回永阳东路与塔山中路部分地块国有土地使用权的批复》。来安县国土资源和房产管理局收到该批复后，没有依法制作并向原土地使用权人送达收回土地使用权决定，而直接交由来安县土地储备中心付诸实施。魏永高、陈守志的房屋位于被收回使用权的土地范围内，其对来安县人民政府收回国有土地使用权批复不服，提起行政复议。2011年9月20日，滁州市人民政府作出《行政复议决定书》，维持来安县人民政府的批复。魏永高、陈守志仍不服，提起行政诉讼，请求人民法院撤销来安县人民政府上述批复。

魏永高、陈守志向一审法院起诉称：原告在来安县新安镇永阳东路183号和来安县新安镇粮食新村35号分别拥有合法的房屋和国有土地使用权。被告作出的来政秘〔2010〕93号《关于同意收回永阳东路与塔山中路部分地块国有土地使用权的批复》，同意收回原告房产所属地块国有土地使用权。原告认为该批复程序及实体均违法，严重侵害了原告的合法权益，请求确认该批复违法并予以撤销。

一审法院认为：根据最高人民法院《关于执行〈中华人民共和国行政诉讼法〉若干问题的解释》（以下简称《行政诉讼法解释》）第1条第2款第6项规定，对公民、法人或者其他组织权利义务不产生实际影响的行为，不属于人民法院行政诉讼的受案范围。被告作出的《关于同意收回永阳东路与塔山中路部分地块

国有土地使用权的批复》是内部行政行为，对原告权利义务不产生实际影响，原告对该批复起诉，不属于人民法院行政诉讼的受案范围。依照最高人民法院《关于执行〈中华人民共和国行政诉讼法〉若干问题的解释》第 32 条第 2 款和第 44 条第 1 款第 11 项之规定，裁定驳回魏永高、陈守志的起诉。

魏永高、陈守志上诉称：(1)被上诉人作出的来政秘〔2010〕93 号批复是独立的具体行政行为，而非内部行政行为。(2)被上诉人作出的收回土地使用权的批复包含了上诉人房屋所在的地块，与上诉人有直接的利害关系，一审法院认定事实错误。(3)根据《中华人民共和国行政复议法》第 30 条第 1 款的规定，一审法院应当依法受理上诉人的起诉。请求撤销一审裁定，指令一审法院继续审理本案。

来安县人民政府答辩称：(1)被上诉人依据《中华人民共和国土地管理法》《安徽省国有土地储备办法》等法律法规规定的程序，作出收回国有土地使用权的批复，系被上诉人对所属部门工作请示作出的答复，属于内部行政行为，不属于人民法院受案范围。(2)批复对上诉人的权利义务不产生实际影响，影响上诉人权利义务的是由被上诉人所属工作部门实施的房屋征收补偿安置行为，一审裁定认定事实清楚。请求维持一审裁定。

二、裁判结果

滁州市中级人民法院于 2011 年 12 月 23 日作出(2011)滁行初字第 6 号行政裁定：驳回魏永高、陈守志的起诉。魏永高、陈守志提出上诉，安徽省高级人民法院于 2012 年 9 月 10 日作出(2012)皖行终字第 14 号行政裁定：(1)撤销滁州市中级人民法院(2011)滁行初字第 6 号行政裁定；(2)指令滁州市中级人民法院继续审理本案。

法院生效裁判认为：根据《土地储备管理办法》和《安徽省国有土地储备办法》以收回方式储备国有土地的程序规定，来安县国土资源行政主管部门在来安县人民政府作出批准收回国有土地使用权方案批复后，应当向原土地使用权人送达对外发生法律效力的收回国有土地使用权通知。来安县人民政府的批复属于内部行政行为，不向相对人送达，对相对人的权利义务尚未产生实际影响，一般不属于行政诉讼的受案范围。但本案中，来安县人民政府作出批复后，来安县国土资源行政主管部门没有制作并送达对外发生效力的法律文书，即直接交来安县土地储备中心根据该批复实施拆迁补偿安置行为，对原土地使用权人的权利义务产生了实际影响；原土地使用权人也通过申请政府信息公开知道了该批复的内容，并对批复提起了行政复议，复议机关作出复议决定时也告知了诉权，该批复已实际执行并外化为对外发生法律效力的具体行政行为。因此，对该批复不服提起行政诉讼的，人民法院应当依法受理。

法律疑点

在传统的行政诉讼理论与司法实践中，内部行为不可诉似乎已成共识。然而，由于内部行为作为一个不确定性的概念，行政机关经常假借“内部行为”之名，行“行政行为”之实，导致司法实践中一些表面是内部行为而实质却是行政行为的行为被排除在受案范围之外。在本案中，争议的焦点在于来安县人民政府作出《关于同意收回永阳东路与塔山中路部分地块国有土地使用权的批复》是否属于内部行为？内部行为如何界定？内部行为的可诉性判断标准如何确定？

法理研习

一、内部行为的界定

关于内部行为含义的界定，从目前实定法规范来看，包括新旧《行政诉讼法》、最高人民法院《关于执行〈中华人民共和国行政诉讼法〉若干问题的解释》、最高人民法院《关于适用〈中华人民共和国行政诉讼法〉若干问题的解释》，并没有对内部行为作一个概念界定。因此，内部行为不是我国现有实定法上的一个法律概念，而是一个学理概念。传统行政法学根据行政行为针对的对象不同，可以将行政行为分为内部行政行为和外部行政行为。内部行政行为是指行政机关与其他国家之间、行政机关相互之间、行政机关内部各机构之间、行政机关与其公务员之间在行政管理过程中与行政职权相关的行为。外部行政行为是指行政机关与行政相对人之间在行政管理过程中与行政职权相关的行为。[1] 内部行为，亦被称为内部行政行为，是指行政机关在内部行政组织管理过程中实施的只对行政组织内部或者公务员产生法律效力，不影响外部公民权利义务的自我管理行为。

内部行为包括针对内部组织的行为和针对内部个人的行为。

(1)针对内部组织的行为。针对内部组织的行为，如行政主体对其下属机

〔1〕 江必新主编：《中华人民共和国行政诉讼法理解适用与实务指南》，中国法制出版社 2015 年版，第 82 页。

构设立、增加、减少、合并的行为,或对下属机构的权力加以配置、划定、调整的行为,以及行政机关内部公文函件往来的行为。

(2)针对内部个人的行为。针对内部个人的行为主要表现为对人事关系的处理,如对公务员的奖惩、任免。

二、内部行为不可诉的法理

行政机关内部人事处理事项不可诉,从立法背景来看,主要是受德国、日本的特别权力关系理论的影响。该学说认为,行政机关对其工作人员的人事处理行为乃是一种特别权力行为,基于此种特别权力,行政机关可对其所属工作人员的权利进行必要的限制。[1] 1989 年 4 月颁布的《行政诉讼法》第 12 条(2014 年 11 月修订颁布的《行政诉讼法》第 13 条)列举法院不予受理的争议时提出了"行政机关对行政机关工作人员的奖惩、任免等决定"概念,并规定对此类行为提起诉讼的,法院不予受理。其理由是:考虑到行政机关内部的奖惩、任免数量多,涉及面广,而且有关法律法规已规定了救济手段和途径,所以不必通过行政诉讼的方式解决因此发生的纠纷,并且此类争议涉及行政政策问题、行政内部纪律和内部制度问题,不便于法院处理,行政机关自行处理这类争议有利于保证行政管理的效率。法院作为与国家行政机关具有同等法律地位的审判机关,不宜对行政机关的组织建设事务通过审判程序加以干涉。[2]

受特别权力关系理论的影响,1989 年颁布的《行政诉讼法》将行政机关对公务员的奖惩等行为排除在行政诉讼受案范围之外。但是,随着法治建设的发展,特别权力关系理论受到了越来越多的批评,德国、日本等国家都在逐步地修正、限制特别权力关系理论的适用。就我国而言,由于公务员与其所属行政机关之间的争议没有有效的法律救济途径,造成大量的申诉、上访,甚至信访;同时还有大量的隐形行政纠纷被埋藏下来,矛盾和对抗被积聚起来,成为社会稳定的重大隐患。[3] 2014 年在修订《行政诉讼法》之时,建议将公务员与行政机关之间的行政争议纳入行政诉讼的受案范围,但是立法机关最终没有采纳这一建议。

三、内部行为不可诉的立法规定

行政法学通说一般认为内部行为不可诉,即不属于行政诉讼的受案范围,其

---

[1] 石磊:《〈魏永高、陈守志诉来安县人民政府收回土地使用权批复案〉的理解与参照——内部行政行为外部化具有可诉性》,载《中国法律评论》2014 年第 1 期。

[2] 转引自马怀德主编:《行政诉讼原理》(第二版),法律出版社 2009 年版,第 169 页。

[3] 江必新主编:《中华人民共和国行政诉讼法理解适用与实务指南》,中国法制出版社 2015 年版,第 77 页。

主要法律依据是 1989 年 4 月颁布的《行政诉讼法》第 2 条和第 12 条第 3 项规定。第 2 条规定，公民、法人或者其他组织认为行政机关和行政机关工作人员的行政行为侵犯其合法权益，有权依照本法向人民法院提起诉讼。第 12 条第 3 项规定，行政机关对行政机关工作人员的奖惩、任免等决定不属于行政诉讼的受案范围。根据《行政诉讼法解释》第 1 条第 2 款第 6 项的规定，对公民、法人或者其他组织权利义务不产生实际影响的行为不属于人民法院行政诉讼的受案范围。

可知，只有行政机关或者法律、法规、规章授权的组织作出的行政行为，公民、法人或者其他组织认为该行政行为侵犯其合法权益的，方可以向人民法院提起诉讼。在司法实践中，如何判断一个行政决定是否属于行政行为？

一般而言，行政行为具有以下特征：

第一，行政性。行政行为是行使行政管理职权的行为。因此，不是行使行政管理职权的行为，不是行政行为。

第二，处分性。行政行为是法律行为，具有处分性。处分性是指按照行政主体主观上的意思表示对行政相对人法律上的权利义务客观上进行了安排。它是行政机关或者法律、法规、规章授权的组织对公民、法人或者其他组织作出的，以发生一定的法律后果，使行政法上的权利义务得以建立、变更或者消灭为目的的意思表示。

第三，特定性。行政行为是对特定对象的处理。具体行政行为是具有特定性的行为。特定性是行政行为区别于行政规范性文件的主要标志。

第四，外部性。行政行为是外部性处理。行政行为是对公民、法人或者其他组织权利义务的安排，没有外部法律效力的行政决定不是行政行为。

可知，行政机关对其公务员的奖惩任免、行政机关之间职责权限的调整不是行政行为；上下级行政机关之间单纯的公文往来或者上级有权对隶属于它的下级行政机关或者行政机关人员发布有法律约束力的职务命令和指示，如果这种命令、指示没有规定可以直接影响外部公民、法人或者其他组织权利义务的内容，也不构成行政行为。因此，内部行为由于并不直接对外产生法律效力，对行政相对人的权利义务不产生实际影响，因而不具有可诉性。

四、内部行为外部化的可诉性

上下级行政机关之间公文往来或者上级有权对隶属于它的下级行政机关或者行政机关人员发布有法律约束力的职务命令和指示，如果这种命令、指示有可以直接影响外部公民、法人或者其他组织权利义务的内容，这种内部行为外化成为行政行为，可以提起行政诉讼。所谓内部行为的外部化是指行政机关内部行为的作出和实施对行政机关以外的公民、法人或者其他组织法律上的权利义务产生了实际影响。内部行为不可诉理论的重要依据之一即内部行为并未对外产生法律效力,对行政相对人的权利义务没有产生实际影响。但内部行为外部化以后,对行政相对人权利义务产生了实际影响,行政相对人有权提起行政诉讼。

"吉德仁等诉盐城市人民政府行政决定案"就涉及会议纪要的可诉性问题。在该案中,盐城市人民政府作出第13号《专题会议纪要》(以下简称《会议纪要》),主要内容包括:城市公交的范围界定在批准的城市规范区内,以城市规划区为界,建设和交通部门各负其责,各司其职;城市公交在规划区内开通的主干线路,要保证正常运营,继续免交有关交通规费;在规划范围内的城市公共客运上发生的矛盾,须经政府协调,不允许贸然行事,否则将追究有关方面的责任。原告吉德仁、蔡越华、蔡和平、丁书全诉称:盐城市公共交通总公司(以下简称公交总公司)的5路和15路客运线路未经批准,擅自延伸出盐城市市区,与原告经批准经营的客运线路重叠,属于不正当竞争,损害原告的经营利益。被告辩称:《会议纪要》不属于行政诉讼受案范围。2002年8月20日,在盐城市南洋镇交管所开通农村公交、延伸城市公交,与公交总公司发生大规模冲突的背景下,市政府召集有关部门负责同志进行专题会议办公,并作出了《会议纪要》。该纪要依据有关法规、文件及城市规划规定,对城市公交的范围进行了界定,明确了建设、交通等部门对城市公交和道路运输管理的有关职责,对争议的矛盾提出了处理方案。该行为属于行政机关内部指导行为,且未超越有关法规文件的规定,也未作出具体的行政决定,不具有行政强制力。江苏省高级人民法院认为,由于该《会议纪要》是赋予一方当事人权利的行为,公交总公司作为受益人也参加了会议,因此《会议纪要》虽未向利益相对方直接送达,但《会议纪要》的相关内容在其后已经得到执行,城区交通局已将无法对公交总公司进行行政管理的原因及《会议纪要》的内容书面告知了吉德仁等人,因此应当认定盐城市政府在《会议纪要》中作出的有关公交车辆在规划区免征规费的行为是一种可诉的具体行政行为。盐城市人民政府《会议纪要》中"城市公交在规划内开通的若干线路,要保证正常营运,继续免交有关交通规费"的规定作为政府的一项行政决定,具有行政强制力,是可诉的具体行政行为。

"广州市海龙王投资发展有限公司诉广东省广州市对外经济贸易委员会行政处理决定纠纷案"中,广东省高级人民法院认为,广州市外经委是广州市人民政府负责中外合作经营企业的审批和主管机关,其作出的233号通知虽然是以内部发文的形式直接发给广州市侨办,并抄送三联公司、珠江公司等有关单位和企业的,但是,该通知的内容涉及了广州市外经委原先作出的143号通知以及337号、6号和9号批复的法律效力问题,并且还直接涉及有关相对人对珠江侨都项目的经营权问题,显然具有行政法上的权利义务内容,产生了新的行政法律关系。对于行政关系的有关当事人来说,233号通知应属于可诉性的具体行政行为。

"延安宏盛建筑工程有限责任公司诉延安市安全生产监督管理局生产责任事故批复案"中,陕西省高级人民法院认为,被诉延市安监发〔2008〕16号《关于子长县"10·21"建筑工地塔式起重机倒塌事故调查报告的批复》虽未由上诉人延安市安监局正式给宏盛公司送达,但作为事故调查成员单位之一的子长县监察局将批复作为谈话内容告知被上诉人宏盛公司,并送达了复印件,已将批复的内容外化,而该批复中将宏盛公司列为责任单位,并要求给予处罚,为被上诉人设定了一定的义务,该批复与被上诉人有利害关系,且陕西省安全生产监督管理局复议决定亦告知宏盛公司可以提起行政诉讼,所以一审法院受理被上诉人宏盛公司的起诉正确,上诉人延安市安监局称该批复属内部批复,不对被上诉人宏盛公司产生法律效力,本案不属人民法院受案范围的上诉理由不能成立。

最高人民法院《关于审理行政许可案件若干问题的规定》第4条规定:"当事人不服行政许可决定提起诉讼的,以作出行政许可决定的机关为被告;行政许可依法须经上级行政机关批准,当事人对批准或者不批准行为不服一并提起诉讼的,以上级行政机关为共同被告;行政许可依法须经下级行政机关或者管理公共事务的组织初步审查并上报,当事人对不予初步审查或者不予上报不服提起诉讼的,以下级行政机关或者管理公共事务的组织为被告。"依该条规定,行政许可依法须经上级行政机关批准,当事人对批准或者不批准行为不服一并提起诉讼的,以上级行政机关为共同被告,对内部行政行为外部化后批准机关可以作为被告作出了规定,从另一个角度确认了内部行政行为外部化后的可诉性问题。

综上,判断一个内部行为是否可诉,并不在于其是外部或者内部,关键是该行为是否影响了行政相对人的合法权益。上级行政机关对下级行政机关所做的内部行为虽然不是针对外部行政相对人,但该行为导致下级行政机关为或者不为某种行为,且该行为必然导致了外部行政相对人合法权益受到实然影响,根据《中华人民共和国行政诉讼法》第2条规定,公民、法人或者其他组织认为行政机关和行政机关工作人员的行政行为侵犯其合法权益,有权向人民法院提起诉讼。

案例19　郑州市中原区人民政府与禄久顺等行政赔偿争议纠纷上诉案

李年清

案　情

禄久顺、邢瑞英原在郑州市建设西路107号院2排3、4号居住。河南一纺器公司以拆除原建设西路107号院部分地段共17户住房,其中私房10户,单位房7户,进行集资联建为由,向郑州市拆迁办重新申请办理拆迁许可证。1999年10月20日,郑州市拆迁办在拆迁人没有向拆迁部门提供禄久顺等10户私房产权资料,也未与禄久顺达成书面拆迁协议和土地使用权转让协议的情况下为河南一纺器公司颁发了(1999)第076号房屋拆迁许可证。1999年11月7日,河南一纺器公司以禄久顺拒绝签订协议,拒绝搬迁为由向郑州市拆迁办申请裁决。同年12月6日,郑州市拆迁办作出郑拆管裁字(1999)第02号行政裁决。禄久顺不服向郑州市人民政府申请复议,郑州市人民政府于2000年3月3日作出郑政(复决)字(1999)第28号行政复议决定,维持了郑拆管裁字(1999)第02号行政裁决。禄久顺不服,于2000年3月20日向郑州市中原区人民法院提起行政诉讼。此案经一审、二审及再审,最终撤销了郑拆管裁字(1999)第02号行政裁决。

2000年3月22日,中原区政府在没有给禄久顺、邢瑞英作安置或提供周转用房的情况下,组织中原区拆迁办、房管局等有关部门将禄久顺、邢瑞英住房强行拆除。

在一审审理过程中,郑州市中原区人民法院于2005年4月30日组织对存放被移转财物的郑州市中原区旮旯王新村12号进行现场勘查,在各方当事人均在场的情况下,对争议现存物品进行清点,并制作清点物品清单,清点发现中原区政府及一审第三人提交的物品清单公证书中所载明的物品明显少于现存原告物品。鉴于此情况,郑州市中原区人民法院根据二上诉人申请委托郑州科健财务咨询有限公司于2005年12月27日作出郑科财评报字(2005)第085号资产评估报告书,结论为:禄久顺、邢瑞英资产评估价值为:1892597.47元,其中有实物的资产评估价值为 14476.75 元，无实物的资产评估价值为 1878120.72 元。

依据最高人民法院《关于执行〈中华人民共和国行政诉讼法〉若干问题的解释》（以下简称《行政诉讼法若干解释》）第 27 条第 3 项的规定，禄久顺、邢瑞英本应对本案被诉行为造成损害的事实提供具体证据，但鉴于本案的实际情况，由于被告违法的强制行为导致原告举证不能，在此情况下，仍要求原告承担举证责任不符合公平原则，故应由中原区政府针对原告具体的赔偿请求提供相应证据，承担举证责任。本案中，被告对此问题所举证据不足以否定原告的赔偿请求。参照郑科财评报字（2005）第 085 号资产评估报告书可以认定被告扣押物品价值为 1892597.47 元，其中仍有实物存在的财产为 14476.75 元，对此部分财产可予以返还，已无实物存在的资产评估价值为 1878120.72 元，应由被告赔偿。

在本行政赔偿诉讼案中，禄久顺、邢瑞英主张被移转物品价值为 2011878 元，经郑州科健财务咨询有限公司鉴定，实物资产评估价值 14476.75 元，无实物资产评估价值 1878120.72 元，其中无实物部分据禄久顺、邢瑞英自报主要为邮票、首饰等，中原区政府对该自报财产部分的真实性提出异议。对此本院认为：由于中原区政府未能履行慎重、妥善的注意义务，造成被移转物品存在争议，其应当承担相应的法律责任。而从郭国谦等人证言、公证书记载与物品现状不符、部分购物发票及现存邮票、邮册、小本票等证据看，禄久顺、邢瑞英已基本穷尽了举证义务，证明争议物品曾属自己所有，在中原区政府未履行举证义务的前提下，苛求其更完善的举证不符合实际情况，亦违反公正原则。

综上，一审判决认定事实清楚，但认定被诉行政行为属扣押行为及未明确返还财产、给付赔偿的具体期限欠妥，应予纠正。依照《中华人民共和国行政诉讼法》第 61 条第 2 项之规定，判决如下：（1）撤销郑州市中级人民法院（2005）郑行初字第 31 号行政赔偿判决书；（2）确认郑州市中原区人民政府 2000 年 3 月 22 日对禄久顺、邢瑞英财产所采取的行政强制行为违法；（3）郑州市中原区人民政府于本判决生效之日起 10 日内，将郑州科健财务咨询有限公司郑科财评报字（2005）第 085 号资产评估报告书所显示的现存财产返还给禄久顺、邢瑞英，并赔偿禄久顺、邢瑞英 1878120.72 元；（4）驳回禄久顺、邢瑞英的其他诉讼请求。

随着我国城镇化进程的不断深入，涉及强制拆迁和拆除违法建筑物的行政争议大量涌现。其中，基于行政程序违法造成原告难以就其损害事实提供充分证据甚至无法提供证据的行政赔偿问题日益突出。由于房屋或者违法建筑物已被拆除，相关证据难以固定，因此，如何确定赔偿申请人的损失数额，一直是困扰行政审判的难点问题。在行政审判实践中，许多行政强拆已被确认违法，但是，行政相对人由于行政机关程序违法导致其难以就损害事实提供充分证据而被法院驳回赔偿请求。行政行为违法而受害人的损害却无法获得救济，显然不符合我国《国家赔偿法》维护行政相对人合法权益的立法精神。

法律疑点

- 在行政强制拆迁案件中损害事实证明责任如何分配？
- 在行政强制拆迁案件中由于被告的原因导致原告针对损害事实举证不能时，举证责任如何承担？

法理研习

一、行政赔偿损害事实举证责任的立法规定

目前，我国现有立法涉及行政赔偿损害事实举证责任的规定主要有4条：(1)《行政诉讼若干解释》第27条第3项规定："原告对下列事项承担举证责任：(三)在一并提起的行政赔偿诉讼中，证明因受被诉行为侵害而造成损失的事实"；(2)最高人民法院《关于行政诉讼证据若干问题的规定》(以下简称《证据规定》)第5条规定："在行政赔偿诉讼中，原告应当对被诉具体行政行为造成损害的事实提供证据。"(3)《国家赔偿法》第15条第1款规定："人民法院审理行政赔偿案件，赔偿请求人和赔偿义务机关对自己提出的主张，应当提供证据。"(4)最高人民法院《关于审理行政赔偿案件若干问题的规定》(以下简称《行政赔偿若干规定》)第32条规定："原告在行政赔偿诉讼中对自己的主张承担举证责任。被告有权提供不予赔偿或者减少赔偿数额方面的证据。"

根据证据法理论通说，举证责任主要包括两方面的含义：一是行为意义上的举证责任，是指当事人对自己提出的主张有提供证据的责任，即通常所称的"谁主张，谁举证"；二是结果意义上的举证责任，即待证事实真伪不明时，由依法负有证明责任的人承担不利后果的责任。[1] 以此概念判断，《行政诉讼若干解释》第27条和《行政赔偿若干规定》第32条规定意义上的"举证责任"是指结果意义上的举证责任。《证据规定》第5条的规定，"在行政赔偿诉讼中，原告应当对被诉具体行政行为造成损害的事实提供证据"，虽未明确使用"举证责任"的

---

〔1〕 江必新主编：《〈中华人民共和国国家赔偿法〉条文理解与适用》，人民法院出版社2010年版，第151页。

表述,但结合《证据规定》第 1 条和第 4 条的规定,可知,该条规定的内容也是结果意义上的举证责任。《国家赔偿法》第 15 条第 1 款的规定,“赔偿请求人和赔偿义务机关对自己提出的主张,应当提供证据”,应指行为意义上的举证责任。

综上分析,我国法律关于行政赔偿损害事实举证责任包括两个层次的内容:(1)行为意义上的举证责任:原告对损害事实的诉讼主张应当提供证据;被告对不予赔偿或者减少赔偿的诉讼主张应当提供证据。(2)结果意义上的举证责任:行为意义上的举证和言词辩论完成之后,行政赔偿损害事实仍然真伪不明的,由原告承担不利后果。本文中的“举证责任”意指结果意义上的举证责任。

二、规范的缺失:行政程序违法下相对人证明受阻难以获得救济

(一)救济的困境:行政程序违法下行政相对人的证明受阻

近十年来,随着城镇化建设的深入,强制拆迁和违法建筑物强制拆除的行政赔偿案件大量涌现。[1] 由于我国行政法治建设起步较晚,在房屋拆迁和违法建筑物强制拆除行为中,行政机关经常存在一些程序违法的情形,常见的包括:(1)强制拆除前:未送达强制拆除决定书;未对建筑物的价值进行评估。(2)强制拆除时:没有转移建筑物内的物品;没有制作扣押物品清单;没有对房屋内物品进行公证保存;没有通知当事人在场;没有制作现场笔录并由当事人或见证人签字确认。(3)强制拆除后:没有妥善保管当事人的财物。行政机关违反程序实施强制拆除行为,会导致相对人的举证遇到很多困难,即所谓的“证明受阻”。证明受阻,也称为举证妨碍,是指负有举证责任的一方当事人由于对方当事人的违法行为妨碍了证据的提出,因而导致证明不能,面临败诉的风险。在行政强拆赔偿案件中,原告的举证妨碍是由于行政机关在强制拆除过程中,存在未对建筑物内的物品进行转移登记保存、未制作扣押物品清单或者未制作现场笔录等程序违法的情形,由于建筑物已被清除,物品已经灭失,相关证据难以固定,导致原告很难获得能够证明其损失的证据,使损害事实处于真伪不明的状态。此时按照我国法律的规定,原告应当承担损害事实的举证责任,由于证明受阻,导致举证不能,法院将驳回原告的赔偿请求。

因此,行政机关程序违法造成相对人证明受阻,按照我国法律规定,原告应当承担损害事实的举证责任,此时将造成行政机关的行为虽然被确认为违法行为而相对人的损害却无法得到救济的局面。这对相对人而言显然是不公平的。我国行政赔偿损害事实举证责任的现行规定,对于行政机关程序违法造成相对

---

〔1〕 参见《通州拆除违法建设行政案件激增,占受案总数 31%》,载中国新闻网:http://www.chinanews.com/estate/estate-tswq/news/2010/05-06/2266605.shtml,最后访问日期:2014 年 10 月 21 日。

人难以就其损害事实无法充分提供证据甚至无法提供证据的情形，未对之作出特殊考量和处理，规范的缺失是显而易见的。

（二）救济的窘境：赢得诉讼却失去赔偿

在“李自龙诉长沙市城市管理综合执法支队岳麓区大队等房屋拆迁行政强制及行政赔偿纠纷案”中，法院认为被告拆除决定书并未有效送达，不能支持强制拆除行为的合法性，且强制拆除时的执法程序不合法，故确认该强制拆除行为违法；根据《行政诉讼若干解释》第 27 条的规定，原告在一并提起的行政赔偿诉讼中，应当承担证明其因受被诉行为侵害而遭受损失的事实的举证责任，本案原告提出赔偿请求的事实依据是其自行制作的财产清单，该清单不具有客观性，不能印证被拆除的房屋内有清单上面的财产存在，故其要求被告赔偿 80 万元损失的诉讼请求无事实和法律依据，法院不予支持。[1]

在“洛江奇龙石雕厂诉泉州市城市建设监察支队强制拆除违法搭盖厂房屋面并提出行政赔偿案”中，二审法院认为被告在对原告的厂房屋顶搭盖的铝锌板进行强制拆除时，并没有向被告制作询问笔录和现场笔录，执法过程中未出示有关法律手续，且在当事人不在现场的情况下对上诉人采用留置送达责令停止违法建设通知书，故被告在执法过程中违反了法定程序……故其对原告的厂房屋顶搭盖的铝锌板进行强制拆除的行为没有事实根据，应确认违法。原告应对其提出的行政赔偿承担举证责任，但其在庭审中并未能提供充分证据证明被告的强制拆除行为给其造成的财产损失程度，故对其提出的被告应赔偿给上诉人造成的损失，法院不予支持。[2]

在“陈儒等与海口市美兰区人民政府强制拆除房屋及行政赔偿纠纷上诉案”中，法院认为被告强制拆除房屋前既未对原告所建房屋系违章建筑进行认定，也未作出限期拆除的决定，属违反法定程序的行为，确认违法；对于原告要求赔偿因拆除丢失的戒指、项链、手链及银元，认为应当由原告承担举证责任证明其合法权益受到美兰区政府强制拆除房屋的行为侵犯造成的损失，由于原告未能提供相关证据予以证明，因此，驳回原告的赔偿请求。[3]

上述三个案例的共同点在于被告的强拆行为严重违反了法律程序，被法院确认违法，但是，原告的损失却没有因为被告的强拆行为被确认违法而获得赔

---

〔1〕 湖南省长沙市岳麓区人民法院（2009）岳行初字第 15 号。案例材料来源于“北大法宝 – 中国法律检索系统”，法宝引证码 CLI. C. 200589。

〔2〕 福建省泉州市中级人民法院（2003）泉行终字第 6 号。案例材料来源于“北大法宝 – 中国法律检索系统”，法宝引证码 CLI. C. 47981。

〔3〕 海南省高级人民法院（2012）琼行终字第 88 号。案例材料来源于“北大法宝 – 中国法律检索系统”，法宝引证码 CLI. C. 881190。

偿,理由无非在于原告不能举证证明损害事实的存在。而原告举证的困难是基于被告行政程序上的严重违法造成的。类似地,由于行政机关程序违法造成相对人证明受阻,被驳回赔偿请求的行政赔偿案例在我国行政审判实践中并不少见。此类诉讼最大的特征在于行政行为被确认违法,相对人赢得了诉讼;赔偿请求被驳回,相对人却失去了赔偿。

三、突破强制拆迁行政赔偿救济困境的进路选择

(一)第一种进路:举证责任转移

1. 举证责任转移的进路与支持者的理由

由于行政机关的程序违法造成原告难以就其损害事实提供充分证据的,有学者建议,可以通过举证责任转移的方式,来维护相对人的合法权益。所谓举证责任转移,是指原告已经就其财产损害的事实提供初步证明,但是没有全证(证明没有完成,已不能继续证明),不能全证系被告的行为妨碍所致,此时,举证责任发生转移,由被告承担举证责任。举证责任转移的构成要件主要有两个:(1)原告承担了损害事实的初步证明责任;(2)原告之所以没有完成全证系由被告的行为所致。

举证责任转移不同于举证责任倒置。前者是指在一方当事人提供证据证明以后,举证责任转移到另一方当事人,并不免除任何一方当事人举证的责任;后者免除了提出肯定性主张的一方当事人就某种事实的存在或不存在所应承担的举证责任,而将此举证责任置于反对的一方当事人身上。

支持举证责任转移的理由在于:(1)违法强制强拆行为侵犯相对人财产权、居住权,为体现法律的惩戒性,应加大被告的举证责任;(2)行政机关在强制拆迁时,程序违法导致相对人举证不能,对此,行政机关应当承担不利后果;(3)举证责任转移这样的举证责任分配更能保护弱势群体。

2. 举证责任的转移在行政赔偿案件中的运用

在"李永铮、李绵绪诉盱眙县盱城镇人民政府行政赔偿案"中,法院认定被告不具有强制拆除房屋的法定职权,也未按照法律规定履行强制拆除原告六间房屋的法定程序,被告强制拆除原告所属房屋的具体行政行为违法。由于被告违法行为造成了原告房屋和物品毁损,在原告初步举证后,举证责任由被告承担。[1]

在"绿康生猪养殖场不服南通市崇川区人民政府行政强制拆除及行政赔偿案"中,法院认为原告虽然提供了损失清单、光盘、证人证言和部分发票、收据

---

〔1〕 江苏省淮安市中级人民法院(2008)淮中行终字第85号。案例材料来源于"北大法宝-中国法律检索系统",法宝引证码CLI.C.356843。

等,在生猪方面提供了生产月报表、产仔记录、配种记录、证人证言等,但这仅能初步证明有部分财产被损害,无法证明侵害所带来的具体损失金额、依法应承担的法律后果。由于被告拆除过程中严重违反法定程序,既未由公证部门依法对财产公证并登记,在房屋拆除后又未与原告办理财产交接手续,也未提供相应的保管场所,对强制拆除过程中造成的财产损坏也应当承担相应的赔偿责任。故原告虽依法应当就财产损失问题承担举证责任,但其举证客观上存在困难,且这种困难主要系实施行政强制拆除时未依法形成公证笔录和清单而造成。在原告已就其财产损坏的事实提供初步证明的情况下,即发生举证责任的转移,被告应当就其强制拆除未造成损失的主张承担举证责任。〔1〕

3. 对举证责任转移进路提出的批评

司法实践中通过举证责任转移的方式解决行政机关程序违法导致相对人证明受阻的问题,这种进路是值得商榷的。主要的理由基于两点:(1)混淆了行为意义上的举证责任和结果意义上的举证责任。在诉讼中,一方当事人提出诉讼请求,另一方当事人提出抗辩,双方都需要对自己的主张负提供证据的责任,在举证过程中,由于这种请求或者抗辩,使提出证据的责任在当事人之间依次转换,这种情况属于提出证据责任的转换,即行为意义上的举证责任。〔2〕 结果意义上的举证责任,也即通常语境上使用的举证责任,是法律预先设置的在诉讼终止时特定的事实处于真伪不明状态的前提下,在当事人之间分配这种因为真伪不明所带来的风险。因此,举证责任是法律预先安排的,在诉讼过程中不发生转移的问题。(2)损害事实的举证责任不可能同时在双方当事人之间作分配,而只能是一方当事人的责任。举证责任解决的是负有证明责任的一方在诉讼终止时特定的事实处于真伪不明状态下需要承担的不利后果。在强制拆除行政赔偿诉讼中,损害事实处于真伪不明的状态下,只能是一方当事人承担不利后果,而不可能同时让双方当事人承担损害事实举证不能的风险,否则,法官无法作出裁判。

(二)第二种进路:举证责任倒置

1. 举证责任倒置的进路与支持者的理由

有学者建议,在行政赔偿中可以适用典型的举证责任倒置来解决相对人赢得官司却无赔偿的窘境。〔3〕 所谓举证责任倒置是指提出积极诉讼请求的一方

---

〔1〕 江苏省高级人民法院(2007)苏行终字第90号。案例材料来源于"北大法宝-中国法律检索系统",法宝引证码 CLI. C. 356844。

〔2〕 王利明:《论举证责任倒置的若干问题》,载《广东社会科学》2003年第1期。

〔3〕 石珍、曾令抄:《行政赔偿中损害事实举证责任之重构——以行政程序违法为切入点》,载《天水行政学院学报》2011年第3期。

当事人不承担举证责任，而由消极否定主张的另一方当事人承担举证责任。[1]新《行政诉讼法》采纳了举证责任倒置的进路。新《行政诉讼法》第38条第2款规定："在行政赔偿、补偿的案件中，原告应当对行政行为造成的损害提供证据。因被告的原因导致原告无法举证的，由被告承担举证责任。"同时，最高人民法院《关于人民法院赔偿委员会适用质证程序审理国家赔偿案件的规定》（2013年12月16日通过，2014年3月1日开始生效实施；以下简称《质证程序规定》）第6条第3项规定："下列事实需要证明的，由赔偿义务机关负举证责任：（三）因赔偿义务机关过错致使赔偿请求人不能证明的待证事实。"最高人民法院苏戈和梁清法官在该解释出台之前就撰文认为，"对于因赔偿义务机关及其工作人员的行为造成赔偿请求人无法证明损害范围、损害程度和损失金额的（例如，查封财产的人民法院在采取保全措施时未出具财产清单，被查封财产灭失的），在理论上应由赔偿义务机关负举证责任"。[2] 因此，按照《质证程序规定》第6条第3项的规定，在行政强拆赔偿案件中，由于行政程序违法造成原告难以就其损害事实提供充分证据的，原告可以提出赔偿请求而无须承担损害事实的证明责任，由被告承担举证责任。

支持举证责任倒置的理由在于：（1）法律明确规定了行政机关在为相应的行政作为时应当制作财产清单的义务，就违反行政程序而言，行政机关主观上显然处于故意状态。因此，对之加诸举证责任导致的负担，并不失公正性。（2）行政机关严重违反法定程序致使相对人无法对损害事实加以证明，采取举证责任倒置的方式是对法定程序价值的一种彰显，也更加能够警醒行政机关遵守行政程序。[3] （3）举证责任倒置更具有司法可操作性。

2. 举证责任倒置在行政赔偿案件中的运用

在"禄久顺、邢瑞英诉郑州市中原区人民政府行政强制措施及行政赔偿案"中，法院认为依据《行政诉讼若干解释》第27条第3项的规定，原告本应对本案被诉行为造成损害的事实提供具体证据，但鉴于本案的实际情况，由于被告违法的强制行为导致原告举证不能，在此情况下，仍要求原告承担举证责任不符合公平原则，故应由被告针对原告具体的赔偿请求提供相应证据，承担举证责任。法官在本案"裁判要旨"中指出，在一并提起的行政赔偿诉讼中，原告对因被诉行政行为侵害而造成的事实及损失大小负有举证责任。因被告原因致原告虽能证

---

〔1〕 刘金友主编：《证据法学》，中国政法大学出版社2003年版，第231页。

〔2〕 苏戈、梁清：《国家赔偿中的举证责任》，载《人民司法》2012年第7期。

〔3〕 石珍、曾令抄：《行政赔偿中损害事实举证责任之重构——以行政程序违法为切入点》，载《天水行政学院学报》2011年第3期。

明受到损害但对赔偿数额无法举证时,基于公平原则,赔偿数额的确定适用举证责任倒置。[1]

(三)笔者的观点:降低证明标准与合理的司法裁量

1. 原告证明受阻的解决进路:降低证明标准与合理的司法裁量

在强制拆除过程中,由于行政机关的程序违法造成原告难以就其损害事实提供充分证据的,本文认为应当适当降低原告损害事实的证明标准和进行合理的司法裁量,而不是通过举证责任转移或倒置来维护行政相对人的合法权益。换句话说,由于行政机关的程序违法造成原告证明受阻的,损害事实的举证责任仍在于原告,被告可以提出不予赔偿或者减少赔偿的抗辩并提出相关证据证明,同时为了体现对行政机关程序违法的惩戒,根据案件的具体情况可以通过降低原告证明标准并进行合理司法裁量的方法来认定损害事实和确定赔偿数额的问题。

所谓证明标准是指在诉讼过程中证明的主体对案件事实及其他待证事实的证明所应达到的程度,即当案件经过庭审举证、质证、认证后,法官按照什么样的标准形成对案件待证事实的确信。[2] 就行政赔偿案件证明标准而言,行政法学者和司法实务工作者尚没有展开充分的讨论,而对于行政诉讼的证明标准则讨论的较多。其中,最高人民法院梁凤云法官的观点比较有代表性,他认为,行政诉讼证明标准主要有三种类型:(1)优势证明标准;(2)明显优势证明标准;(3)排除合理怀疑原则。[3]

行政赔偿损害事实的证明标准主要是赔偿请求人证明受到侵权行为损害的事实、损害的大小以及侵权行为与损害之间的因果关系所应达到的程度标准。在行政机关程序违法导致原告证明受阻的情况下,损害赔偿事实的证明标准应当降低,达到优势证明标准即可,法官可以在此基础上对原告主张的损害事实进行合理性确认。所谓优势证明标准是指按照证明效力占优势的一方当事人提供的证据认定损害事实的证明标准。所谓合理性司法裁量是指法院为了防止原告故意扩大损失,对原告主张损害事实的客观合理进行审查,对不符合客观实际或者明显不合理的主张进行剔除,酌情认定赔偿事实和赔偿数额。简言之,在行政强制拆除案件中,原告应当对损害事实承担举证责任,被告对不予赔偿或者减少赔偿的抗辩承担举证责任。由于被告的过错导致原告不能充分证明损害事实

[1] 河南省高级人民法院(2008)豫法行终字第126号判决,参见江必新主编:《中国行政审判案例》(第3卷),中国法制出版社2013年版,第54~56页。

[2] 高秦伟:《论行政诉讼的证明标准》,载《证据科学》2008年第4期。

[3] 参见梁凤云、武楠:《关于行政诉讼证据证明标准的几个问题》,载《法律适用》2002年第8期。

的,应当降低原告的证明标准,法院在原告的证明达到优势证明标准的基础上,基于客观、公平、合理原则,酌情认定损害事实和赔偿数额。

2. 降低证明标准在审判实践中的运用

在"大恒科技实业有限公司诉增城市城乡规划局行政强制拆除案"中,法院在"裁判要旨"中指出,在违章建筑强制拆除过程中,由于行政机关的程序违法造成原告难以就其损害事实提供充分证据甚至无法提供证据的,应当适当降低原告的证明责任,来维护行政相对人的合法权益。本案中城市规划局并未将涉案物品进行公证保全代管,违反了法律规定。大恒公司对其财产损失提供了公证材料和大恒农庄物品清单予以证明,根据实际经营情况,大恒公司主张损失的电子设备、办公用品、装饰品等均属于日常可以使用的物品,数量在合理范围内,予以支持。[1]

在"陈国财等不服广东省佛山市南海区大沥镇人民政府城建规划行政强制案"中,二审法院认为被告未及时通知原告便直接强拆,导致原告无法对其损失情况提供有效的证据,事后评估难以明确具体的损失数额。基于这些考虑,一审法院以原告不能对被诉具体行政行为造成损害的事实提供证据为由不支持原告的赔偿请求,于理不合,故酌情判决被告赔偿8000元。[2]

在"苏艳因诉被申请人大连金州新区管理委员会确认强制维修违法并行政赔偿一案"中,金州新区管委会在苏艳房屋客厅天棚坍塌变形,存在重大安全隐患,可能危及苏艳家人和相邻居民生命财产安全的情况下,采取强制维修措施。苏艳称,因金州新区管委会的违法强拆行为不仅造成了房内物品的损失,也造成了相关证据的灭失,对于此项举证不能的责任应该由金州新区管委会承担。苏艳主张,在金州新区管委会组织强制维修中,其价值3000余万元的邮票等收藏品丢失,请求予以行政赔偿。最高人民法院认为,在强制维修过程中,相关部门已经对苏艳客厅物品进行了清理、封存、公证,并对卧室采取了张贴封条禁止他人进入的措施,并不存在苏艳所称因金州新区管委会违法强制维修造成相关财产损失的证据灭失的情形。同时,苏艳承认,在涉案房屋被强制维修期间,苏艳及其家人不在涉案房屋居住。根据生活经验和常理,作为一个理智的人,也不可能在正在维修的房屋内留存价值3000余万元的邮票等贵重物品。因此,苏艳的该项申请再审理由没有事实根据,法院不予支持。

---

〔1〕 广东省高级人民法院(2010)粤高法行终字第153号判决,参见江必新主编:《中国行政审判案例》(第3卷),中国法制出版社2013年版,第48~51页。

〔2〕 广东省佛山市中级人民法院(2011)佛中法行终字第7号判决,参见江必新主编:《中国行政审判案例》(第4卷),中国法制出版社2012年版,第210~213页。

四、结论

在强制拆除行政赔偿案件中,原告应当对行政行为造成的损害提供证据,因被告的原因导致原告无法举证的,由被告承担举证责任。当被告亦举证不能时,人民法院应当根据案件具体情况,遵循法官职业道德,运用逻辑推理和生活经验,适当降低原告的证明标准,法院在原告的证明达到优势证明标准的基础上,基于客观、公平、合理原则,酌情认定损害事实和赔偿数额。但是,如果原告提出了运用逻辑推理和生活经验无法认定的巨额损失,则不能免除原告对该项损失的初步证明责任。

案例20　陈超诉济南市城市公共客运管理服务中心“专车”行政处罚案

燕　薪

案　情

一、案件缘起

2014年年末，济南市民陈超将其新购入的私家车挂靠在本地一家汽车租赁公司，并通过专车公司审核后加入滴滴专车平台，由此成为一名专车司机。2015年1月7日，两名乘客通过打车软件与陈超取得联系，约定陈超驾车将乘客从济南市八一立交桥附近送至济南西站，由乘客支付车费。当日11时许，陈超驾驶汽车行至济南西站送客平台时，济南客运管理中心的工作人员对其进行调查，查明陈超未取得出租汽车客运资格证，驾驶的车辆未取得车辆运营证。济南客运管理中心认为陈超涉嫌未经许可擅自从事出租汽车客运经营，对其下达《行政强制措施决定书》，暂扣其车辆。之后，济南客运管理中心于2015年1月26日向陈超送达鲁济交(01)违通(2015)8716号《违法行为通知书》，认为其未经许可擅自从事出租汽车客运经营，拟处2万元罚款，没收违法所得。随后陈超要求听证。2015年2月13日，济南客运管理中心做出鲁济交(01)罚(2015)8716号《行政处罚决定书》并送达陈超，以其非法经营客运出租汽车，违反《山东省道路运输条例》第69条第2款之规定为由，责令停止违法行为，处2万元罚款并没收非法所得。

二、提起诉讼

由于陈超的车子被扣留在济南客运管理中心，为了不影响生活，避免损失的扩大，虽然对这样一个处罚决定不服，但是陈超还是选择了先缴纳罚款，将车子取回。随后，陈超选择了通过起诉来表达其不服处罚决定的态度。2015年3月18日济南市市中区人民法院受理了陈超诉济南市城市公共客运管理服务中心行政处罚一案，并于2015年4月15日公开开庭审理。本案也成为广为人知且社会关注度极高的“全国专车第一案”。

三、法院判决

在时隔一年零八个月,历经四次延长审限之后,济南市市中区人民法院于2016年12月30日作出一审判决,撤销被告济南市城市公共客运管理服务中心于2015年2月13日作出的鲁济交(01)罚(2015)8716号《行政处罚决定书》。

一审法院认为:近年来,随着“互联网+”与传统行业的融合发展,市场上出现了通过网络约车软件进行客运服务的行为。本案系针对网约车运输经营行为予以行政处罚的案件,争议焦点集中于以下两个方面:一是陈超的行为是否构成未经许可擅自从事出租汽车客运经营;二是被诉行政处罚决定的处罚幅度是否畸重。

针对第一个争议焦点,一审法院认为:“网约车这种客运服务的新业态,作为共享经济产物,其运营有助于提高闲置资源的利用效率,缓解运输服务供需时空匹配的冲突,有助于在更大程度上满足人民群众的实际需求。因此,当一项新技术或新商业模式出现时,基于竞争理念和公共政策的考虑,不能一概将其排斥于市场之外,否则经济发展就会渐渐缓慢直至最后停滞不前。但是同样不容否认的是,网约车的运营需要有效的监管。网约车这种客运行为与传统出租汽车客运经营一样,同样关系到公众的生命财产安全,关系到政府对公共服务领域的有序管理,应当在法律、法规的框架内依法、有序进行。只要是有效的法律、法规,就应当得到普遍的尊重和执行。这是法治精神的基本要求、法治社会的重要体现。因此,在本案当中,我们既要依据现行有效的法律规定审查被诉行政行为的合法性,以体现法律的权威性和严肃性,同时也要充分考虑科技进步激发的社会需求,市场创新等相关因素,作出既符合依法行政的当下要求,又为未来的社会发展和法律变化留有适度空间的司法判断。综上,本院认为,陈超的行为构成未经许可擅自从事出租汽车客运经营,违反了现行法律的规定。但虑及网约车这种共享经济新业态的特殊背景,该行为的社会危害性较小。因此,在本案审理中,应当对行政处罚是否畸重的情形予以特别关注。”

针对第二个争议焦点,一审法院认为:“行政处罚应当遵循比例原则,做到罚当其过。处罚结果应当与违法行为的事实、性质、情节以及社会危害程度相当,以达到制止违法行为再次发生的目的。本案中,原告通过网络约车软件进行道路运输经营,而原告与网络约车平台的关系及与乘客最终产生的车费是否实际支付或结算完毕,被告未提供证据证明,具体几方收益也没有证据证明,尚不明确。因此,虽然被告对未经许可擅自从事出租汽车客运的行为可以依法进行处罚,但原告在本案所涉道路运输经营行为中仅具体实施了其中的部分行为,在现有证据下，被告将本案行政处罚所针对的违法行为及其后果全部归责于原告，并对其个人作出了较重的行政处罚，处罚幅度和数额畸重，存在明显不当。根据《中华人民共和国行政诉讼法》第七十条的规定，依法应当予以撤销。此外，行政处罚决定书的内容需明确具体，载明行政管理相对人违反法律、法规或者规章的事实和证据。本案中，被告作出的行政处罚决定书，没有载明原告违法事实的时间、地点、经过以及相关道路运输经营行为的具体情节等事项，据此也应当予以撤销。"

一审宣判后，济南市城市公共客运管理服务中心不服，向济南市中级人民法院提起上诉。

关于本案被诉行政处罚决定是否构成明显不当的问题，二审法院对一审法院的观点表示认同，同时还认为："网约车作为客运服务的新业态和分享经济的产物，有助于缓解客运服务的供需矛盾，满足公众多样化出行需求，符合社会发展趋势和创新需求，对其应当保持适度宽容。另外，这种新业态又给既有客运管理秩序带来负面影响，甚至存有安全隐患等问题，确需加强规范引导。《网络预约出租汽车经营服务管理暂行办法》的出台，也从侧面对此予以佐证。当一种新生事物在满足社会需求、促进创新创业方面起到积极推动作用时，对其所带来对社会危害的评判不仅要遵从现行法律法规的规定，亦应充分考虑是否符合社会公众感受。本案被上诉人通过网络约车软件进行道路运输经营的行为，社会危害性较小符合一般社会认知。行政机关在依据现行法律法规对其进行处罚时，应当尽可能将对当事人的不利影响控制在最小范围和限度内，以达到实现行政管理目标和保护新生事物之间的平衡。"

关于本案行政处罚决定书记载事项是否符合法律规定的问题，二审法院认为："《中华人民共和国行政处罚法》第三十九条第一款第（三）项规定，行政处罚决定书应当载明违反法律、法规或者规章的事实和证据。上述法律条款虽未对其中的'事实'记载应达到何种程度作出明确规定，但行政处罚决定书作为行政机关对当事人作出处罚的书面证明，记载的事实应当明确具体，包含认定的违法事实的时间、地点、经过、情节等事项，让当事人清楚知晓被处罚的事实依据，以达到警示违法行为再次发生的目的。本案中，行政处罚决定书载明的被上诉人违法事实为'非法经营客运出租汽车'，但未载明被上诉人但具体违法事实，即违法事实的时间、地点、经过以及相关运输经营行为的具体情节等事项。上述记载事项没有达到明确具体的要求，原审法院认为上诉人作出的行政处罚决定书记载事项不符合法律规定，应予撤销，并无不当。此外，行政处罚决定书中记载的事实是行政机关最终认定的违法事实，其他法律文书中对具体违法事实的记载不能代替行政处罚决定书中对事实的记载。上诉人关于已在其他法律文书中记载具体违法事实、未侵犯被上诉人合法权益等主张不能成立,本院不予支持。”

最终,济南市中级人民法院作出驳回上诉,维持原判的终审判决。

判决评析

无论是修订前的行政诉讼法,还是2015年以后新实施的行政诉讼法,都聚焦于对行政行为合法性的审查,但同时也并不拒绝对与其相关的合理性的审查,而事实上在对行政行为合法性审查的过程中,也都存在不少对合理性的审查。在我国尚未形成统一的行政程序法的情况下,如何控制和约束行政机关的权力,规范其行使,从而真正做到宪法所规定的保障基本人权,对于法官来说,是需要进行拿捏和把握的,而对于这一点,本案的判决值得肯定。

本案中,被告行政机关在实施具体行政行为的过程中,也是遵循所谓的程序的,包括进行了所谓的听证,因此在一审和二审的审理过程中,法官都聚焦于对事实证据的审查,审查的力度和强度都是非常大的,对于事实证据的可采信度也持一种怀疑的态度。

在法律适用方面,法官也面临着一个矛盾,既要尊重国务院行政法规和地方政府的规章,但同时也要考虑网约车新业态的出现、发展和社会各界舆论的压力,如何在这二者之中寻求平衡,对法官来说也是一种挑战。

这一案件体现了司法的能动主义,通过本案的判决,也可以促使国务院等有关部门对汽车运营方面的管理制度进行变革,使其顺应社会发展的需要,让法律的规定更为合理。

相关法律及政策

《中华人民共和国道路运输条例》

第六十四条　违反本条例的规定,未取得道路运输经营许可,擅自从事道路运输经营的,由县级以上道路运输管理机构责令停止经营;有违法所得的,没收违法所得,处违法所得2倍以上10倍以下的罚款;没有违法所得或者违法所得不足2万元的,处3万元以上10万元以下的罚款;构成犯罪的,依法追究刑事责任。

《山东省道路运输条例》

第八条　从事道路运输经营的,应当具备法律、法规规定的条件,依法取得相应的经营许可,并办理工商营业登记和税务登记。从事道路运输经营的车辆应当依法取得车辆营运证。

客运经营企业不得实行挂靠经营。

第六十九条 违反本条例规定,未经许可擅自从事城市公共汽(电)车客运经营的,由设区的市或者县(市)道路运输管理机构或者交通运输监察机构责令停止违法行为,处一万元以上五万元以下罚款;有违法所得的,没收违法所得。

违反本条例规定,未经许可擅自从事机动车综合性能检测或者出租汽车客运经营的,由县级以上道路运输管理机构或者交通运输监察机构责令停止违法行为,处五千元以上三万元以下罚款;有违法所得的,没收违法所得。

《济南市城市客运出租汽车管理条例》

第十六条 未取得出租汽车车辆运营证的车辆不得从事出租汽车运营活动。未取得道路运输证的出租汽车不得在公路上运营。

非本市出租汽车不得用于起点和终点均在本市的运营活动。

第四十一条 未取得出租汽车车辆运营证从事出租汽车经营的,由出租汽车管理部门处以五千元以上三万元以下罚款,没收违法所得。经处罚仍继续非法从事出租汽车运营的,处以三万元以上十五万元以下罚款,没收违法所得。

对未依法取得许可证件或者营业执照从事出租汽车经营的,出租汽车管理部门和交通行政管理部门、工商行政管理部门在其职权范围内依照国务院《无照经营查处取缔办法》予以取缔、处罚。

《中华人民共和国行政处罚法》

第三十九条 行政机关依照本法第三十八条的规定给予行政处罚,应当制作行政处罚决定书。行政处罚决定书应当载明下列事项:(一)当事人的姓名或者名称、地址;(二)违反法律、法规或者规章的事实和证据;(三)行政处罚的种类和依据;(四)行政处罚的履行方式和期限;(五)不服行政处罚决定,申请行政复议或者提起行政诉讼的途径和期限;(六)作出行政处罚决定的行政机关名称和作出决定的日期。行政处罚决定书必须盖有作出行政处罚决定的行政机关的印章。

《中华人民共和国行政诉讼法》

第七十条 行政行为有下列情形之一的,人民法院判决撤销或者部分撤销,并可以判决被告重新作出行政行为:

(一)主要证据不足的;

(二)适用法律、法规错误的;

(三)违反法定程序的;

(四)超越职权的;

(五)滥用职权的;

(六)明显不当的。

法律疑点

- 本案的被处罚主体是否适格?
- 本案的执法程序是否合法?
- 网约车经营行为是否属于非法运营的客运经营行为?
- 本案一审、二审判决如何体现比例原则?
- 本案判决能否作为司法判例在我国司法实践中弥补成文法的不足?

法理研习

一、本案的被处罚主体是否适格?

原告陈超驾驶的车辆系挂靠在汽车租赁公司名下具备租赁资质的汽车,而原告本人则经驾驶员服务供应商即劳务公司聘用成为司机,由此,软件平台、汽车租赁公司、劳务公司与司机四方共同形成专车服务。在本案中,乘客通过滴滴软件平台向汽车租赁公司请求租用车辆服务,同时,软件平台协助乘客请求驾驶员服务供应商即劳务公司的服务,原告作为驾驶员服务供应商的员工,接受公司安排为本案两位乘客提供驾驶服务,也即乘客分别与软件平台、租车服务供应商、驾驶员服务供应商达成协议。因此,笔者认为,在由四方共同参与下完成的这一运输行为,被告济南客运管理中心却对驾驶员陈超作出行政处罚,显属对被处罚主体认定错误。

二、本案行政处罚本身存在哪些违法问题?

(1)被告不具备行政处罚的执法主体资格。根据《行政处罚法》第 15 条的规定,行政处罚由具有行政处罚权的行政机关在法定职权内实施。同时第 16 条规定,国务院或者经国务院授权的省、自治区、直辖市人民政府可以决定一个行政机关行使有关行政机关的行政处罚权。本案中的被告显然不属于行政机关,那它就不具备实施行政处罚的主体资格。另外,根据被告提供的《济南市交通运输局主要职责内设机构和人员编制规定》第 1 条第 2 款的规定,享有有关城市客运管理方面的行政处罚权的是济南市交通运输局。但是,被告并不是济南市交通运输局的委托执法机构,其在举证期限内也并没有提交足够充分的证据来证明自己依法获得委托,为了掩盖这一事实,被告在庭审时(举证期限外)向法庭提交由济南市交通运输局出具的证明,但该证明并非合法委托,其反而证明了被告并无实施行政处罚的主体资格。

(2)被告作出行政处罚所依据的事实不清,证据不足。首先,从被告提供的证据可以看出,被告处罚的依据为现场影像资料及询问笔录,但是证据显示:第一,被处罚人也即本案原告,在视频资料及笔录中并没表明其在进行营运活动;第二,乘车人也没有承认其是营运行为;第三,现场影像资料中缺失最关键的证据——实际发生交易行为的记录,也就是没有显示原告与乘车人之间有交易行为的任何直接证据,针对这一点被告之后也没有其他证据予以补充证明。那认定原告非法营运的依据又是从何而来呢?从被告提供的视频资料来看,执法人员多处使用带有威胁、逼迫的口吻及抢夺车钥匙等涉嫌暴力执法方式,试图使原告承认其所希望认定的事实,当然其这一目的并没有实现。但即使这样,被告依旧认为原告具有违法行为,这或许是被告多年的惯性执法逻辑:即使事实不清晰,只要我主观上认为你违法,也会作出处罚决定。同时,从视频中还可以发现,现场执法的人是带有交通运输局袖章的人,其口述也称自己是“交通局”的,视频并不能证明执法人员和被告的直接关系,被告在庭审过程中也没有解释这一情况,这也间接证明了被告不具备主体资格。

(3)行政处罚程序违法且涉嫌证据造假。根据《山东省交通厅关于贯彻交通运输部交通行政执法风纪等5个规范的实施意见》中明确规定,如果认为违法事实成立,应当予以行政处罚的,应制作《违法行为调查报告》与证据材料移送审核。而本案中,被告提供的证据中并无调查报告。另外,该意见第30条规定,交通行政执法机关负责法制工作的内设机构应当根据不同情况提出书面审核意见,但证据中也没有审核意见。同时,被告提供的行政处罚档案材料中的案件调查材料中的现场执法人员与现场执法人员签名处显示的执法人员是不相符的,且其中一位执法人员在案件处理意见书中的签名与重大案件集体讨论记录中的签名显然不是同一个人的笔迹。因此,被告的处罚程序明显存在重大违法。

三、“网约车”经营行为是否属于非法运营的客运经营行为?

(1)现有法律法规并未规范“网约车”。在本案事件发生之时,“网约车”尚属市场上出现的客运服务新业态,对于“网约车”一词,既没有法律意义上的明确定义,也没有与之相匹配的法律法规。正是由于“网约车”与我国现行有效的包括《中华人民共和国道路运输条例》在内的法律法规中已有的全部租车运营形态均存在重要差别,故无法依据现行法律规定确认其合法性,也即“网约车”已经超出了现有法律规范所覆盖的范围。因此,“网约车”这一新生事物自然不可能也不应当被纳入现有法律规范的管制范畴。

(2)对处于立法真空的“网约车”是否应当严格管控社会各界争议较大。有人认为,用社会车辆去承担城市交通运输职能,是共享经济的一种体现,不宜对其要求过于严格,否则会对共享经济发展形成掣肘。还有一部分人则认为,现有的“网约车”模式虽在形式上近似共享经济,但更大部分是冒共享经济之名,行出租车之实,这其实并不符合共享经济的内涵和本质,因此应当对“网约车”予以严格管控。

从另一个角度来看,“网约车”取得合法地位只是一个开端,如何规范小客车运营市场仍然任重道远。随着网约车运营平台和“网约车”队伍的扩大化,相关的制度建设亟待加强,以确保准入机制、安全监管及其他管理体制方面都能做到有法可依。而与此同时,对出租车行业及其运营管理体制的改革也必须跟进。

(3)关于“网约车”的立法动态。2012 年,“互联网约车出行”这一新的生活方式进入中国,并很快被人们接受和使用。2016 年 7 月 28 日,国务院办公厅发布《国务院办公厅关于深化改革推进出租汽车行业健康发展的指导意见》(国办发〔2016〕58 号);2016 年 7 月 27 日,交通运输部与工业和信息化部、公安部、商务部、工商总局、质检总局、国家网信办七部门联合颁布《网络预约出租汽车经营服务管理暂行办法》,自 2016 年 11 月 1 日起施行。自此,网约车这一新生事物被纳入出租汽车经营服务管理范围,从而在部委规章层面首次明确了网约车的合法地位。

自 2016 年 10 月 8 日始,北京、上海等全国多个城市陆续发布了网约车细则,针对网约车经营者、车辆和驾驶员、经营服务规范、监督检查、法律责任等方面进行了规定。随着司机参加考试、车辆发证、平台公司注册发证的进行,各地网约车细则也已进入实施阶段。

四、本案一审、二审判决如何体现比例原则?

行政处罚应当遵循比例原则,做到罚当其过。处罚应当与违法行为的事实、性质、情节以及社会危害程度相当,以达到制止违法行为再次发生的目的。本案中,两审法院均认为,在该行为中有几方主体受益、最终产生的车费是否已经实际支付或结算完毕等事实均不明确以及该行为社会危害性较小的情况下,将该行为的后果全部归责于陈超,并对其个人作出较重处罚,处罚幅度和数额畸重,存在明显不当,即属有违比例原则的情形。

五、本案判决能否作为司法判例在我国司法实践中弥补成文法的不足?

我国是典型的成文法国家,由于成文法是由立法机构经由严格的法律程序制定而成，因而具有统一性、公开性、普适性等判例法所不具有的独特优势，从而是世界上绝大多数国家所采用的法律形式。然而，由于成文法并不能一劳永逸地调整和涵盖不断发展变化的社会关系，因此其又存在明显的局限，如滞后性、模糊性、不周延性、束缚法官创造性等。

由于成文立法永远跟不上时代的发展，其滞后性、被动性甚至会对新生事物产生消极的影响，对社会经济发展形成滞碍。以本案为例，若能够排除行政部门的干预，充分释放法官的创造力、判断力及前瞻力，那么，或许不必等到"网约车"新政出台，法官便可作出裁判，亦不致使此案的判决耗时近两年之久。

荀子曰："有法者以法行，无法者以类举，听之尽也"，即有法律明文规定的，适用法律规定，没有法律明文规定的，可以成例类推，以此作为司法审理案件的原则。目前，我国也逐渐重视司法判例在实践中的示范意义和引领作用。例如，近几年我国开始施行的判决书网上公开制度、最高人民法院颁布的指导性案例等，特别是《最高人民法院关于案例指导工作的规定》（法发〔2010〕51号）第7条"最高人民法院发布的指导性案例，各级人民法院审判类似案例时应当参照"的规定，标志着我国已经初步建立了案例指导制度，对在实践中引入司法判例起到了良好的推动作用。

再次回到本案，在关于"网约车"的立法尚未进入法律位阶、《网络预约出租汽车经营服务管理暂行办法》仍需完善的今天，类似案件仍在全国各地不断出现，如果本案的审理结果能够作为司法判例被其他法院援引适用，既能够弥补成文法的不足，还能防止"同案不同判"现象的出现。

案例指导制度的建立及司法判例在实践中更多的参照适用，对法官通过判决不断创造和发展法律，也是一种有益的激励和促进。中国法治的进步与完善不仅需要靠一个个成文立法的推动，很大程度上也有赖于法官的勇气和智慧。

知识之窗

比例原则

比例原则是指公权力在做出对私权侵害的行为时，必须以追求公共利益为目的，尽可能选择对私权损害最小的方法，且其所侵害的价值不得超过其所追求的价值。比例原则由适当性原则、必要性原则和狭义比例原则三个层次构成，适当性原则着眼于手段与目的的关系，要求公权力对公民权利的限制或侵害必须有助于实现追求公共利益的目的;必要性原则又称最小侵害原则,要求在存在多种手段达到前述目的时,该公权力行为对于公民权利的限制或侵害程度必须为最小才不构成违法;狭义比例原则注重价值考量,要求该手段所追求的目的所具有的价值应当与其所限制或侵害的法益所具有的价值成比例或者相称,也就是“不可用大炮打小鸟”,其所限制或侵害的法益越大,其所追求的公共利益也应越大。

比例原则的观念最早出现于19世纪的德国警察法,之后在理论和实践中都得到了长足的发展。1895年,被誉为德国行政法之父的奥托·迈耶(Otto Mayer)在其出版的《德国行政法》一书中指出:“行政权追求公益应有凌越私益的优越性,但行政权力对人民的侵权必须符合目的性,并采行最小侵害之方法。”20世纪初,德国学者弗莱纳(F. Fleiner)提出“不可用大炮打小鸟”的名言,用以比喻警察行使权力应当合比例。

德国基本法之中并未明确规定比例原则,但联邦宪法法院已通过判例逐步将其发展完善并提升至宪法原则的位阶,确定为一项最基本的法律原则。在实践中,有三个经典案例体现了比例原则从以必要性原则为主,到狭义比例原则的出现和成熟直至最终确立三个层次体系的过程。1882年的“十字架山案”,普鲁士高等法院在该案判决中,对警察机关所援引的为促进福祉而制定的建筑禁令,以未获法律授权不得采取不必要的措施追求公共利益,设定禁令超出限度为由,判决该命令无效。这一判决确立了比例原则中的必要性原则,宣告公权力必须在依法律且为必要的情况下限制公民权利。而“抽取当事人脑脊髓案”则是确立了狭义比例原则的经典案例,此案的争议在于是否可以因为当事人犯下的微小罪过而抽取其脑脊髓以确定其意识能力,虽然当时德国的刑事诉讼法律在原则上允许这一做法,但联邦宪法法院却对其做出了否定的判决,指出应当重视手段和目的之间的平衡,在为查明犯罪而对被告人的自由进行干预时,这种干预所追求的公共利益越小,干预的理由就越勉强。比例原则三个层次的体系的最终确立是在1958年的“药房案”,联邦宪法法院对巴伐利亚州1952年的《药剂师法案》中“开设新的药房必须要求在商业上可行且对附近的竞争不造成损害,否则将不颁发执照”的规定是否与基本法所保护的职业自由相冲突进行了论证,通过对适当性、必要性和狭义比例的检验,运用三层次的框架首次详细地阐述了比例原则。

比例原则产生之后,逐渐被大陆法系国家和地区接受,虽然没有明确写入“比例原则”,但部分国家和地区的宪法之中都对此有所体现,比如在《加拿大权利与自由宪章》中,第1条就规定,“在宪章上开列的权利与自由,只服从在自由民主社会中能够确凿证明正当的并且由法律规定的合理限制”,我国台湾地区

"中华民国宪法"第23条也规定,"以上各条列举之自由权利,除为防止妨碍他人自由,避免紧急危难,维持社会秩序,或增进公共利益所必要者外,不得以法律限制之"。而在与公权力最为密切的行政法领域,绝大多数国家的法律法规都体现了比例原则,比如荷兰的《行政法通则》、葡萄牙的《行政程序法典》、西班牙的《行政程序法》和日本的《警察(官)职务执行法》都对此进行了规定。

我国宪法并没有明确规定比例原则,学界也难以在宪法条文中找到恰当合理的依据,但是也有学者试图从现行《宪法》的第33条规定的"平等条款"和"人权条款"以及第五条的"社会主义法治国家"之中寻找解释的空间。在我国行政法之中,对于比例原则有着更为明确的体现,《行政处罚法》第4条规定:"设定和实施行政处罚必须以事实为依据,与违法行为的事实、性质、情节以及社会危害程度相当",《人民警察使用警械和武器条例》第4条规定,"人民警察使用警械和武器,应当以制止违法犯罪行为,尽量减少人员伤亡、财产损失为原则"。

法律小故事

查尔斯河上的第二座桥

在美国历史上有一个影响深远的案例,查尔斯河桥诉沃伦桥案(Charles River Bridge v. Warren Bridge)。

1785年之前,在连接波士顿与查尔斯镇的查尔斯河上只有一个由哈佛大学运营的渡口,但由于渡口非常不便,查尔斯河桥公司的创始人向立法机关请求在河上建立一座桥,在得到特许之后,查尔斯河桥公司便建立了一座收费桥,在桥梁建立后40年(之后拓展到70年)间,行人过桥需要向公司交纳通行费,而出于对渡口的补偿,该公司则需要每年向哈佛大学支付200英镑,40年后,桥梁将由政府收回。

随着时间的流逝,两座城市发展迅速,二者之间的交流也变得也来越重要,查尔斯河桥公司的投资取得了巨大的成功,获得了丰厚的回报,股价也翻了几番,由此,建桥在当时被视为一项非常明智的经济投资。然而即便获利巨大,查尔斯河桥公司仍然不愿意减少通行费,甚至不愿提升服务质量,这种态度也引起了公众的不满,在此背景之下,立法机关于1828年许可了沃伦公司在查尔斯河上另行建造一座桥,这座桥紧邻查尔斯河桥,并且将在收取的通行费达到建造费用或建造满6年之后立即免费向公众开放,这对查尔斯河桥公司来说无疑是一个巨大的打击。

在立法机关对沃伦桥授予许可之后,查尔斯河桥向州法院提起诉讼要求停止第二座桥的建造，在败诉之后，该公司又向联邦最高法院提起了上诉，认为上述许可违背了宪法的契约条款“不得通过任何褫夺公民权利的法案或者追溯既往的法律”。尽管马歇尔首席大法官和其他两位法官都对此表示同意，但由于法官缺席和意见不统一等原因，该案一直没有形成最终的决议，直到之后坦尼接任首席大法官的职位，其他法官也陆续更替，该案最终得出了与马歇尔的观点相异的判决，认为第二份特许不存在对查尔斯河桥公司权利的非法侵犯。

在法官意见中，坦尼大法官确立了一种对宪法契约条款的新的解释方式，“尽管私人财产权神圣不可侵犯，但我们也决不能忘记社会公众的权利同样受到保护，而每个公民的幸福安宁都建立在社会公众的权利被忠实维护的基础之上”。在这一案件中，法院与杰克逊主义的精神完全契合，将公众利益置于私人财产权之前。坦尼大法官强调，如果法院支持查尔斯河桥公司，将会对国家发展造成消极的影响。他解释说，随着技术的提升，运河、铁路也开始占据收费公路曾霸据的运输市场，如果特许会赋予公司垄断的权利，那么这些交通方式的发展必然会受到抑制，国家将退回到上个世纪技术进步之前，并被迫止步不前。

该案的判决虽然在一定程度上对既有的经济制度造成了冲击，也被一些法学家和法官认为是违背了时代和宪法的精神，但实际上，由此案确立的有利于技术革新和发展的精神在更大程度上促进了美国经济的发展，使美国经济不必被旧有的法律观念所禁锢，得以适应科技创新的需要，迎来新的发展阶段。

案例21　河南省商丘市中州世贸商城项目违法强拆案

燕　薪

案　情

位于河南省商丘市梁园区310环岛的摩托车市场原是商丘市豫鲁苏皖交界处最早最大的以自行车、摩托车批发经营为主的市场，市场经营的十几年中为商丘市地方经济发展做出了巨大的贡献，并解决了为数众多的下岗职工的就业及生活问题。

2010年7月，赵大同（化名）从原房屋所有权人张某峰手中购买了市场内的两间商铺，签订了房屋买卖合同，并支付了对应价款，但是未办理过户手续。

2016年年初，因商丘市梁园区中州世贸商城项目建设需要，位于梁园区310环岛摩托车市场内的房屋被纳入征收范围之内，赵大同的两间商铺也包含其中。房屋征收工作由梁园区人民政府负责组织实施，并向市场内的业主进行宣传，希望业主们能够积极响应政府号召，尽快签字搬迁。此时，该地块房屋的市场价格至少在每平方米8000元，而政府给出的补偿标准却是每平方米低于2000元，差距如此巨大，让业主们难以接受，经过多次协商，始终未能达成一致。

2016年3月5日，梁园区政府拆除了赵大同房屋的一部分，赵大同遂向商丘市中级人民法院提起诉讼，请求确认区政府部分拆除房屋的行为违法。庭审过程中，梁园区政府认可了拆除行为系由其实施，但是以“错拆”“误拆”作为辩解理由，而这些理由在本案中显然是不能成立的。最终，因未依法履行房屋征收程序，2016年5月，商丘市中级人民法院作出一审判决，确认区政府对赵大同房屋实施部分拆除的行为违法。

2016年4月29日，商丘市梁园区人民政府发布了关于中州世贸商城项目国有土地上房屋征收决定的公告。

2016年10月9日，梁园区政府将赵大同的房屋全部强制拆除，无奈之下，赵大同再次向商丘市中级人民法院提起诉讼。这一次，由于已经发布了房屋征收决定，作为被告的梁园区政府似乎更加“理直气壮”，其在庭审中辩称，因梁园区政府依法出台了关于中州世贸商城项目的房屋征收决定，依据我国《物权法》第28条规定，因人民政府的征收决定，导致物权设立、变更、转让或者消灭的，自人民政府的征收决定生效时发生效力，涉案房屋所有权现已转归梁园区政府所有，因此其可自行拆除涉案房屋。

2016年11月26日，商丘市中级人民法院针对这一次的强制拆除行为依法作出判决。针对本案的争议焦点，法院认为，原告赵大同提供的证据能够证明其对涉案房屋享有合法权利，与被诉行政行为有利害关系，具备本案原告诉讼主体资格。被告梁园区政府认可对涉案房屋进行拆除，但是认为已经发布了国有土地上房屋征收决定，房屋所有权已经转移归被告梁园区政府所有，故此次拆除行为系合法拆除。但根据《物权法》第28条“因人民法院、仲裁委员会的法律文书或者人民政府的征收决定，导致物权设立、变更、转让或者消灭的，自法律文书或者人民政府的征收决定生效时发生效力”之规定，被告梁园区政府即使发布房屋征收决定，也不自然产生涉案房屋所有权转移至被告梁园区政府所有的物权变动效果。被告辩称涉案房屋已归其所有、拆除系合法拆除的理由不能成立。根据《中华人民共和国行政强制法》第13条第2款“法律没有规定行政机关强制执行的，作出行政决定的行政机关应当申请人民法院强制执行”之规定，结合《国有土地上房屋征收与补偿条例》第28条第1款“被征收人在法定期限内不申请行政复议或者不提起行政诉讼，在补偿决定规定的期限内又不搬迁的，由作出房屋征收决定的市、县级人民政府依法申请人民法院强制执行”之规定的立法精神，可知被告梁园区政府并无对涉案房屋强制执行的法定职权。被告梁园区政府在无法律、法规授权及申请人民法院强制执行并获准许的情况下，拆除涉案房屋的行为系违法的行政行为。原告赵大同所提梁园区政府拆除其涉案房屋行为违法的诉讼理由成立，其诉讼请求应予支持。综上，判决确认被告商丘市梁园区人民政府拆除涉案房屋行为违法。

相关法律及政策

《国有土地上房屋征收与补偿条例》

第二条　为了公共利益的需要，征收国有土地上单位、个人的房屋，应当对被征收房屋所有权人（以下称被征收人）给予公平补偿。

第四条　市、县级人民政府负责本行政区域的房屋征收与补偿工作。

市、县级人民政府确定的房屋征收部门（以下称房屋征收部门）组织实施本行政区域的房屋征收与补偿工作。

市、县级人民政府有关部门应当依照本条例的规定和本级人民政府规定的职责分工，互相配合，保障房屋征收与补偿工作的顺利进行。

第八条　为了保障国家安全、促进国民经济和社会发展等公共利益的需要，有下列情形之一，确需征收房屋的，由市、县级人民政府作出房屋征收决定：

（一）国防和外交的需要；

（二）由政府组织实施的能源、交通、水利等基础设施建设的需要；

（三）由政府组织实施的科技、教育、文化、卫生、体育、环境和资源保护、防灾减灾、文物保护、社会福利、市政公用等公共事业的需要；

（四）由政府组织实施的保障性安居工程建设的需要；

（五）由政府依照城乡规划法有关规定组织实施的对危房集中、基础设施落后等地段进行旧城区改建的需要；

（六）法律、行政法规规定的其他公共利益的需要。

第十三条第一款　市、县级人民政府作出房屋征收决定后应当及时公告。公告应当载明征收补偿方案和行政复议、行政诉讼权利等事项。

第十四条　被征收人对市、县级人民政府作出的房屋征收决定不服的，可以依法申请行政复议，也可以依法提起行政诉讼。

第十九条第一款　对被征收房屋价值的补偿，不得低于房屋征收决定公告之日被征收房屋类似房地产的市场价格。被征收房屋的价值，由具有相应资质的房地产价格评估机构按照房屋征收评估办法评估确定。

第二十六条　房屋征收部门与被征收人在征收补偿方案确定的签约期限内达不成补偿协议，或者被征收房屋所有权人不明确的，由房屋征收部门报请作出房屋征收决定的市、县级人民政府依照本条例的规定，按照征收补偿方案作出补偿决定，并在房屋征收范围内予以公告。

补偿决定应当公平，包括本条例第二十五条第一款规定的有关补偿协议的事项。

被征收人对补偿决定不服的，可以依法申请行政复议，也可以依法提起行政诉讼。

第二十七条　实施房屋征收应当先补偿、后搬迁。

作出房屋征收决定的市、县级人民政府对被征收人给予补偿后，被征收人应当在补偿协议约定或者补偿决定确定的搬迁期限内完成搬迁。

任何单位和个人不得采取暴力、威胁或者违反规定中断供水、供热、供气、供电和道路通行等非法方式迫使被征收人搬迁。禁止建设单位参与搬迁活动。

第二十八条　被征收人在法定期限内不申请行政复议或者不提起行政诉讼，在补偿决定规定的期限内又不搬迁的，由作出房屋征收决定的市、县级人民政府依法申请人民法院强制执行。

强制执行申请书应当附具补偿金额和专户存储账号、产权调换房屋和周转用房的地点和面积等材料。

《中华人民共和国行政强制法》

第十三条第二款　法律没有规定行政机关强制执行的，作出行政决定的行政机关应当申请人民法院强制执行。

《中华人民共和国物权法》

第二十八条　因人民法院、仲裁委员会的法律文书或者人民政府的征收决定，导致物权设立、变更、转让或者消灭的，自法律文书或者人民政府的征收决定生效时发生效力。

法律疑点

- 本案中，赵大同是否可以作为原告起诉？
- 《物权法》第28条在本案中是否适用？
- 被告实施的强制拆除行为是否违法？
- 中州世贸商城项目是否属于因公共利益的需要而实施房屋征收？

法理研习

一、赵大同是否可以作为原告起诉

本案被告梁园区政府认为赵大同不是适格的原告，其认为涉案房屋所有权人为张彦峰，由于不动产以登记发生所有权转移，房屋买卖合同不能证明赵大同是房屋的合法所有权人，因此原告与本案无利害关系，不具备原告主体资格。

笔者认为，虽然赵大同未办理房屋所有权变更手续，但是其自签订房屋买卖合同之日起即对该房屋实际占有使用、经营管理，被告实施的强制拆除行为自然侵犯了赵大同的合法权益，其与本案显然具有法律上的利害关系，具备原告主体资格。

二、《物权法》第28条在本案中是否适用

我们先来看一下该条款的内容，《物权法》第28条规定："因人民法院、仲裁委员会的法律文书或者人民政府的征收决定等，导致物权设立、变更、转让或者消灭的，自法律文书或者人民政府的征收决定等生效时发生效力。"该条款主要规定的是基于公权力的行使而导致物权发生变动的情形。由于该条款在司法实践中存在一定争议，因此，在2016年3月1日起实施的最高人民法院《关于适用〈中华人民共和国物权法〉若干问题的解释(一)》第7条"人民法院、仲裁委员会在分割共有不动产或者动产等案件中作出并依法生效的改变原有物权关系的判

决书、裁决书、调解书,以及人民法院在执行程序中作出的拍卖成交裁定书、以物抵债裁定书,应当认定为物权法第 28 条所称导致物权设立、变更、转让或者消灭的人民法院、仲裁委员会的法律文书”规定中进行了细化。

但是,法院判决书和政府的征收决定是同一类能够导致物权变动的法律文书,都规定在《物权法》第 28 条中,但这一司法解释仅涉及对法律文书导致物权变动的规定,没有回应实践中征收决定何时起导致被征收人的房屋所有权消失的争议问题。

结合《国有土地上房屋征收与补偿条例》的规定,征收的权限是法定的,需要经过有批准权的政府批准后方可作出征收决定,而征收还需要遵循严格的法定程序,如果单凭征收决定作出,房屋所有权即得到转移,那么被征收人包括获得合理补偿在内的权益将如何得到保障? 因此,笔者认为,征收决定作出后,并不必然导致房屋所有权的直接转移,而是应当在履行法定程序、对被征收人作出合理补偿、被征收人腾房搬离并将被征收房屋交付于征收人之时,房屋的所有权才得以转移。《物权法》第 28 条规定更多的是强调在法律有特别规定的情况下,无须经过变更登记也能够发生物权变动的效力。

三、被告实施的强制拆除行为是否违法

《国有土地上房屋征收与补偿条例》第 26 条第 1 款规定:“房屋征收部门与被征收人在征收补偿方案确定的签约期限内达不成补偿协议,或者被征收房屋所有权人不明确的,由房屋征收部门报请作出房屋征收决定的市、县级人民政府依照本条例的规定,按照征收补偿方案作出补偿决定,并在房屋征收范围内予以公告。”第 28 条第 1 款:“被征收人在法定期限内不申请行政复议或者不提起行政诉讼,在补偿决定规定的期限内又不搬迁的,由作出房屋征收决定的市、县级人民政府依法申请人民法院强制执行。”

结合上述规定,在本案中,梁园区人民政府于 2016 年 3 月 5 日对赵大同的房屋实施局部拆除破坏之时,尚未作出房屋征收决定,房屋征收的前置要件的缺失直接导致其拆除行为违法。

2016 年 4 月 29 日区政府在对房屋征收决定予以公告后,在签约期限内仍未能与赵大同签订补偿协议,此时,梁园区政府应当向赵大同作出房屋征收补偿决定,如果赵大同在法定期限内对房屋征收补偿决定不申请复议或提起诉讼,又不搬迁的情况下,梁园区政府可以向人民法院申请强制执行。

然而梁园区人民政府并未履行上述法定征收程序,而是在未下达房屋征收补偿决定的情况下,自行于 2016 年 10 月 9 日将赵大同的房屋全部拆除,该行为显然是违反法律规定的。

四、中州世贸商城项目是否属于因公共利益的需要而实施房屋征收

首先,我们需要对中州世贸商城项目有个简单的了解,从张贴在工地附近的展板上,我们可以清晰地看到该项目的设计效果图,并配有项目简介,"中州世贸商城项目由商丘华仕德商贸有限公司投资兴建,项目位于特色商业区东部,310 转盘西北角,聚源路以东。项目计划建设成城市综合性商业市场、商务服务综合体。以多层商场市场为主体,配建高层写字楼、酒店、公寓,充分利用地形,配备完整的公共配套设施(娱乐、健身及服务用房等),拥有良好的城市展示形象和良好的经济效益"。

《国有土地上房屋征收与补偿条例》第 8 条规定:"为了保障国家安全、促进国民经济和社会发展等公共利益的需要,有下列情形之一,确需征收房屋的,由市、县级人民政府作出房屋征收决定:(一)国防和外交的需要;(二)由政府组织实施的能源、交通、水利等基础设施建设的需要;(三)由政府组织实施的科技、教育、文化、卫生、体育、环境和资源保护、防灾减灾、文物保护、社会福利、市政公用等公共事业的需要;(四)由政府组织实施的保障性安居工程建设的需要;(五)由政府依照城乡规划法有关规定组织实施的对危房集中、基础设施落后等地段进行旧城区改建的需要;(六)法律、行政法规规定的其他公共利益的需要。"

通过项目简介再结合上述规定,很显然该项目不符合"公共利益"的目的,而是属于典型的因商业开发的需要而实施的房屋征收项目。

由于房屋征收属于国家通过行政手段强制取得房屋所有权的行为,这一点显然是与我国物权平等保护原则相违背的,因此其只能是出于为了保障国家安全、促进国民经济和社会发展等公共利益的需要,即在此情况下,方可通过限制私人利益以优先保障公共利益。在房屋征收活动中,必须严格将基于公共利益的需要作为征收的前提,最大限度地维护公共利益与私人利益之间的平衡,同时也应当对被征收人予以合理的补偿。在实践中,大量打着公共利益的旗号行商业开发之实的征收行为,都是有违《国有土地上房屋征收与补偿条例》规定的原则精神的。

知识之窗

从房屋拆迁到房屋征收

2011 年 1 月 21 日,由国务院颁布实施的《国有土地上房屋征收与补偿条例》(以下简称新条例)取代了《城市房屋拆迁管理条例》(以下简称旧条例),以

行政法规的形式对国有土地上房屋征与补偿行为进行规范,从根本上对房屋拆迁的法律关系进行了重构,有助于保障公民权益,是我国由拆迁制度迈向征收制度的转折点。详细来说,与旧条例相比,新条例存在以下几点重大变化:

(一)明确政府为唯一征收补偿主体

新条例改变了政府在房屋拆迁中的角色,将政府由从前独立的第三方监督管理机构变为了房屋拆迁关系中的征收和补偿主体,并明确禁止建设单位参与搬迁活动。在旧条例中,拆迁和补偿的主体为取得房屋拆迁许可证的单位,即可由开发商自行进行拆迁和补偿工作,其必然会更多考虑经济利益,从而产生强迫住户搬迁、压低补偿价格等问题。且根据旧条例,开发商还可以取得国家强制力的保障,这就使拆迁人和被拆迁人双方处在非常不平等的地位之上,这对于被拆迁人来说无疑会严重侵害其合法权益。新条例规定由政府来进行征收和补偿工作,将拆迁关系变为国家征收,扭正了曾经错位的角色设计,明确了责任主体,可以使得征收工作更具有公正性和权威性,同时禁止建设单位参与搬迁活动,禁止任何单位和个人采取暴力、威胁等非法方式迫使被征收人搬迁,更加注重保障房屋产权人的利益。

条文对比:

《城市房屋拆迁管理条例》

第四条　拆迁人应当依照本条例的规定,对被拆迁人给予补偿、安置;被拆迁人应当在搬迁期限内完成搬迁。

本条例所称拆迁人,是指取得房屋拆迁许可证的单位。

《国有土地上房屋征收与补偿条例》

第四条　市、县级人民政府负责本行政区域的房屋征收与补偿工作。

(二)强调公共利益原则,明确界定公共利益范围

在旧条例中,并没有对拆迁的条件和范围进行规定,只是要求房屋拆迁必须符合城市规划,而这就意味着开发商可以单纯基于商业利益就要求住户搬迁,很容易使拆迁权被滥用,导致公民的房屋产权处于一种不稳定的状态,难以得到保障。而在新条例中,对房屋拆迁的前提进行了规定,要求作出房屋征收决定必须基于公共利益,并通过列举的方式限定了公共利益的范围。

条文对比:

《城市房屋拆迁管理条例》

第三条　城市房屋拆迁必须符合城市规划,有利于城市旧区改造和生态环境改善,保护文物古迹。

《国有土地上房屋征收与补偿条例》

第八条　为了保障国家安全、促进国民经济和社会发展等公共利益的需要,有下列情形之一，确需要征收房屋的，由市、县级人民政府作出房屋征收决定：

（一）国防和外交的需要；

（二）由政府组织实施的能源、交通、水利等基础设施建设的需要；

（三）由政府组织实施的科技、教育、文化、卫生、体育、环境和资源保护、防灾减灾、文物保护、社会福利、市政公用等公共事业的需要；

（四）由政府组织实施的保障性安居工程建设的需要；

（五）由政府依照城乡规划法有关规定组织实施的对危房集中、基础设施落后等地段进行旧城区改建的需要；

（六）法律、行政法规规定的其他公共利益的需要。

（三）明确补偿原则、范围和标准

房屋征收补偿是整个拆迁过程中非常重要的环节，拆迁主体之间产生的拆迁纠纷也往往是由于双方无法对征收补偿达成合意。由于旧条例中并未规定拆迁补偿的标准，补偿方式和补偿金额等完全由拆迁人和被拆迁人之间达成的拆迁补偿安置协议确定，缺乏强制性规定进行约束，在拆迁方和被拆迁方地位不对等的情况下，对补偿费用的确定往往无法做到公平公正，很容易产生补偿不公的情况，这也是导致拆迁项目常常遭遇阻力的一个重要原因。

在新条例中，明确规定了补偿方案的制定程序和救济程序，补偿范围不仅包括房屋价值补偿和搬迁、安置费用补偿，还增加了对因房屋征收造成的停业损失的补偿，新条例还要求房屋价值补偿不得低于同类房屋的市场价格，旧条例中第24条虽然规定补偿金额以房地产市场评估价格确定，但并未对评估机构进行要求，也没有进行强制性的规定，因此补偿金额可以由双方协商确定，对于处在弱势地位的被拆迁方来说较为不利，而新条例的强制性规定是针对被征收人的保护性条款，这能够较为有效地保护被征收人的利益，使房屋征收补偿更为科学和公平。

条文对比：

《城市房屋拆迁管理条例》

第十三条第1款　拆迁人与被拆迁人应当依照本条例的规定，就补偿方式和补偿金额、安置用房面积和安置地点、搬迁期限、搬迁过渡方式和过渡期限等事项，订立拆迁补偿安置协议。

第二十四条　货币补偿的金额，根据被拆迁房屋的区位、用途、建筑面积等因素，以房地产市场评估价格确定。具体办法由省、自治区、直辖市人民政府制定。

第三十一条　拆迁人应当对被拆迁人或者房屋承租人支付搬迁补助费。

在过渡期限内，被拆迁人或者房屋承租人自行安排住处的，拆迁人应当支付临时安置补助费；被拆迁人或者房屋承租人使用拆迁人提供的周转房的，拆迁人不支付临时安置补助费。

搬迁补助费和临时安置补助费的标准，由省、自治区、直辖市人民政府规定。

《国有土地上房屋征收与补偿条例》

第十七条第1款　作出房屋征收决定的市、县级人民政府对被征收人给予的补偿包括：

（一）被征收房屋价值的补偿；

（二）因征收房屋造成的搬迁、临时安置的补偿；

（三）因征收房屋造成的停产停业损失的补偿。

第十九条　对被征收房屋价值的补偿，不得低于房屋征收决定公告之日被征收房屋类似房地产的市场价格。被征收房屋的价值，由具有相应资质的房地产价格评估机构按照房屋征收评估办法评估确定。

对评估确定的被征收房屋价值有异议的，可以向房地产价格评估机构申请复核评估。对复核结果有异议的，可以向房地产价格评估专家委员会申请鉴定。

房屋征收评估办法由国务院住房城乡建设主管部门制定，制定过程中，应当向社会公开征求意见。

第二十七条第1款　实施房屋征收应当先补偿、后搬迁。

（四）用司法强制执行代替行政强制拆迁

在旧条例的规定中，对于未在期限内进行搬迁的被拆迁人，由政府责成相关部门强制拆迁或由拆迁管理部门向法院申请强制拆迁，这一规定赋予了政府决定和执行强制拆迁的权力，这就使政府的权力过大且不受约束，不利于保护被拆迁人的权益。在新条例中，取消了行政强制拆迁，变为由政府向人民法院申请，通过强制执行程序进行房屋征收活动。将行政程序变为司法程序，过程将更加公正和严格，而新条例中还增加规定了不得采取暴力、胁迫等违法方式迫使被征收人搬迁，更有助于保障被征收人的合法利益。

条文对比：

《城市房屋拆迁管理条例》

第十七条第1款　被拆迁人或者房屋承租人在裁决规定的搬迁期限内未搬迁的，由房屋所在地的市、县人民政府责成有关部门强制拆迁，或者由房屋拆迁管理部门依法申请人民法院强制拆迁。

《国有土地上房屋征收与补偿条例》

第二十七条　实施房屋征收应当先补偿、后搬迁。

作出房屋征收决定的市、县级人民政府对被征收人给予补偿后，被征收人应当在补偿协议约定或者补偿决定确定的搬迁期限内完成搬迁。

任何单位和个人不得采取暴力、威胁或者违反规定中断供水、供热、供气、供电和道路通行等非法方式迫使被征收人搬迁。禁止建设单位参与搬迁活动。

第二十八条　被征收人在法定期限内不申请行政复议或者不提起行政诉讼,在补偿决定规定的期限内又不搬迁的,由作出房屋征收决定的市、县级人民政府依法申请人民法院强制执行。

(五)加大被征收人参与程度

与旧条例不同的是,新条例充分尊重了公众的知情权和参与权,通过一系列征求意见、听证环节使征收过程变得透明,并且还增加了应向被征收人公布分户补偿情况的规定,更有利于保障被征收人的权益,避免出现同类房屋不同价格的不公现象。在旧条例的规定之中,对于被拆迁人的补偿方式选择权进行了一定的限制,包括拆迁非公益事业房屋的附属物只能进行货币补偿,被拆迁人与房屋承租人对解除租赁关系达不成协议的,实行房屋产权调换,而在新条例中,则取消了这些限制性的规定。另外,新条例赋予被征收人的评估机构选择权也能大大增加被征收人的参与程度。

较为重要的一点是,新条例中还补充规定了,对于因旧城区改建征收个人住宅,如果被征收人选择在改建地段进行房屋产权调换,人民政府应当提供改建地段或就近地段的房屋进行产权置换。

条文对比:

《城市房屋拆迁管理条例》

第八条　房屋拆迁管理部门在发放房屋拆迁许可证的同时,应当将房屋拆迁许可证中载明的拆迁人、拆迁范围、拆迁期限等事项,以房屋拆迁公告的形式予以公布。

房屋拆迁管理部门和拆迁人应当及时向被拆迁人做好宣传、解释工作。

第二十三条　拆迁补偿的方式可以实行货币补偿,也可以实行房屋产权调换。

除本条例第二十五条第二款、第二十七条第二款规定的外,被拆迁人可以选择拆迁补偿方式。

《国有土地上房屋征收与补偿条例》

第九条第2款　制定国民经济和社会发展规划、土地利用总体规划、城乡规划和专项规划,应当广泛征求社会公众意见,经过科学论证。

第十条　房屋征收部门拟定征收补偿方案,报市、县级人民政府。

市、县级人民政府应当组织有关部门对征收补偿方案进行论证并予以公布,征求公众意见。征求意见期限不得少于30日。

第十一条　市、县级人民政府应当将征求意见情况和根据公众意见修改的情况及时公布。

因旧城区改建需要征收房屋,多数被征收人认为征收补偿方案不符合本条例规定的，市、县级人民政府应当组织由被征收人和公众代表参加的听证会，并根据听证会情况修改方案。

第二十条第1款 房地产价格评估机构由被征收人协商选定；协商不成的，通过多数决定、随机选定等方式确定，具体办法由省、自治区、直辖市制定。

第二十一条 被征收人可以选择货币补偿，也可以选择房屋产权调换。

被征收人选择房屋产权调换的，市、县级人民政府应当提供用于产权调换的房屋，并与被征收人计算、结清被征收房屋价值与用于产权调换房屋价值的差价。

因旧城区改建征收个人住宅，被征收人选择在改建地段进行房屋产权调换的，作出房屋征收决定的市、县级人民政府应当提供改建地段或者就近地段的房屋。

第二十九条 房屋征收部门应当依法建立房屋征收补偿档案，并将分户补偿情况在房屋征收范围内向被征收人公布。

审计机关应当加强对征收补偿费用管理和使用情况的监督，并公布审计结果。

法律小故事一

风能进，雨能进，国王不能进

“风能进，雨能进，国王不能进”是一句被广为引用的法谚，它出自曾任英国首相的威廉·皮特1763年在国会的演讲——《论英国人个人居家安全的权利》，用以表述私人财产权神圣不可侵犯（公权与私权的界限）。它的原文是“即使是最穷的人，在他的小屋里也敢于对抗国王的权威。屋子可能很破旧，屋顶可能摇摇欲坠，风可以吹进这所房子，雨可以打进这所房子，但是国王不能踏进这所房子，他的千军万马也不敢跨过这间破房子的门槛”。这句话后来被引入我国，并被精简为我们所看到的“风能进，雨能进，国王不能进”。

这句谚语常常和一则国王与磨坊主的故事联系在一起。普鲁士国王威廉一世建造了一座行宫，当行宫建成之后，国王步入其中远眺风景，却发现视线竟被行宫前的一座磨坊所阻挡。国王十分不满，于是便派人去与磨坊主协商，希望能够买下这座磨坊以便拆除，没想到却遭到了磨坊主的拒绝。国王大怒之下，派出卫队强行将这座磨坊拆除。被强行拆除磨坊的磨坊主向法院提起了诉讼，状告国王威廉一世，请求法院判决国王重建他的磨坊并赔偿损失，令人惊讶的是，法院依法宣判国王败诉，支持了磨坊主的请求，而在接到判决后，国王也依法执行了判决。

这一故事源自毛泽东的导师、岳父杨昌济先生在其《静观室札记》中的记述,但后来被证明并不完全属实。根据德文资料的记录,确实有一位国王与一位磨坊主之间存在诉讼,但不是威廉一世,而是腓特烈二世(又称弗里德里希二世),行宫即德国波茨坦市北郊的无忧宫,故事内容也并非其所说的那样,而是在无忧宫在建期间,磨坊主以在建王宫影响磨坊风车风力使其遭受损失为由,起诉了国王,整个事件中也并没有出现派兵强拆这一情节。后来,这座象征司法独立和裁判公正的古老磨坊被保留下来,至今仍矗立在柏林西南四十多公里外的波茨坦市郊无忧宫旁。

虽然这个故事并非史实,但它所传达的法治理念和它所包含的对法治的期盼和向往却是真切的。

法律小故事二

Kelo 案

位于康涅狄格州新伦敦市的 Fort Trumbull 半岛曾经是一个比较繁荣的区域,但由于其经济发展所严重依赖的海军水下战事中心的关闭,这里的经济遭受到了严重的打击。为了重振该地区的经济,新伦敦市政府于 1997 年成立了新伦敦市开发公司(New London Development Corporation,NLDC),用以协助新伦敦市进行经济发展规划。NLDC 的董事长 Gaudiani 了解到,当时世界上最大的制药公司 Pfizer 正在寻找新地点为总部建设新的办公场所,而新伦敦市能够满足 Pfizer 的需求。在经过一系列的接触和谈判之后,1998 年 2 月,Pfizer 公司正式宣布计划在新伦敦市开设新的总部,与此同时,NLDC 准备了一份符合 Pfizer 公司要求的城市发展规划,这份规划需要抹平整个开发区域的所有建筑,并以各种新的建筑取而代之,而新伦敦市议会在 2000 年 1 月批准了这份计划,并授权 NLDC 行使征用权(Eminent Domain)来获得此区域所有不愿出售的业主的任何地产。

在此之后的数月中,NLDC 公司和市政官员通过以土地征用权相威胁和骚扰恐吓等其他强制手段成功地与 Fort Trumbull 的八十多位业主达成了地产收购协议,然而仍有 7 个业主拒绝将其拥有的共 15 处房产卖给 NLDC,决定抗争到底,纠纷就此展开。

这些坚持反抗的业主们联系到了一家关注强化对个人自由的司法保护的公益律所——正义事务所(Institute for Justice)。这家律师最顶尖的产权律师 Dana Berliner 和 Scott Bullock 早就在寻找合适的案例,推动最高法院对以公共用途之名滥用征用权的行为加以限制,而他们认为,这一案件正是改变的契机,如果成功,它将成为未来此类案件的宝贵判例,有助于保障财产权。

由于NLDC和业主都不愿让步,这个案子最终递到了康涅狄格州高等法院大法官Corradino的手里。在审判中,正义事务所的律师们提出开发计划是为了Pfizer公司的利益而非公共利益,政府征用原告的土地产业违背了宪法第五修正案中的"出于公共目的"的限制。2002年3月13日,Corradino法官公布了一份长达249页的意见,否定了正义事务所律师的观点,认为由于"经济开发"而征用私人名下房产的行为在州宪法和联邦宪法中是合法的。但Corradino认为开发计划中对Parcel 4A地块的预期用途"十分含糊、变动,而且不确定",市政府不能证明其对该地块的征购是实现该开发计划目标的必要条件,因此其宣布对15个房产中属于Parcel 4A的11个房产的征购是无效的,同时承认对属于Parcel 3地块之外的另外4个房产的征购有效。在此判决中,他认可了对"公共用途"的宽泛定义,而此举让"公共用途"涵盖了几乎任何潜在公共效益。

判决下达后,双方均提起了上诉,2004年3月9日,康涅狄格州最高法院以十分接近的4:3的结果宣判开发计划并不违宪。多数派意见认为私有所有权下的"经济开发"在联邦和州宪法中都是可以允许的公共用途,判决也认为对Parcel 3和Parcel 4A地块的征用是"合理而且必要的"。少数派中Zarella大法官在少数派意见中表示,他同意对私人的经济开发也可能是一种合理的公共用途,但他强调这类征地需要司法审查的更高标准,各级法院应该履行监督职责,确保在政治程序上能够证明土地征购实际上是通过经济开发得以实现经济发展。否则,有争议的土地征购以牺牲公众利益为代价来谋取私利的风险就太大了:"为私人经济开发目的进行的土地征购是否合乎宪法,不仅取决于开发计划所称的目的,也取决于这些目的能否实现的前景。"

不甘心在州最高法院中以微弱劣势败诉,原告和正义事务所的律师们决定请愿联邦最高法院重新考虑本案。联邦最高法院每年只准许成千上万个请愿中的极小部分案子得到重审,在存在1984年已对同类型案件进行过审判的情况下,同意重审此案的可能性更是微乎其微。因此,最高法院决定受理此案引发了新一轮的媒体和公众关注,征用权和产权问题方面的很多机构和激进分子开始意识到这个案子有可能成为一个重要的先例。

2005年2月22日,最高法院对Kelo案进行了口头辩论,最广受关注的时刻出现在Sadra Day O'Connor对新伦敦市政府的代理律师Horton提问的时候,大法官问,是不是经济开发的逻辑能够允许政府征购"一个Motel 6,仅仅因为政府认为如果我们有一个Ritz-Carlton酒店,就能收更高的税"。Horton回答说,这样做是"ok"的。当Antonin Scalia大法官接着问,是不是"你可以从A手里夺过来给B,仅仅因为B交的税更多"的时候,Horton重申了他的立场,说这样的征用如果在税收收入“十分巨大”的时候是可以允许的。人们认为,可能正是由于这个回答使他失去了O’Connor大法官的支持,虽然联邦最高法院的9名大法官最终以5:4的票数判决Kelo等人败诉,宣布New London政府可以行使国家征用权征用原告位于Parcel 3和Parcel 4A的全部土地产权,但O’Connor强有力的异议和最高法院判决结果的接近,动摇了人们传统上对公共用途问题上的行政程序的宽泛司法解释的青睐,此外,Horton对于Motel 6/Riz Carlton的回答成了媒体对此次辩论的报道热点,显示了新伦敦市滥用征用权的可能。

Stevens大法官撰写了判决书中的多数派意见,认为新伦敦市政府是为了能够促进城市经济发展,增加就业岗位和财政收入而进行了此次规划,满足“公共目的性”,针对上诉人提出的将“经济发展”排除在“公共目的”范畴之外的请求,法院认为“没有有效的方法能够将公共目的与经济发展相区分”。虽然本案中的土地征用会使部分个体受益更多,但不可否认整个社会也将从中受益,而法庭的责任仅仅是衡量土地征用是否符合“公共目的性”,因此判定原告败诉。

O’Connor大法官在撰写少数派意见时则指出,本案的判决模糊了公用(Public Use)和私用(Private Use)的界限,为政府滥用国家征用权打开了方便之门,而这将使私人土地产权难以得到保障,随时可能被政府剥夺。

虽然Kelo案最终以原告败诉收尾,但此案成功地引起了社会的广泛关注,大力推动了法律的发展,2006年,时任美国总统的George W. Bush在Kelo案一周年时签署了行政令,要求联邦政府在行使征用权时应出于使公众受益而非提高私人机构的经济利益的目的,但由于总统的行政令无法约束地方政府,所以实际影响并不明显。更为值得关注的是州一级层面的改变,在Kelo案之后,至2012年,已相继有44个州因为此案修改了州法,对“公共用途”进行了更为严格的限定,以防止再次出现Kelo案中政府以发展经济为目的强制征用私人土地产权的情形。[1]

---

〔1〕 本案例引自Ilya Somin《The Grasping Hand: Kelo v. City of New London & the Limits of Eminent Domain》一书。

图书在版编目(CIP)数据

行政诉讼案例研习 / 何兵主编. -- 北京 : 法律出版社, 2018
ISBN 978-7-5197-1906-7

Ⅰ. ①行… Ⅱ. ①何… Ⅲ. ①行政诉讼法-案例-中国-教材 Ⅳ. ①D925.305

中国版本图书馆 CIP 数据核字(2018)第 002961 号

行政诉讼案例研习
XINGZHENG SUSONG ANLI YANXI

何 兵 主编

责任编辑 陈 慧
装帧设计 凌点工作室

出版 法律出版社
总发行 中国法律图书有限公司
经销 新华书店
印刷 天津嘉恒印务有限公司
责任印制 沙 磊

编辑统筹 法律教育出版分社
开本 720 毫米×960 毫米 1/16
印张 16.75
字数 300 千
版本 2018 年 1 月第 1 版
印次 2018 年 1 月第 1 次印刷

法律出版社/北京市丰台区莲花池西里 7 号(100073)
网址/www.lawpress.com.cn
投稿邮箱/info@lawpress.com.cn
举报维权邮箱/jbwq@lawpress.com.cn
销售热线/010-63939792
咨询电话/010-63939796

中国法律图书有限公司/北京市丰台区莲花池西里 7 号(100073)
全国各地中法图分、子公司销售电话:
统一销售客服/400-660-6393
第一法律书店/010-63939781/9782
西安分公司/029-85330678
重庆分公司/023-67453036
上海分公司/021-62071639/1636
深圳分公司/0755-83072995

书号:ISBN 978-7-5197-1906-7
定价:32.00 元
(如有缺页或倒装,中国法律图书有限公司负责退换)